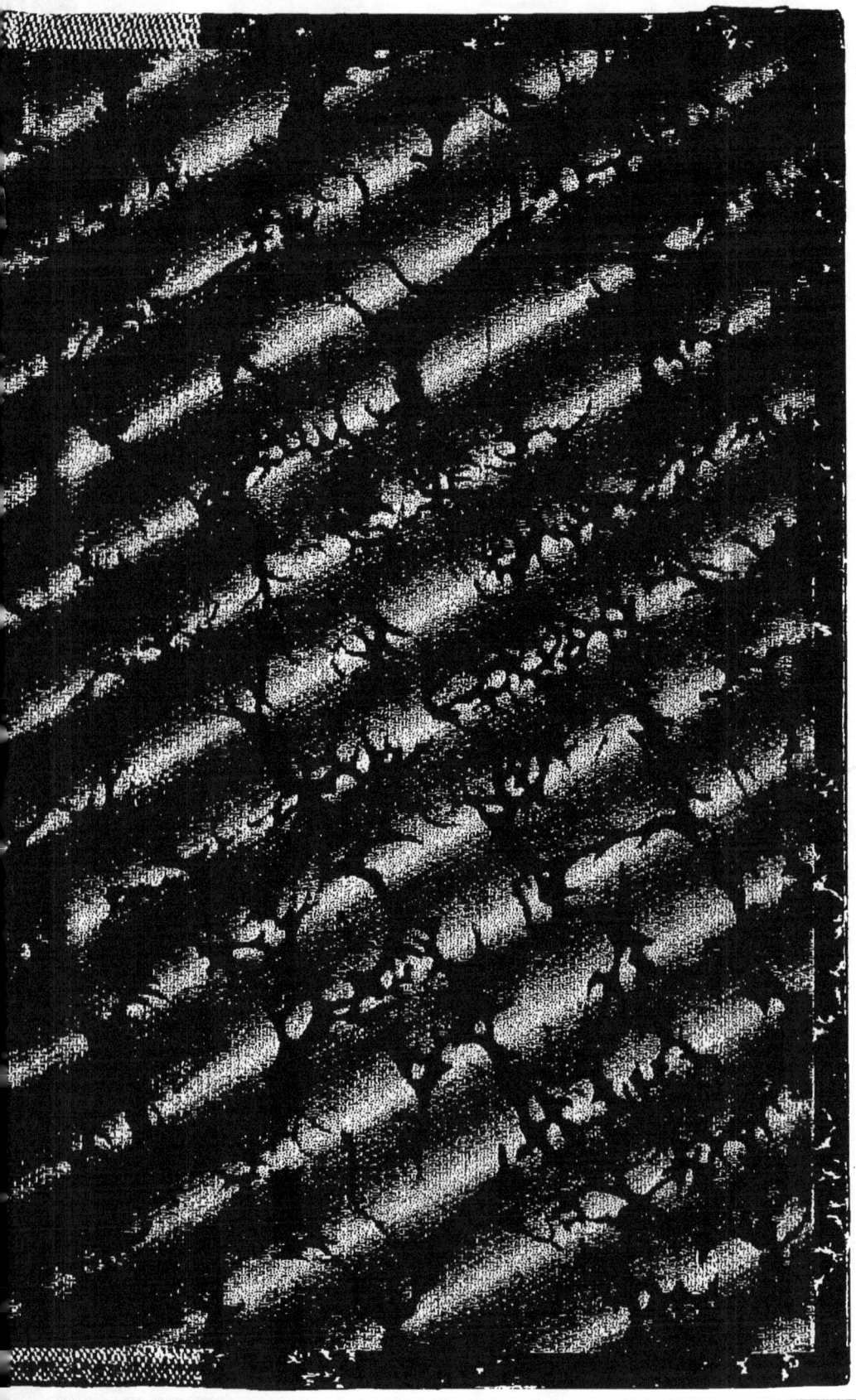

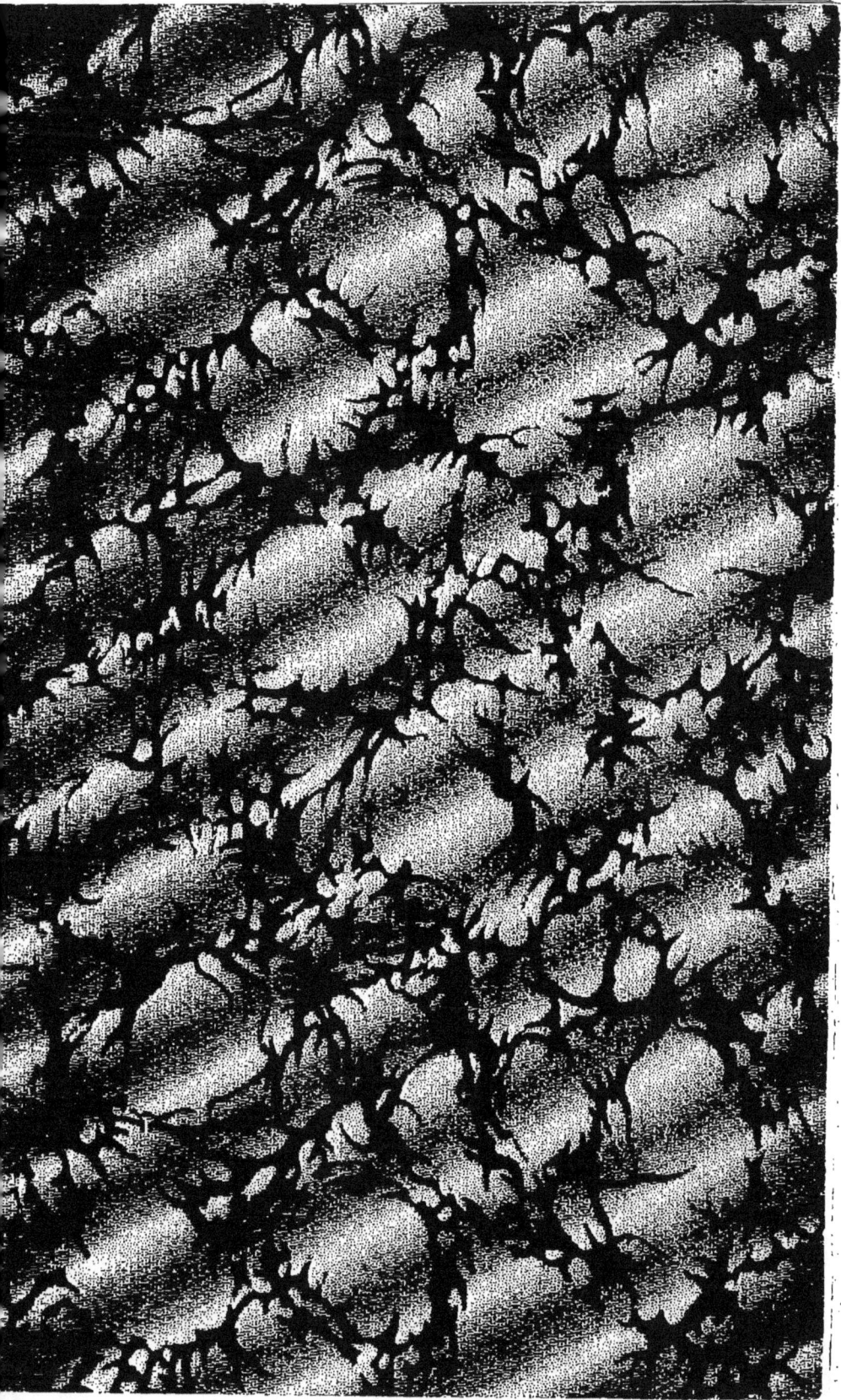

LES
AUTEURS GRECS

EXPLIQUÉS D'APRÈS UNE MÉTHODE NOUVELLE

PAR DEUX TRADUCTIONS FRANÇAISES

L'UNE LITTÉRALE ET JUXTALINÉAIRE PRÉSENTANT LE MOT A MOT FRANÇAIS
EN REGARD DES MOTS GRECS CORRESPONDANTS
L'AUTRE CORRECTE ET PRÉCÉDÉE DU TEXTE GREC

avec des arguments et des notes

PAR UNE SOCIÉTÉ DE PROFESSEURS

ET D'HELLÉNISTES

PINDARE

LES PYTHIQUES

EXPLIQUÉES LITTÉRALEMENT
TRADUITES EN FRANÇAIS ET ANNOTÉES

PAR E. SOMMER

PARIS
LIBRAIRIE HACHETTE ET Cie
79, BOULEVARD SAINT-GERMAIN, 79

LES
AUTEURS GRECS

EXPLIQUÉS D'APRÈS UNE MÉTHODE NOUVELLE

PAR DEUX TRADUCTIONS FRANÇAISES

Cet ouvrage a été expliqué littéralement, traduit en français e
annoté par E. Sommer, agrégé des classes supérieures, docteu
ès lettres.

Le texte grec a été revu par Théobald Fix.

LES
AUTEURS GRECS

EXPLIQUÉS D'APRÈS UNE MÉTHODE NOUVELLE

PAR DEUX TRADUCTIONS FRANÇAISES

L'UNE LITTÉRALE ET JUXTALINÉAIRE PRÉSENTANT LE MOT A MOT FRANÇAIS
EN REGARD DES MOTS GRECS CORRESPONDANTS
L'AUTRE CORRECTE ET PRÉCÉDÉE DU TEXTE GREC

avec des sommaires et des notes

PAR UNE SOCIÉTÉ DE PROFESSEURS

ET D'HELLÉNISTES

PINDARE

LES PYTHIQUES

PARIS

LIBRAIRIE HACHETTE ET Cⁱᵉ

79, BOULEVARD SAINT-GERMAIN, 79

1887

AVIS

RELATIF A LA TRADUCTION JUXTALINÉAIRE

On a réuni par des traits les mots français qui traduisent un seul mot grec.

On a imprimé en *italique* les mots qu'il était nécessaire d'ajouter pour rendre intelligible la traduction littérale, et qui n'ont pas leur équivalent dans le grec.

Enfin, les mots placés entre parenthèses, dans le français, doivent être considérés comme une seconde explication, plus intelligible que la version littérale.

DES JEUX PYTHIQUES.

Les jeux les plus solennels, après ceux d'Olympie, étaient les jeux Pythiques; ils se célébraient à Delphes en mémoire de la victoire d'Apollon sur le serpent Python. Les uns croient qu'ils furent institués par Apollon; d'autres disent qu'ils eurent pour fondateur Agamemnon, ou Diomède, ou Amphictyon, vers l'an 1263 avant notre ère. Bientôt interrompus, après que les Amphictyons, sous la conduite du Thessalien Euryloque, eurent défait les peuples de Cirrha et de Crisa, qui avaient pillé le temple de Delphes, ils furent rétablis avec plus de célébrité. C'était d'abord un simple combat de la lyre; on y ajouta celui de la flûte et du chant, et dans la suite tous les autres exercices des athlètes. Ces exercices étaient, comme ceux d'Olympie, les différentes courses d'enfants, d'hommes, de chevaux, de chars; la lutte, le pugilat, le pancrace.

La première récompense accordée aux vainqueurs des jeux Pythiques fut une somme d'argent; plus tard, sous les archontes Diodore et Damasias, on y substitua des branches de chêne, et enfin une couronne de laurier. Les jeux Pythiques furent d'abord célébrés tous les neuf ans, puis de cinq en cinq ans ou plutôt après quatre ans révolus.

ARGUMENTS ANALYTIQUES.

Ode I. *A Hiéron d'Etna, vainqueur à la course des chars.* Hiéron, fils de Dinomène et roi de Syracuse, s'était fait proclamer Etnéen pour honorer la ville d'Etna, qu'il venait de fonder deux ans auparavant. L'année même de sa victoire aux jeux Pythiques, il avait battu les Étrusques devant Cumes. Il était déjà vieux et tourmenté d'une maladie dont le poëte cherche à le consoler.

Éloge de la musique ; sa puissance. Elle est détestée des méchants ; exemple de Typhon, et description d'une éruption de l'Etna. La victoire d'Hiéron est un heureux présage pour la ville d'Etna. Souhaits que forme le poëte pour son héros. Pindare compare Hiéron à Philoctète. Éloge de Dinomène, fils d'Hiéron, et des institutions d'Etna. Le poëte rappelle la bataille d'Himère, où le roi de Syracuse a déployé tant de valeur ; il termine en adressant à Hiéron de sages et généreux conseils.

Cette ode fut composée la troisième année de l'olympiade LXXVI ; elle fut chantée a Etna chez Dinomène, fils d'Hiéron.

Ode II. *A Hiéron de Syracuse, vainqueur à la course des chars.* Hiéron avait remporté une victoire à la course des chars à Thèbes, dans les jeux d'Hercule ou d'Iolas. Il venait de garantir les Locriens Épizéphyriens contre les entreprises d'Anaxilaos, tyran de Rhége. D'un autre côté, la jalousie d'Hiéron contre son frère Polyzèle avait forcé ce dernier à se réfugier près de Théron, à Agrigente. Hiéron se disposait à leur faire la guerre. On l'accusait aussi d'avoir voulu séduire Damarète, femme de son frère et fille de Théron.

Le poëte vient annoncer à Syracuse la victoire d'Hiéron qu'ont protégé les dieux. Les Cypriens célèbrent Cinyras ; les vierges Locriennes chantent Hiéron. Il faut cultiver la reconnaissance ; l'ingrat et audacieux Ixion ne l'a que trop appris. Histoire d'Ixion. Le poëte ne veut pas médire ; il vante la sagesse, la richesse et la bravoure d'Hiéron, et l'engage à mépriser les flatteurs et les envieux. L'histoire d'Ixion est sans doute une leçon indirecte adressée au roi de Syracuse.

Cette ode paraît avoir été composée et envoyée de Thèbes à Syracuse la quatrième année de l'olympiade LXXV.

Ode III. *A Hiéron de Syracuse, vainqueur au célès*. Voyez l'argument des deux premières odes. L'idée qui domine dans celle-ci est la recommandation que le poëte fait à Hiéron de se résigner dans sa souffrance et de jouir de sa fortune.

Plût aux dieux que Chiron vécût encore, Chiron, le maître d'Esculape ! Histoire de Coronis, mère d'Esculape ; naissance d'Esculape, Apollon le confie au Centaure. Esculape est foudroyé par Jupiter pour avoir rappelé un mort à la vie. Si Chiron vivait encore, Pindare lui demanderait pour Hiéron malade un médecin pareil à Esculape. Du moins, il invoquera la mère des dieux. Mais pour un bien les dieux nous donnent toujours deux maux. Exemples de Cadmos et de Pélée Conseils à Hiéron.

Cette ode célèbre deux victoires remportées par Hiéron aux jeux Pythiques, la troisième année de l'olympiade LXXIII et la troisième année de l'olympiade LXXIV ; elle fut envoyée de Thèbes à Syracuse la troisième année de l'olympiade LXXVI.

Ode IV. *A Arcésilas de Cyrene, vainqueur à la course des chars*. Arcésilas IV, roi de Cyrène, descendait d'Euphémos (voir aux notes sa généalogie et les intentions probables des diverses parties de cette ode). Il est célébré dans la quatrième et la cinquième Pythiques pour la même victoire : la cinquième devait être chantée pendant que le cortége se rendrait de l'entrée de la ville de Cyrène au temple d'Apollon, et la quatrième dans l'intérieur du palais. Dans cette dernière, le poëte demande la grâce de Démophile, parent d'Arcésilas, que ce prince avait exilé pour avoir pris part à une sédition, et qui s'était réfugié à Thèbes.

Invocation à la muse. Prophétie de Médée à Théra, au retour des Argonautes ; elle promet aux descendants d'Euphémos la souveraineté de la Libye. C'est Battos qui a eu le bonheur de vérifier la prophétie ; de Battos descend Arcésilas. Cause de l'expédition des Argonautes : retour de Jason à Iolcos ; son entrevue avec Pélias ; Pélias l'envoie à la conquête de la Toison d'or. Énumération des héros qui se joignent à Jason. Départ et voyage des Argonautes. Médée favorise Jason, qui, grâce à elle, sort vainqueur des épreuves imposées par Éétès. Retour des Argonautes ; ils s'unissent aux femmes de Lemnos ; de cette union sort la race d'Euphémos. Le poëte termine en demandant le rappel de Démophile ; c'est à Arcésilas de guérir les plaies du peuple ; Démophile est digne du pardon que le poëte sollicite pour lui.

Cette ode, si remarquable par un long récit qui réunit toutes les qualités de l'épopée, fut composée peu de temps après la victoire remportée par Arcésilas, la troisième année de l'olympiade LXXVIII; elle fut chantée à Cyrène après la cinquième Pythique.

Ode V. *A Arcésilas de Cyrène, vainqueur à la course des chars.* Voyez l'argument de la quatrième Pythique.

La richesse est bien puissante, unie à la vertu. Bonheur d'Arcésilas. Il ne doit pas oublier qu'il doit à Carrhotos, qui conduisait son char dans la lice, une partie de sa victoire. Éloge de Carrhotos. Battos, par les ordres d'Apollon, va fonder Cyrène; honneurs qu'on lui rend après sa mort. Les ombres de tous les rois de Cyrène prennent part au triomphe d'Arcésilas. Éloge d'Arcésilas et vœux en sa faveur.

Cette ode fut composée et chantée comme la précédente, la troisième année de l'olympiade LXXVIII.

Ode VI. *A Xénocrate d'Agrigente, vainqueur à la course des chars.* Xénocrate était frère de Théron, roi d'Agrigente; Thrasybule, fils de Xénocrate, conduisait le char de son père.

Le poëte accourt à Delphes pour y célébrer la victoire de Xénocrate. En triomphant au nom de son père, Thrasybule s'est conformé aux préceptes de piété filiale donnés par Chiron à Achille. Dévouement d'Antiloque. Éloge de Thrasybule.

Cette ode fut composée et chantée la troisième année de l'olympiade LXXI.

Ode VII. *A Mégaclès d'Athènes, vainqueur au quadrige.* Mégaclès était fils d'Hippocrate, ou, selon le scholiaste, de Clisthène, qui chassa d'Athènes le tyran Hippias, l'an 510 avant notre ère.

Éloge d'Athènes, des Alcméonides, de Mégaclès; énumération des victoires de sa famille.

Cette ode fut composée et probablement chantée à Delphes, la troisième année de l'olympiade LXXII.

Ode VIII. *A Aristomène d'Égine, vainqueur à la lutte.* Aristomène était fils de Xénarque; il appartenait à la famille des Midylides.

Pindare invoque d'abord Hésychie, déesse puissante qui a vaincu les géants. La violence est toujours réprimée; exemples de Typhon et de Porphyrion. Éloge d'Égine. Aristomène mérite les louanges qu'Amphiaraos adressait aux Épigones et à Alcméon. Prière à Apollon. Retour aux louanges du héros. Le poëte déplore le néant et l'inconstance des choses humaines, et termine par une invocation à la déesse Égine.

Cette ode fut probablement composée à Delphes, et probablement aussi chantée à Égine, la troisième année de l'olympiade LXXX.

Ode IX. *A Télésicrate de Cyrène, vainqueur à la course armée.*

On croit que Télésicrate de Cyrène, fils de Carnéade, appartenait à la tribu des Égéides, originaires de Thèbes. Pindare lui-même était de cette tribu.

Histoire de la Nymphe Cyrène enlevée par Apollon, et établie par lui en Libye souveraine d'une riche contrée. Louanges de Télésicrate. Dernier exploit du thébain Iolas. Gloire d'Hercule et de Thèbes. Retour à l'éloge de Télésicrate et de sa famille.

Cette ode fut composée et peut-être chantée à Thèbes, la troisième année de l'olympiade LXXV, avant le retour du vainqueur à Cyrène.

Ode X. *A Hippoclès de Thessalie, vainqueur au double stade.* Hippoclès, fils de Phricias, était de Pélinna, ville de Thessalie.

Éloge d'Hippoclès et de son père Phricias. Fable des Hyperboréens; Minerve conduit Persée dans leur pays, inaccessible au reste des mortels : bonheur inaltérable de ce peuple. Retour du poëte au sujet. Il espère que cet hymne augmentera la gloire d'Hippoclès. Éloge de Thorax, qui lui a demandé ce chant, et des frères de Thorax.

Cette ode fut composée et chantée la troisième année de l'olympiade LXIX.

Ode XI. *A Thrasydée de Thèbes, enfant vainqueur au stade.* Thrasydée était fils de Pythias, qui avait aussi remporté une victoire aux jeux Pythiques.

Que les filles de Cadmos viennent avec Alcmène rendre hommage à Thémis et à Pytho, dans la contrée où se réfugia jadis Oreste. Meurtre d'Agamemnon et de Cassandre. Oreste revient tuer sa mère et Égisthe. Retour au sujet. Victoires de Pythias et de Thrasydée. Éloge de la médiocrité.

Cette ode fut chantée à Thèbes par le cortége qui se rendait au temple d'Apollon Isménien, la troisième année de l'olympiade LXXV.

Ode XII. *A Midas d'Agrigente, joueur de flûte.*

Invocation à la déesse d'Agrigente. L'air de flûte avec lequel Midas a remporté la victoire fut inventé par Minerve pour imiter les cris des Gorgones lorsque Persée tue Méduse. Retour de Persée ; il délivre Danaé sa mère. Puissance du destin ; misère des hommes.

Cette ode fut chantée à Agrigente, la troisième année de l'olympiade LXXI ou LXXII.

Nota. Les chiffres placés, dans le texte grec, au commencement des vers, en indiquent le nombre d'après la métrique de Dissen, et ceux qui se trouvent à la fin désignent les nombres correspondants de l'ancien système.

ΠΙΝΔΑΡΟΥ
ΠΥΘΙΟΝΙΚΑΙ.

ΕΙΔΟΣ Α'.

ΙΕΡΩΝΙ ΑΙΤΝΑΙΩ

ΑΡΜΑΤΙ.

(Στροφὴ α'.)
Χρυσέα φόρμιγξ [1], Ἀπόλλωνος καὶ ἰοπλοκάμων
σύνδικον Μοισᾶν κτέανον [2]· τᾶς ἀκούει μὲν βάσις,
ἀγλαΐας ἀρχά [3],
πείθονται δ' ἀοιδοὶ σάμασιν, 5
ἀγησιχόρων ὁπόταν προοιμίων ἀμβολὰς [4] τεύχῃς ἑλε-
λιζομένα.
5 Καὶ τὸν αἰχματὰν [5] κεραυνὸν σβεννύεις
ἀενάου πυρός. Εὕδει δ' ἀνὰ σκάπτῳ Διὸς αἰετός,
ὠκεῖαν πτέρυγ' ἀμφοτέρωθεν χαλάξαις, 10

(Strophe 1.)

O lyre d'or, trésor commun d'Apollon et des Muses à la noire chevelure, la danse, qui commence la fête, obéit à tes accords; le chant est docile à ton signal, quand sous ta corde vibrante retentit le prélude de l'hymne qui conduit les chœurs. Tu peux éteindre les traits brûlants de l'immortelle foudre. L'aigle s'endort sur le sceptre de Jupiter, et laisse tomber son aile rapide,

PINDARE
LES PYTHIQUES.

ODE I.

A HIÉRON D'ETNA

VAINQUEUR A LA COURSE DES CHARS.

(Στροφὴ α'.)	(*Strophe I.*)
Φόρμιγξ χρυσέα,	Lyre d'-or,
κτέανον σύνδικον	possession de-droit-commun
Ἀπόλλωνος	d'Apollon
καὶ Μοισᾶν ἰοπλοκάμων·	et des Muses aux-tresses-brunes;
τᾶς ἀκούει μὲν	*toi* qu'entend (que suit)
βάσις,	la marche (la danse),
ἀρχὰ ἀγλαΐας,	commencement de la joie (de la fête),
ἀοιδοὶ δὲ	et les chanteurs
πείθονται σάμασιν,	obéissent à *tes* signaux,
ὁπόταν ἐλελιζομένα	lorsque étant ébranlée
τεύχῃς ἀμβολὰς	tu fais les préludes
προοιμίων	des débuts (des hymnes)
ἀγησιχόρων.	qui-conduisent-les-chœurs.
Καὶ σβεννύεις	Tu éteins aussi
κεραυνὸν αἰχματὰν	la foudre armée-d'une-pointe
πυρὸς ἀενάου.	du feu éternel.
Αἰετὸς δὲ Διὸς	Et l'aigle de Jupiter
εὕδει	dort
ἀνὰ σκάπτῳ,	sur le sceptre *du dieu*,
χαλάξαις	ayant relâché
ἀμφοτέρωθεν	de-l'un-et-l'autre-côté
πτέρυγα ὠκεῖαν	*son* aile rapide,

(Ἀντιστροφὴ α΄.)

ἀρχὸς οἰωνῶν, κελαινῶπιν δ' ἐπί οἱ νεφέλαν
ἀγκύλῳ κρατί, γλεφάρων ἁδὺ κλαίστρον, κατέχευας·
ὁ δὲ κνώσσων
ὑγρὸν νῶτον αἰωρεῖ [1], τεαῖς
ῥιπαῖσι κατασχόμενος [2]. Καὶ γὰρ βιατὰς Ἄρης, τραχεῖαν ἄνευθε λιπὼν
ἐγχέων ἀκμάν, ἰαίνει καρδίαν
κώματι, κῆλα δὲ [3] καὶ δαιμόνων θέλγει φρένας, ἀμφί
τε Λατοΐδα σοφίᾳ βαθυκόλπων τε Μοισᾶν [4].

(Ἐπῳδὸς α΄.)

Ὅσσα δὲ μὴ πεφίληκε Ζεὺς ἀτύζονται βοὰν
Πιερίδων ἀΐοντα, γᾶν τε καὶ πόντον κατ' ἀμαιμάκετον,
ὅς τ' ἐν αἰνᾷ Ταρτάρῳ [5] κεῖται, θεῶν πολέμιος,
Τυφὼς ἑκατοντακάρανος· τόν ποτε
Κιλίκιον θρέψεν πολυώνυμον ἄντρον· νῦν γε μὰν

(*Antistrophe I.*)

l aigle, le roi des oiseaux ; sur sa tête recourbée, tu verses un sombre nuage qui ferme doucement sa paupière ; il sommeille et soulève son dos assoupli, maîtrisé par ta puissante harmonie. Le cruel Mars lui-même a déposé sa lance redoutable, et son cœur s'amollit dans le sommeil ; car tes accords pénétrants, qu'enfante l'art du fils de Latone et des Muses au sein fécond, savent charmer l'âme des immortels.

(*Épode I.*)

Mais les monstres odieux à Jupiter, et sur la terre et sur la mer indomptable, entendent avec horreur la voix des Piérides : tel Typhon aux cent têtes, cet ennemi des dieux, est enseveli au fond de l'horrible Tartare ; jadis un antre fameux de la Cilicie le vit

(Ἀντιστροφὴ α'.)	(Antistrophe I.)
ἀρχὸς οἰωνῶν,	l'aigle roi des oiseaux,
κατέχευας δέ οἱ	et tu as répandus (tu répands) à lui
ἐπὶ κρατὶ ἀγκύλῳ	sur *sa* tête *au-bec-*crochu
νεφέλαν κελαινῶπιν,	un nuage noir,
ἁδὺ κλαῖστρον	douce clôture (qui ferme doucement)
γλεφάρων·	de *ses* paupières (sa paupière) ;
ὁ δὲ κνώσσων	et lui sommeillant
αἰωρεῖ νῶτον ὑγρόν,	soulève *son* dos humide (flexible),
κατασχόμενος	retenu (enchaîné)
τεαῖς ῥιπαῖσι.	par tes impulsions.
Καὶ γὰρ βιατὰς Ἄρης,	En effet le violent Mars aussi,
λιπὼν ἄνευθε	ayant quitté (déposé) à l'écart
τραχεῖαν ἀκμὰν	la rude (terrible) pointe
ἐγχέων,	de *ses* lances (de sa pique),
ἰαίνει καρδίαν	amollit *son* cœur
κώματι,	par le sommeil,
κῆλα δὲ	car *les* traits (sons lancés)
θέλγει καὶ	adoucissent aussi
φρένας δαιμόνων,	les âmes des divinités,
ἀμφί τε σοφίᾳ	et par l'art
Λατοΐδα	du fils-de-Latone
Μοισᾶν τε	et *par l'art* des Muses
βαθυκόλπων.	au-sein-profond.
(Ἐπῳδὸς α'.)	(Épode I.)
Ὅσσα δὲ	Mais tous les *êtres* que
Ζεὺς μὴ πεφίληκεν	Jupiter n'a pas aimés
ἀτύζονται	sont-frappés-de-terreur
ἀΐοντα βοὰν	entendant la voix
Πιερίδων,	des Piérides,
κατὰ γᾶν τε	et sur la terre
καὶ πόντον ἀμαιμάκετον,	et sur la mer indomptée,
Τυφώς τε	et Typhon
ἑκατοντακάρανος,	aux-cent-têtes,
πολέμιος θεῶν,	l'ennemi des dieux,
ὅς κεῖται	qui est couché
ἐν αἰνᾷ Ταρτάρῳ·	dans l'horrible Tartare ;
τὸν θρέψε ποτὲ	*Typhon* que nourrit autrefois
ἄντρον πολυώνυμον	un antre très-renommé
Κιλίκιον·	de-Cilicie ;

ΠΥΘΙΟΝΙΚΑΙ Α.

ταί θ' ὑπὲρ Κύμας ἁλιερκέες ὄχθαι [1]
Σικελία τ' αὐτοῦ πιέζει στέρνα λαχνάεντα· κίων δ'
  οὐρανία συνέχει,   35
20 νιφόεσσ' Αἴτνα, πάνετες χιόνος ὀξείας [2] τιθήνα·

(Στροφὴ β'.)

τᾶς ἐρεύγονται [3] μὲν ἀπλάτου πυρὸς ἁγνόταται   40
ἐκ μυχῶν παγαί [4] · ποταμοὶ δ' ἀμέραισιν μὲν προ-
  χέοντι ῥόον καπνοῦ
αἴθων'· ἀλλ' ἐν ὄρφναισιν πέτρας
φοίνισσα κυλινδομένα φλὸξ ἐς βαθεῖαν φέρει πόντου
  πλάκα σὺν πατάγῳ [5].   45
25 Κεῖνο δ' Ἁφαίστοιο κρουνοὺς ἑρπετὸν
δεινοτάτους ἀναπέμπει· τέρας μὲν θαυμάσιον προς-
ιδέσθαι, θαῦμα δὲ καὶ παριόντων ἀκοῦσαι [6],   50

grandir; maintenant, Cumes, que dominent des collines battues par les vagues, Cumes et la Sicile pèsent sur sa poitrine velue; l'Etna au blanc sommet, cette colonne du ciel, cet éternel nourricier de frimas et de neiges, l'écrase de son poids;

(Strophe II.)

l'Etna, qui du fond de ses cavernes vomit les ondes pures d'un feu dévorant : le jour, les torrents que son sein renferme exhalent de noirs tourbillons de fumée; mais la nuit, un fleuve rouge de flammes roule vers les profondeurs de la plaine liquide les rocs retentissants. Le monstre lance à flots vers les cieux les feux terribles de Vulcain : prodiges affreux à voir ! affreux à entendre de ceux qui ont vu

νῦν γε μὰν	mais maintenant
ταί τε ὄχθαι	et les collines
ἁλιερκέες	bordées-par-la-mer
ὑπὲρ Κύμας	au-dessus de Cumes
Σικελία τε	et la Sicile
πιέζει στέρνα λαχνάεντα	pressent la poitrine velue
αὐτοῦ·	de lui ;
κίων δὲ οὐρανία	et une colonne du-ciel
συνέχει,	le contient,
Αἴτνα νιφόεσσα,	l'Etna neigeux,
τιθήνα	*montagne* nourrice (patrie)
χιόνος ὀξείας	d'une neige aiguë (glacée)
πάνετες·	perpétuellement :
(Στροφὴ β'.)	(*Strophe II.*)
ἐκ μυχῶν τᾶς	des profondeurs duquel
παγαὶ μὲν ἁγνόταται	des sources très-pures
πυρὸς ἁπλάτου	d'un feu inaccessible
ἐρεύγονται·	sont vomies ;
ποταμοὶ δὲ	et les fleuves *qui sont dans l'Etna*
ἀμέραισι μὲν	dans les jours (le jour) à la vérité
προχέοντι	versent-au-dehors
ῥόον αἴθωνα	un courant noir
καπνοῦ·	de fumée ;
ἀλλὰ ἐν ὄρφναισι	mais dans les ténèbres
φλὸξ φοίνισσα	la flamme rouge
κυλινδομένα πέτρας	roulant des roches
φέρει	*les* porte
ἐς πλάκα βαθεῖαν	vers la plaine profonde
πόντου	de la mer
σὺν πατάγῳ.	avec fracas.
Κεῖνο δὲ ἑρπετὸν	Ainsi cette bête (ce monstre, Typhon)
ἀναπέμπει	lance-en-haut
κρουνοὺς	les sources
δεινοτάτους	les plus terribles
Ἁφαίστοιο·	de Vulcain (de feu) :
τέρας μὲν θαυμάσιον	c'est un prodige étonnant
προςιδέσθαι,	à voir,
θαῦμα δὲ καὶ	et une chose-prodigieuse aussi
ἀκοῦσαι	à entendre
παριόντων,	de ceux qui se sont approchés,

(Ἀντιστροφὴ β'.)

οἶον Αἴτνας ἐν μελαμφύλλοις δέδεται κορυφαῖς
καὶ πέδῳ ¹, στρωμνὰ δὲ χαράσσοισ' ἅπαν νῶτον
  ποτικεκλιμένον κεντεῖ.   55

Εἴη, Ζεῦ, τὶν εἴη ἁνδάνειν ²,
30 ὃς τοῦτ' ἐφέπεις ὄρος, εὐκάρποιο γαίας μέτωπον, τοῦ
  μὲν ἐπωνυμίαν
κλεινὸς οἰκιστὴρ ἐκύδανεν πόλιν
γείτονα, Πυθιάδος δ' ἐν δρόμῳ κᾶρυξ ἀνέειπέ νιν ἀγ-
  γέλλων Ἱέρωνος ὑπὲρ καλλινίκου   60

(Ἐπῳδὸς β'.)

ἅρμασι ³. Ναυσιφορήτοις δ' ἀνδράσι πρώτα χάρις   65
ἐς πλόον ἀρχομένοις πομπαῖον ἐλθεῖν οὖρον· ἐοικότα
  γὰρ

(*Antistrophe II.*)

comme il est enchaîné entre les sombres cimes et les pieds de l'Etna, étendu sur une couche qui lui meurtrit et lui déchire le flanc. Puissé-je, puissé-je te plaire, grand Jupiter, toi qui règnes sur cette montagne, front sourcilleux d'une terre féconde ; un illustre héros a donné le glorieux nom d'Etna à une cité voisine élevée par ses mains, et dans l'enceinte de Pytho la voix du héraut a proclamé Etna en annonçant la victoire d'Hiéron

(*Épode II.*)

à la course des chars. La première joie du navigateur est d'obtenir au départ un vent favorable qui lui fait espérer un heureux retour.

LES PYTHIQUES. I.　　　　13

(Ἀντιστροφὴ β'.)	(*Antistrophe II.*)
οἷον	*pour voir* comment
δέδεται	il est enchaîné
ἐν κορυφαῖς	dans (entre) les sommets
μελαμφύλλοις	aux-feuilles-noires
καὶ πέδῳ Αἴτνας,	et la plaine (la base) de l'Etna,
στρωμνὰ δὲ	et *comment sa* couche
χαράσσοισα	qui *le* déchire
κεντεῖ ἅπαν νῶτον	pique (perce) tout *son* dos
ποτικεκλιμένον.	qui-y-est-appuyé.
Εἴη,	Qu'*il nous* soit *possible*,
Ζεῦ,	ô Jupiter,
εἴη	qu'il *nous* soit *possible*
ἁνδάνειν τίν,	de plaire à toi,
ὃς ἐφέπεις	qui gouvernes (es maître de)
τοῦτο ὄρος,	cette montagne,
μέτωπον	front (crête)
γαίας εὐκάρποιο,	d'une terre aux-beaux-fruits (fertile),
τοῦ μὲν ἐπωνυμίαν	de laquelle portant-le-nom
κλεινὸς οἰκτιστήρ	*son* illustre fondateur
ἐκύδανε	a glorifié
πόλιν γείτονα,	une ville voisine,
ἐν δρόμῳ δὲ	et dans le stade
Πυθιάδος	de la Pythiade (fête pythique)
κάρυξ	le hérant
ἀνέειπέ νιν	a proclamé elle (cette ville)
ἀγγέλλων	annonçant (faisant une proclamation)
ὑπὲρ Ἱέρωνος	au sujet de Hiéron
καλλινίκου	glorieusement-vainqueur
(Ἐπῳδὸς β'.)	(*Épode II.*)
ἅρμασιν.	à la course-des-chars.
Ἀνδράσι δὲ	Or pour les hommes
ναυσιφορήτοις	portés-sur-des-vaisseaux
πρῶτα χάρις	la première joie *est celle-ci*
οὖρον πομπαῖον	un vent qui-pousse (favorable)
ἐλθεῖν	être venu
ἐς πλόον	pour la navigation
ἀρχομένοις·	à *eux* commençant *de naviguer*;
ἐοικότα γὰρ	car *il est* vraisemblable
καὶ τελευτὰν νόστου	aussi la fin du retour

35 καὶ τελευτὰν φερτέραν νόστου τυχεῖν. Ὁ δὲ λόγος
ταύταις ἐπὶ συντυχίαις ¹ δόξαν φέρει   70
λοιπὸν ἔσσεσθαι στεφάνοισί νιν ἵπποις τε κλυτὰν
καὶ σὺν εὐφώνοις θαλίαις ὀνομαστάν.
Λύκιε καὶ Δάλου ἀνάσσων Φοῖβε, Παρνασοῦ τε   75
κράναν Κασταλίαν φιλέων,
40 ἐθελήσαις ταῦτα νόῳ τιθέμεν εὔανδρόν τε χώραν.

(Στροφὴ γ΄.)

Ἐκ θεῶν γὰρ μαχαναὶ πᾶσαι βροτέαις ἀρεταῖς,   80
καὶ σοφοὶ καὶ χερσὶ βιαταὶ περίγλωσσοί τ' ἔφυν ².
Ἄνδρα δ' ἐγὼ κεῖνον
αἰνῆσαι μενοινῶν ἔλπομαι
μὴ χαλκοπάραον ἄκονθ' ὡςείτ' ἀγῶνος βαλεῖν ἔξω
παλάμᾳ δονέων,   85
45 μακρὰ δὲ ῥίψαις ἀμεύσασθ' ἀντίους ³.

S'il faut ici juger de même, n'en doutons pas, Etna sera désormais fameuse par ses couronnes et ses coursiers ; elle sera chantée par les Muses au milieu de la joie des festins. Apollon, roi de Lycie et de Délos, toi qui chéris le Parnasse et la fontaine de Castalie, puisses-tu te rappeler mes vœux et garder dans ton cœur le souvenir d'une contrée féconde en héros!

(*Strophe III.*)

Des dieux vient tout ce que peuvent les vertus des hommes ; ce sont eux qui nous donnent la sagesse, et la force des bras, et l'éloquence de la parole. Pour moi, impatient de louer le vainqueur, j'espère ne point lancer hors de la lice le javelot d'airain, mais frapper

τυχεῖν	*devoir* échoir
φερτέραν.	meilleur (plus heureux).
Ὁ δὲ λόγος	Ainsi le discours (l'analogie)
ἐπὶ ταύταις συντυχίαις	dans cette coïncidence
φέρει δόξαν	amène la croyance *suivante*
νιν ἔσσεσθαι λοιπὸν	elle (la ville) devoir être désormais
κλυτὰν στεφάνοισιν	illustre par *ses* couronnes
ἵπποις τε	et *ses* coursiers
καὶ ὀνομαστὰν	et nommée (célébrée)
σὺν θαλίαις	avec (dans) les festins
εὐφώνοις.	à-la-belle-voix (où l'on chante).
Φοῖβε Λύκιε	O Phébos Lycien
καὶ ἀνάσσων Δάλου,	et qui-règnes sur Délos,
φιλέων τε	et qui-aimes
κράναν Κασταλίαν	la fontaine de-Castalie
Παρνασοῦ,	du Parnasse,
ἐθελήσαις	puisses-tu vouloir
τιθέμεν νόῳ	placer dans *ton* cœur
ταῦτα	ces *vœux*
χώραν τε	et *cette* contrée
εὐανδρον.	féconde-en-hommes-braves.
(Στροφή γ΄.)	(*Strophe III.*)
Ἐκ θεῶν γὰρ ἔφυν	Car des dieux sont nés (naissent)
πᾶσαι μαχαναὶ	tous les efforts (succès)
ἀρεταῖς βροτέαις,	*accomplis* par les vertus humaines,
καὶ σοφοὶ	et les *hommes* sages
καὶ βιαταὶ χερσὶ	et ceux forts par les mains
περίγλωσσοί τε.	et ceux supérieurs-par-la-langue (l'é-
Ἐγὼ δὲ	Mais moi [loquence).
μενοινῶν αἰνῆσαι	désirant louer
κεῖνον ἄνδρα,	ce héros (Hiéron),
ἔλπομαι μὴ	j'espère ne pas *faire*
ὡσείτε βαλεῖν	comme lancer
ἔξω ἀγῶνος	hors du combat (de la lice)
ἄκοντα χαλκοπάραον	le javelot à-la-pointe-d'airain
δονέων παλάμᾳ,	*le* brandissant de *ma* main,
ῥίψαις δὲ μακρὰ	mais j'espère *l'*ayant lancé loin
ἀμεύσασθαι ἀντίους.	surpasser *mes* adversaires.
Εἰ γὰρ	Car s'*il arrivait* (puisse-t-il arriver)
ὁ πᾶς χρόνος	*que* tout le temps

Εἰ γὰρ¹ ὁ πᾶς χρόνος ὄλβον μὲν οὕτω καὶ κτεάνων
δόσιν εὐθύνοι, καμάτων² δ' ἐπίλασιν παράσχοι.   90
(Ἀντιστροφὴ γ'.)
Ἦ κεν ἀμνάσειεν, οἵαις ἐν πολέμοισι μάχαις
τλάμονι ψυχᾷ παρέμειν', ἁνίχ' εὑρίσκοντο θεῶν παλά-
μαις τιμάν³,
οἵαν οὔτις Ἑλλάνων δρέπει,   95
πλούτου στεφάνωμ᾽ ἀγέρωχον. Νῦν γε μὰν τὰν Φι-
λοκτήταο δίκαν ἐφέπων⁴
ἐστρατεύθη· σὺν δ' ἀναγκαίᾳ φίλον
καί τις ἐὼν μεγαλάνωρ ἔσανεν⁵. Φαντὶ δὲ Λαμνόθεν 100
ἕλκει τειρόμενον μετανάσσοντας ἐλθεῖν
(Ἐπῳδὸς γ'.)
ἥρωας ἀντιθέους Ποίαντος υἱὸν τοξόταν·
ὃς Πριάμοιο πόλιν πέρσεν, τελεύτασέν τε πόνους Δα-
ναοῖς,   105

loin et surpasser mes rivaux. Oh! puisse le temps lui conserver toujours un égal bonheur, une égale richesse, et lui apporter l'oubli de ses maux!

(*Antistrophe III.*)

Il rappellera à sa mémoire ces guerres et ces combats soutenus d'une âme si constante, alors que la faveur des dieux lui fit conquérir une palme que ne cueillit jamais aucun des Hellènes, sublime couronne ajoutée aux richesses. Naguère encore, semblable à Philoctète, il a marché au combat, et, vaincu par la nécessité, l'orgueilleux même a mendié son amitié. On dit que des héros pareils aux dieux vinrent jadis à Lemnos, pour ramener l'habile archer fils de Péan,

(*Épode III.*)

que rongeait un ulcère; Philoctète, qui renversa la ville de Priam et mit fin aux travaux des Grecs: il traînait un corps débile, mais

LES PYTHIQUES. I.

εὐθύνοι οὕτως	dirige ainsi *pour lui*
ὄλβον	le bonheur
καὶ δόσιν κτεάνων,	et le don de biens,
παράσχοι δὲ	et *lui* procure
ἐπίλασιν καμάτων.	l'oubli de *ses* maux.
(Ἀντιστροφὴ γ'.)	(*Antistrophe III.*)
Ἦ κεν ἀμνάσειεν,	Certes il rappellera,
οἵαις μάχαις	quels combats
παρέμεινεν	il a supportés
ψυχᾷ τλάμονι	avec une âme constante
ἐν πολέμοισιν,	dans les guerres,
ἀνίκα	quand *ces combats*
εὑρίσκοντο	trouvèrent (obtinrent)
παλάμαις θεῶν	par les artifices (l'aide) des dieux
τιμάν,	un honneur,
οἵαν οὔτις Ἑλλάνων	tel qu'aucun des Grecs
δρέπει,	n'*en* cueille,
στεφάνωμα ἀγέρωχον	couronnement magnifique
πλούτου.	de la richesse.
Νῦν γε μὰν	Maintenant donc
ἐφέπων	poursuivant (imitant)
τὰν δίκαν Φιλοκτήταο,	la manière (l'exemple) de Philoctète,
ἐστρατεύθη·	il a fait-la-guerre ;
σὺν δὲ ἀναγκαίᾳ	et avec (par) la nécessité
καί τις ἐὼν μεγαλάνως	même quelqu'un étant arrogant
ἔσανε	a flatté (recherché avec flatterie)
φίλον.	*lui pour* ami.
Φαντὶ δὲ	Car on dit
ἥρωας ἀντιθέους	des héros égaux-aux-dieux
ἐλθεῖν	être venus
μετανάσσοντας	devant chercher
Λαμνόθεν	*pour l'emmener* de Lemnos
υἱὸν Ποίαντος	le fils de Péa
τοξόταν	armé-de-l'arc
(Ἐπῳδὸς γ'.)	(*Épode III.*)
τειρόμενον ἕλκει·	rongé par un ulcère ;
ὃς πέρσε	*Philoctète* qui renversa
πόλιν Πριάμοιο,	la ville de Priam,
τελεύτασέ τε πόνους	et termina les fatigues
Δαναοῖς,	aux (des) Grecs,

PINDARE.

55 ἀσθενεῖ μὲν χρωτὶ βαίνων, ἀλλὰ μοιρίδιον ἦν.
Οὕτω ¹ δ' Ἱέρωνι θεὸς ὀρθωτὴρ πέλοι
τὸν προςέρποντα χρόνον, ὧν ἔραται καιρὸν διδούς.   110
Μοῖσα, καὶ πὰρ Δεινομένει ² κελαδῆσαι
πίθεό μοι ποινὰν τεθρίππων. Χάρμα δ' οὐκ ἀλλότριον   115
νικαφορία πατέρος.
60 Ἄγ' ἔπειτ' Αἴτνας βασιλεῖ ³ φίλιον ἐξεύρωμεν ὕμνον·

(Στροφὴ δ'.)

τῷ πόλιν κείναν ⁴ θεοδμάτῳ σὺν ἐλευθερίᾳ
Ὑλλίδος στάθμας Ἱέρων ἐν νόμοις ἔκτισσ'. Ἐθέλοντι
δὲ Παμφύλου   120
καὶ μὰν Ἡρακλειδᾶν ἔκγονοι
ὄχθαις ὕπο Ταϋγέτου ναίοντες αἰεὶ μένειν τεθμοῖσιν ἐν
Αἰγιμιοῦ
65 Δωρίοις. Ἔσχον δ' Ἀμύκλας ὄλβιοι,   125

telle était la volonté du destin. Ainsi, puisse un dieu protecteur veiller désormais sur Hiéron, et lui donner d'accomplir tous ses vœux ! Muse, sois-moi docile ; viens aussi chez Dinomène célébrer la victoire des quadriges. Le triomphe d'un père n'est pas une joie étrangère pour le cœur d'un fils. Allons, trouvons des accents dignes de plaire au roi d'Etna ;

(*Strophe IV.*)

c'est pour lui qu'Hiéron a fondé cette cité nouvelle, où règnent la liberté, fille des dieux, et les sages lois d'Hyllos. Les rejetons de Pamphylos et des Héraclides, qui habitent au pied des hauteurs du Taygète, veulent demeurer toujours fidèles aux institutions doriennes d'Égimios. Jadis partis du Pinde, ils habitèrent heureux dans

βαίνων μὲν	quoique marchant
χρωτὶ ἀσθενεῖ,	avec un corps sans-force,
ἀλλὰ ἦν μοιρίδιον.	mais *cela* était ordonné-par-le-destin
Οὕτω δὲ θεὸς	Qu'ainsi donc un dieu
ὀρθωτὴρ	qui-redresse (protecteur)
πέλοι Ἱέρωνι	soit à Hiéron
τὸν χρόνον	*pendant* le temps
προςέρποντα,	qui-s'avance-à-l'avenir,
διδοὺς καιρὸν	*lui* donnant l'opportunité
ὧν ἔραται.	*des choses* qu'il désire.
Μοῖσα, πίθεό μοι	Muse, obéis-moi
κελαδῆσαι	de manière à chanter
καὶ πὰρ Δινομένει	aussi chez Dinomène
ποινὰν	la récompense (victoire)
τεθρίππων.	des quadriges.
Νικαφορία δὲ	Car la victoire-remportée
πατέρος	de *son* père
οὐ χάρμα ἀλλότριον.	n'*est* pas un sujet-de-joie étranger.
Ἄγε	Va (allons)
ἐξεύρωμεν ἔπειτα	trouvons ensuite
ὕμνον φίλιον	un hymne agréable
βασιλεῖ Αἴτνας·	au roi d'Etna ;
(Στροφὴ δ'.)	(*Strophe IV.*)
τῷ Ἱέρων	pour qui Hiéron
ἔκτισσε κείναν πόλιν	a fondé cette ville
σὺν ἐλευθερίᾳ	avec la liberté
θεοδμάτῳ	instituée-par-les-dieux
ἐν νόμοις	dans (sous) les lois
στάθμας Ὑλλίδος.	de la règle d'-Hyllos.
Ἔκγονοι δὲ	Or les descendants
Παμφύλου	de Pamphylos
καὶ μὰν Ἡρακλειδᾶν	et certes aussi des Héraclides
ναίοντες	habitant
ὑπὸ ὄχθαις Ταϋγέτου	sous les hauteurs du Taygète
ἐθέλοντι	veulent
αἰεὶ μένειν	toujours demeurer
ἐν τεθμοῖσι Δωρίοις	dans les institutions doriennes
Αἰγιμιοῦ.	d'Égimios.
Ὄλβιοι δὲ	Et fortunés
ἔσχον Ἀμύκλας,	ils eurent (occupèrent) Amyclée,

ΠΥΘΙΟΝΙΚΑΙ Α.

Πινδόθεν ὀρνύμενοι, λευκοπώλων Τυνδαριδᾶν βαθύ-
δοξοι γείτονες, ὧν κλέος ἄνθησεν αἰχμᾶς.

(Ἀντιστροφὴ δ'.)

Ζεῦ τέλει', αἰεὶ δὲ τοιαύταν Ἀμένα ¹ παρ' ὕδωρ   130
αἶσαν ἀστοῖς καὶ βασιλεῦσιν διακρίνειν ἔτυμον λόγον
ἀνθρώπων.
Σύν τοι τίν κεν ἁγητὴρ ἀνήρ,
70   υἱῷ τ' ἐπιτελλόμενος, δᾶμον γεραίρων τράποι σύμφω-
νον ἐς ἀσυχίαν.   135
Λίσσομαι νεῦσον, Κρονίων, ἄμερον
ὄφρα κατ' οἶκον ὁ Φοῖνιξ ὁ Τυρσανῶν τ' ἀλαλατὸς
ἔχῃ ², ναυσίστονον ὕβριν ἰδὼν τὰν πρὸ Κύμας·   140

(Ἐπῳδὸς δ'.)

οἷα Συρακοσίων ἀρχῷ δαμασθέντες πάθον,
ὠκυπόρων ἀπὸ ναῶν ὅς σφιν ἐν πόντῳ βάλεθ' ἁλικίαν,   145

Amyclée, et, illustres voisins des Tyndarides aux blancs coursiers, ils virent fleurir la gloire de leur lance.

(*Antistrophe IV.*)

Puissant Jupiter, fais que parmi les hommes une vraie renommée attribue toujours de semblables destins aux citoyens et aux rois des rives de l'Amène. Que par toi le noble chef qui confie une cité à son fils couvre son peuple de gloire et fasse régner dans ses États la tranquillité et la concorde. Écoute mes prières, fils de Saturne! Que le Phénicien, que les hordes tyrrhéniennes restent en paix dans leur patrie; qu'il leur suffise d'avoir été témoins du désastre honteux dont leurs flottes gémirent près de Cumes;

(*Épode IV.*

qu'il leur suffise de tant de maux soufferts, lorsque le chef des Syracusains les dompta, et que, précipitant leur jeunesse dans la mer du

ὀρνύμενοι Πινδόθεν, s'élançant (venant) du Pinde,
γείτονες βαθύδοξοι voisins très-illustres
Τυνδαριδᾶν λευκοπώλων, des Tyndarides aux-coursiers-blancs,
ὧν desquels (et pour eux)
κλέος αἰχμᾶς la gloire de la lance
θάλησε. a fleuri là.
  (Ἀντιστροφὴ δ'.)   (Antistrophe IV.)
Ζεῦ Jupiter
τέλειε, qui-procures-l'accomplissement,
λόγον δὲ ἔτυμον eh bien *veuille* le discours vrai
ἀνθρώπων des hommes
διακρίνειν αἰεὶ décider (attribuer) toujours
τοιαύταν αἶσαν une telle destinée
ἀστοῖς καὶ βασιλεῦσι aux citoyens et aux rois *d'Etna*
παρὰ ὕδωρ Ἀμένα. près de l'eau de l'Amène.
Σύν τίν τοι Qu'avec toi (que grâce à toi) donc
ἀνὴρ ἀγητήρ, *ce* héros qui-commande (le roi Hiéron),
ἐπιτελλόμενός τε υἱῷ, et qui confie *la nation* à *son* fils,
γεραίρων δᾶμον rendant-illustre le peuple
τράποι κε puisse *le* tourner
ἐς ἀσυχίαν vers la tranquillité
σύμφωνον. où-règne-la-concorde.
Λίσσομαι, Κρονίων, Je *t'en* supplie, fils-de-Saturne,
νεῦσον accorde
ὄφρα ὁ Φοῖνιξ que le Phénicien
ὅ τε ἀλαλατὸς et le cri-de-guerre (l'armée)
Τυρσανῶν des Tyrrhéniens
κατέχῃ occupe (reste dans)
οἶκον ἄμερον, *sa* demeure (patrie) paisible,
ἰδὼν ayant vu
ὕβριν l'outrage (le désastre)
ναυσίστονον qui-a-fait-gémir-les-vaisseaux
τὰν πρὸ Κύμας· celui devant Cumes;
  (Ἐπῳδὸς δ'.)   (Épode IV.)
οἷα πάθον *et* quels maux ils ont souffert
δαμασθέντες ayant été domptés (battus)
ἀρχῷ Συρακοσίων, par le chef des Syracusains,
ὅς βάλετό σφιν qui précipita à eux
ἁλικίαν ἐν πόντῳ *leur* jeunesse dans la mer
ἀπὸ ναῶν ὠκυπόρων, des vaisseaux à-la-marche-rapide,

75 Ἑλλάδ' ἐξέλκων βαρείας δουλίας ¹. Ἀρέομαι
πὰρ μὲν Σαλαμῖνος ² Ἀθαναίων χάριν
μισθόν, ἐν Σπάρτᾳ δ' ἐρέω πρὸ Κιθαιρῶνος μάχαν, 150
ταῖσι Μήδειοι κάμον ἀγκυλότοξοι,
παρὰ δὲ τὰν εὔυδρον ἀκτὰν Ἱμέρα ³ παίδεσσιν ὕμνον
Δεινομένευς τελέσαις,
80 τὸν ἐδέξαντ' ἀμφ' ἀρετᾷ, πολεμίων ἀνδρῶν καμόντων. 155
(Στροφὴ ε'.)
Καιρὸν εἰ φθέγξαιο, πολλῶν πείρατα συντανύσαις
ἐν βραχεῖ, μείων ἕπεται μῶμος ἀνθρώπων. Ἀπὸ γὰρ
κόρος ἀμβλύνει 160
αἰανὴς ταχείας ἐλπίδας·
ἀστῶν δ' ἀκοὰ ⁴ κρύφιον θυμὸν βαρύνει μάλιστ'
ἐσλοῖσιν ἐπ' ἀλλοτρίοις.

haut des vaisseaux rapides, il retira la Grèce d'une accablante servitude. Si je chantais Salamine, la reconnaissance d'Athènes serait ma récompense ; à Sparte, je dirais le combat livré au pied du Cithéron ; là comme à Salamine, succombèrent les Mèdes aux arcs recourbés : au bord des belles eaux de l'Himère, je consacrerai aux valeureux fils de Dinomène un hymne que leur mérita la défaite des guerriers ennemis.

(*Strophe V.*)

Si tu loues à propos, si tu resserres et effleures en peu de vers mille exploits, tu offriras moins de prise au blâme des hommes. L'importune satiété émousse une curiosité impatiente, et l'éloge des belles actions d'autrui blesse en secret le cœur de l'envieux qui l'écoute

ἐξέλκων Ἑλλάδα	retirant la Grèce
βαρείας δουλίας.	d'une pesante servitude.
Ἀρέομαι	Je remporterai
πὰρ μὲν Σαλαμῖνος	de Salamine (en chantant Salamine)
χάριν Ἀθαναίων	la reconnaissance des Athéniens
μισθόν,	pour récompense,
ἐν Σπάρτᾳ δὲ	et à Sparte
ἐρέω μάχαν	je dirai le combat
πρὸ Κιθαιρῶνος,	devant le (au pied du) Cithéron,
ταῖσι	dans lesquels *deux combats*
Μήδειοι ἀγκυλότοξοι	les Mèdes aux-arcs-recourbés
κάμον,	furent-en-peine (furent battus),
παρὰ δὲ τὰν ἀκτὰν	et près de la rive
εὔυδρον	aux-belles-eaux
Ἱμέρα	de l'Himère
τελέσαις	*je serai aimé* ayant achevé
παίδεσσι Δεινομένευς	pour les fils de Dinomène
ὕμνον,	un hymne,
τὸν ἐδέξαντο	qu'ils ont reçu (gagné)
ἀμφὶ ἀρετᾷ,	pour *leur* valeur,
ἀνδρῶν πολεμίων	les hommes ennemis
καμόντων.	ayant été-dans-la-peine (battus).
(Στροφὴ ε'.)	(Strophe V.)
Εἰ φθέγξαιο καιρόν,	Si tu parles à propos,
συντανύσαις	ayant resserré
ἐν βραχεῖ	dans un petit *espace*
πείρατα	le terme (résumé)
πολλῶν,	de beaucoup de choses,
μῶμος ἀνθρώπων	le blâme des hommes
ἕπεται μείων.	*te* suit (s'attache à toi) moindre.
Αἰανὴς γὰρ κόρος	Car le triste dégoût
ἀπαμβλύνει	émousse
ἐλπίδας ταχείας·	l'attente prompte (vive) *de l'esprit;*
ἀκοὰ δὲ	et l'audition
ἀστῶν	des citoyens (chez les citoyens)
ἐπὶ ἐσλοῖσιν ἀλλοτρίοις	au sujet des belles choses d'-autrui
βαρύνει μάλιστα	pèse le plus
θυμὸν κρύφιον.	au cœur secret (secrètement).
Ἀλλὰ ὅμως,	Mais cependant,
φθόνος γὰρ κρέσσων	car l'envie *est* préférable

85 Ἀλλ' ὅμως, κρέσσων γὰρ οἰκτιρμοῦ φθόνος [1],
μὴ παρίει καλά. Νώμα δικαίῳ πηδαλίῳ στρατόν· 165
ἀψευδεῖ δὲ πρὸς ἄκμονι χάλκευε γλῶσσαν [2].

(Ἀντιστροφὴ ε'.)

Εἴ τι καὶ φλαῦρον παραιθύσσει [3], μέγα τοι φέρεται 170
πὰρ σέθεν. Πολλῶν ταμίας ἐσσί· πολλοὶ μάρτυρες
ἀμφοτέροις [4] πιστοί.

Εὐανθεῖ δ' ἐν ὀργᾷ παρμένων,
90 εἴπερ τι φιλεῖς ἀκοὰν ἀδεῖαν αἰεὶ κλύειν, μὴ κάμνε
λίαν δαπάναις· 175
ἐξίει δ' ὥςπερ κυβερνάτας ἀνὴρ
ἱστίον ἀνεμόεν. Μὴ δολωθῇς, ὦ φίλος, εὐτραπέλοις
κέρδεσσ' [5]· ὀπιθόμβροτον αὔχημα δόξας 180

(Ἐπῳδὸς ε'.)

οἷον ἀποιχομένων ἀνδρῶν δίαιταν μανύει
καὶ λογίοις καὶ ἀοιδοῖς. Οὐ φθίνει Κροίσου φιλόφρων
ἀρετά·

Mais mieux vaut l'envie que la pitié; ne renonce pas à la gloire. Dirige ton peuple avec le gouvernail de la justice; forge ta langue sur l'enclume de la vérité.

(*Antistrophe V.*)

La moindre parole est chose grave, venant de toi. Tu es l'arbitre de mille intérêts; tu trouveras, pour le bien comme pour le mal, mille témoins incorruptibles. Conserve ton noble caractère, et si tu aimes à entendre toujours la douce voix de la renommée, ne te lasse point de répandre des largesses; imite le pilote, ouvre ta voile aux vents. Ne te laisse point tromper, ô mon ami, par de flatteuses impostures. La gloire qui survit aux hommes

(*Épode V.*)

révèle seule à l'historien et au poëte la vie de celui qui n'est plus. Le nom du bienfaisant Crésos ne périt point; mais une odieuse célé-

οἰκτιρμοῦ,	à la compassion,
μὴ παρίει	ne laisse-pas-de-côté
καλά.	les belles *actions*.
Νώμα στρατὸν	Dirige *ton* peuple
πηδαλίῳ δικαίῳ·	avec un gouvernail juste;
χάλκευε δὲ γλῶσσαν	et forge *ta* langue
πρὸς ἄκμονι ἀψευδεῖ.	sur une enclume non-menteuse.
(Ἀντιστροφὴ ε'.	(*Antistrophe V.*)
Εἴ τι καὶ φλαῦρον	Si quelque chose même de léger
παραιθύσσει,	s'*en* échappe-comme-une-étincelle,
φέρεται	*cela* est porté (s'élance)
μέγα τοι	grand (grave) cependant
πὰρ σέθεν.	*venant* de toi.
Ἐσσὶ ταμίας	Tu es l'arbitre
πολλῶν·	de beaucoup de choses;
πολλοὶ μάρτυρες πιστοὶ	beaucoup de témoins sûrs *sont à toi*
ἀμφοτέροις.	pour l'un et l'autre (le bien et le mal)
Παρμένων δὲ	Mais restant
ἐν ὀργᾷ	dans *ton* caractère
εὐανθεῖ,	bien-fleuri (heureux),
εἴπερ φιλεῖς τι	si tu aimes quelque peu
κλύειν αἰεὶ	à entendre toujours
ἀκοὰν ἁδεῖαν,	une audition (renommée) agréable,
μὴ κάμνε λίαν	ne te lasse pas trop
δαπάναις·	des dépenses;
ἐξίει δὲ	mais lâche (déploie)
ὥςπερ ἀνὴρ κυβερνάτας	comme un homme pilote
ἱστίον ἀνεμόεν.	la voile exposée-au-vent.
Μὴ δολωθῇς,	Ne te laisse point tromper,
ὦ φίλος,	ô *mon* ami,
κέρδεσσιν εὐτραπέλοις·	par les impostures caressantes;
αὔχημα δόξας	l'honneur de la réputation
ὀπιθόμβροτον	qui-survit-aux-mortels
(Ἐπῳδὸς ε'.)	(*Épode V.*)
μανύει οἶον	révèle seul
καὶ λογίοις καὶ ἀοιδοῖς	et aux historiens et aux poëtes
δίαιταν	la vie
ἀνδρῶν ἀποιχομένων.	des hommes partis (morts).
Ἀρετὰ φιλόφρων Κροίσου	La vertu bienfaisante de Crésos
οὐ φθίνει·	ne périt pas;

95 τὸν δὲ ταύρῳ χαλκέῳ καυτῆρα νηλέα νόον   185
    ἐχθρὰ Φάλαριν κατέχει παντᾶ φάτις,
    οὐδέ μιν φόρμιγγες ὑπωρόφιαι κοινωνίαν
    μαλθακὰν παίδων ὀάροισι δέκονται [1].   190
    Τὸ δὲ παθεῖν εὖ πρῶτον ἄθλων· εὖ δ' ἀκούειν δευτέρα
        μοῖρ'· ἀμφοτέροισι δ' ἀνὴρ
100 ὃς ἂν ἐγκύρσῃ καὶ ἕλῃ [2], στέφανον ὕψιστον δέδεκται. 195

brité suit partout le monstre qui brûlait les hommes dans un taureau d'airain ; la lyre qui anime les festins n'associe point Phalaris aux douces voix des jeunes garçons. Le succès est le premier des biens ; la gloire vient ensuite : le mortel qui les rencontre et les saisit tous deux a remporté la plus belle couronne.

φάτις δὲ ἐχθρὰ	mais une renommée odieuse
κατέχει παντᾶ	possède partout
τὸν καυτῆρα	celui qui-brûlait *les hommes*
ταύρῳ χαλκέῳ	dans un taureau d'-airain
νηλέα νόον,	sans-pitié quant au cœur,
Φάλαριν,	Phalaris,
οὐδὲ φόρμιγγες	ni les lyres
ὑπωρόφιαι	qui-retentissent-sous-le-toit (dans les
δέκονταί μιν	n'admettent lui [festins)
κοινωνίαν μαλθακὰν	à une communauté douce
ὀάροις παίδων.	dans les chants des jeunes-garçons.
Τὸ δὲ παθεῖν εὖ	Or éprouver bien (réussir)
πρῶτον ἄθλων·	*est* le premier des prix ;
ἀκούειν δὲ εὖ	et entendre bien (avoir bonne renom-
δευτέρα μοῖρα·	*est* le second lot ; [mée)
ἀνὴρ δὲ	mais l'homme
ὃς ἂν ἐγκύρσῃ	qui a rencontré
ἀμφοτέροις,	l'un et l'autre
καὶ ἕλῃ,	et qui *les* a saisis (acquis),
δέδεκται	a reçu
στέφανον ὕψιστον.	la couronne la plus haute (belle).

ΠΥΘΙΟΝΙΚΑΙ.

ΕΙΔΟΣ Β'.

ΙΕΡΩΝΙ ΣΥΡΑΚΟΣΙΩ

ΑΡΜΑΤΙ.

(Στροφὴ α'.)
Μεγαλοπόλιες ὦ Συράκοσαι [1], βαθυπολέμου
τέμενος Ἄρεος [2], ἀνδρῶν ἵππων τε σιδαροχαρμᾶν
  δαιμόνιαι τροφοί,   5
ὕμμιν τόδε τᾶν λιπαρᾶν ἀπὸ Θηβᾶν φέρων
μέλος ἔρχομαι, ἀγγελίαν τετραορίας ἐλελίχθονος,
5 εὐάρματος Ἱέρων ἐν ᾇ κρατέων
τηλαυγέσιν ἀνέδησεν Ὀρτυγίαν στεφάνοις,   10
ποταμίας ἕδος Ἀρτέμιδος [3], ἇς οὐκ ἄτερ
κείνας ἀγαναῖσιν ἐν χερσὶ ποικιλανίους ἐδάμασσε πώ-
  λους.   15
(Ἀντιστροφὴ α'.)
Ἐπὶ γὰρ ἰοχέαιρα παρθένος χερὶ διδύμᾳ

(Strophe I.)

Vaste cité de Syracuse, temple du belliqueux Mars, toi dont le sein fortuné nourrit des héros et des coursiers amis des combats, je quitte l'illustre Thèbes pour t'apporter avec cet hymne une glorieuse nouvelle : ébranlant la terre sur son splendide quadrige, Hiéron vainqueur vient de ceindre d'éclatantes couronnes Ortygie, séjour de Diane, déesse des fleuves, de Diane qui a donné au héros de dompter d'une main habile les coursiers aux rênes brillantes.

(Antistrophe I.)

Ce sont les mains de la vierge chasseresse, et de Mercure protecteur

ODE II.

A HIÉRON DE SYRACUSE

VAINQUEUR A LA COURSE DES CHARS.

(Στροφὴ α'.)	(Strophe I.)
Ὦ Συράκοσαι	O Syracuse
μεγαλοπόλιες,	grande-cité,
τέμενος Ἄρεος	enceinte-sacrée de Mars
βαθυπολέμου,	très-belliqueux,
δαιμόνιαι τροφοὶ	divine nourrice
ἀνδρῶν ἵππων τε	d'hommes et de coursiers
σιδαροχαρμᾶν,	que-réjouit-le-fer,
ἔρχομαι	je viens
φέρων ὔμμιν	apportant à vous (à toi)
ἀπὸ τᾶν λιπαρᾶν Θηβᾶν	de la brillante Thèbes
τόδε μέλος,	ce chant,
ἀγγελίαν	annonce (nouvelle)
τετραορίας	de l'attelage-à-quatre-chevaux
ἐλελίχθονος,	qui-ébranle-la-terre,
ἐν ᾇ	sur lequel
Ἱέρων εὐάρματος	Hiéron au-beau-char
κρατέων	étant-vainqueur
ἀνέδησε στεφάνοις	a ceint de couronnes
τηλαυγέσιν	qui-jettent-de-l'éclat-au-loin
Ὀρτυγίαν,	Ortygie,
ἕδος Ἀρτέμιδος ποταμίας,	séjour de Diane fluviale,
οὐκ ἄτερ ἇς	non sans laquelle (avec l'aide de la-
ἐδάμασσεν	Hiéron a dompté [quelle)
ἐν χερσὶν ἀγαναῖσι	avec *ses* mains douces (flexibles)
κείνας πώλους	ces cavales
ποικιλανίους.	aux-brides-de-couleurs-variées.
(Ἀντιστροφὴ α'.)	(*Antistrophe I.*)
Διδύμᾳ γὰρ χερὶ	Car de *sa* double main
παρθένος	la vierge
ἰοχέαιρα	qui-se-plaît-à-lancer-des-traits

10 ὅ τ' ἐναγώνιος Ἑρμᾶς αἰγλᾶντα τίθησι κόσμον ¹, ξε-
στὸν ὅταν δίφρον
ἕν θ' ἅρματα πεισιχάλινα ² καταζευγνύῃ
σθένος ἵππιον, ὀρσοτρίαιναν εὐρυβίαν καλέων θεόν.
Ἄλλοις δέ τις ἐτέλεσσεν ἄλλος ἀνὴρ
εὐαχέα βασιλεῦσιν ὕμνον, ἄποιν' ἀρετᾶς.
15 Κελαδέοντι μὲν ἀμφὶ Κινύραν ³ πολλάκις
φᾶμαι Κυπρίων, τὸν ὁ χρυσοχαῖτα προφρόνως ἐφί-
λησ' Ἀπόλλων,

(Ἐπῳδὸς α΄.)

ἱερέα κτίλον Ἀφροδίτας· ἄγει δὲ χάρις ⁴ φίλων ποί-
νιμος ἀντὶ ἔργων ὀπιζομένα·
σὲ δ', ὦ Δεινομένειε παῖ, Ζεφυρία πρὸ δόμων
Λοκρὶς παρθένος ἀπύει ⁵, πολεμίων καμάτων ἐξ ἀμα-
χάνων
20 διὰ τεὰν δύναμιν δρακεῖσ' ἀσφαλές ⁶.
Θεῶν δ' ἐφετμαῖς Ἰξίονα φαντὶ ταῦτα βροτοῖς

des jeux, qui disposent le superbe équipage, quand Hiéron attelle à son riche et docile quadrige de vigoureux coursiers, et qu'il invoque le dieu puissant au trident redoutable. D'autres ont consacré à d'autres rois l'hymne harmonieux qui récompense la vertu. Souvent les peuples de Cypre célèbrent les louanges de Cinyras, tendrement aimé d'Apollon à la chevelure d'or,

(*Épode I.*)

prêtre chéri de Vénus. La reconnaissance leur inspire ces chants, elle aime à payer les bienfaits. Pour toi, fils de Dinomène, la jeune vierge de Locres l'Épizéphyrienne, assise au seuil de sa demeure, chante tes exploits ; sauvée par ta valeur des périls et des horreurs de la guerre, son regard est maintenant assuré. On dit que, par l'ordre des dieux, du haut de la roue ailée qui l'emporte sans cesse, sans

Ἑρμᾶς τε ὁ ἐναγώνιος	et Mercure qui-préside-aux-luttes
ἐπιτίθησι	placent-sur *l'équipage*
κόσμον αἰγλᾶντα,	un ornement éclatant,
ὅταν καταζευγνύῃ	quand *Hiéron* attelle
ἐν δίφρον ξεστὸν	au siège poli
ἅρματά τε πεισιχάλινα	et au char qui-obéit-aux-rênes
σθένος	la vigueur
ἵππιον,	des-coursiers (les coursiers vigou-
καλέων	appelant (invoquant) [reux),
θεὸν ὀρσοτρίαιναν	le dieu qui-agite-le-trident
εὐρυβίαν.	*le dieu* aux-vastes-forces.
Ἄλλος δέ τις ἀνὴρ	Mais quelque autre homme (poète)
ἐτέλεσσεν	a accompli (achevé)
ἄλλοις βασιλεῦσιν	pour d'autres rois
ὕμνον εὐαχέα,	un hymne harmonieux,
ἄποινα ἀρετᾶς.	prix de la vertu.
Πολλάκις μὲν	Souvent à la vérité
φᾶμαι Κυπρίων	les louanges des Cypriens
κελαδέοντι ἀμφὶ Κινύραν,	retentissent au sujet de Cinyras,
τὸν Ἀπόλλων	qu'Apollon
ὁ χρυσοχαίτα	le *dieu* à-la-chevelure-d'or
ἐφίλησε προφρόνως,	a aimé de-grand-cœur,
(Ἐπῳδὸς α'.)	(*Épode I.*)
ἱερέα κτίλον Ἀφροδίτας·	prêtre chéri de Vénus ;
χάρις δὲ ποίνιμος	or la reconnaissance qui-rémunère
ἀντὶ ἔργων φίλων	en échange d'actes amis (de bienfaits)
ἄγει	*les* conduit (pousse) *à le chanter*
ὀπιζομένα·	étant-pieuse *envers lui;*
σὲ δέ, ὦ παῖ Δεινομένειε,	et toi, ô fils de-Dinomène,
παρθένος	la jeune-vierge
Λοκρὶς	Locrienne (de Locres)
Ζεφυρία	Zéphyrienne (Épizéphyrienne)
ἀπύει πρὸ δόμων,	*te* chante devant *ses* demeures,
δρακεῖσα ἀσφαλὲς	regardant avec-sécurité (sauvée)
ἐκ καμάτων ἀμαχάνων	des maux sans-ressource
πολεμίων	de-la-guerre
διὰ τεὰν δύναμιν.	par ta force (ta valeur).
Φαντὶ δὲ Ἰξίονα	Car on dit Ixion
κυλινδόμενον παντᾷ	roulant toujours
ἐν τροχῷ πτερόεντι	sur *sa* roue ailée

λέγειν ἐν πτερόεντι τροχῷ
παντᾶ κυλινδόμενον·
τὸν εὐεργέταν ἀγαναῖς ἀμοιβαῖς ἐποιχομένους τίνε-
σθαι [1].   45

(Στροφὴ β'.)

25 Ἔμαθε δὲ σαφές [2]. Εὐμενέσσι γὰρ παρὰ Κρονίδαις [3]
γλυκὺν ἑλὼν βίοτον, μακρὸν οὐχ ὑπέμεινεν ὄλβον [4],
μαινομέναις φρασὶν
Ἥρας ὅτ' ἐράσσατο, τὰν Διὸς εὐναὶ λάχον   50
πολυγαθέες· ἀλλά νιν ὕβρις εἰς ἀυάταν [5] ὑπεράφανον
ὦρσεν· τάχα δὲ παθὼν ἐοικότ' ἀνὴρ
30 ἐξαίρετον ἕλε μόχθον. Αἱ δύο δ' ἀμπλακίαι   55
φερέπονοι τελέθοντι· τὸ μὲν ἥρως ὅτι
ἐμφύλιον αἷμα πρώτιστος οὐκ ἄτερ τέχνας ἐπέμιξε
θνατοῖς·

(Ἀντιστροφὴ β'.)

ὅτι τε [6] μεγαλοκευθέεσσιν ἔν ποτε θαλάμοις   60

cesse Ixion répète aux mortels : Que les bienfaits trouvent chez vous un aimable retour.

(Strophe II.)

Il ne le sait que trop. Admis par la bonté des fils de Saturne à passer près d'eux une heureuse existence, il ne put soutenir l'excès de sa félicité, lorsque son cœur en délire brûla pour Junon, pour une déesse réservée à la couche fortunée de Jupiter; son insolente audace le poussa jusqu'au crime; mais bientôt, frappé d'une juste vengeance, il a trouvé un supplice inventé pour son forfait. Deux crimes lui ont apporté le châtiment : mortel, son exemple le premier instruisit l'homme à dresser des embûches aux siens et à répandre leur sang;

(Antistrophe II.)

et plus tard, dans les mystérieuses retraites de l'hyménée, il tenta

λέγειν ταῦτα βροτοῖς	dire ces choses aux mortels
ἐφετμαῖς θεῶν·	par les ordres des dieux :
τίνεσθαι τὸν εὐεργέταν	il faut payer le bienfaiteur
ἐποιχομένους	l'abordant
ἀγαναῖς ἀμοιβαῖς.	avec d'aimables rétributions.
(Στροφὴ β'.)	(Strophe II.)
Ἔμαθε δὲ	Or il l'a appris
σαφές.	clairement.
Ἑλὼν γὰρ	Car ayant obtenu
παρὰ Κρονίδαις	près des enfants-de-Cronos
εὐμένεσσι	bienveillants
γλυκὺν βίοτον,	une douce vie,
οὐχ ὑπέμεινε	il ne supporta pas
μακρὸν ὄλβον,	sa longue (immense) félicité,
ὅτε φρασὶ μαινομέναις	quand dans son cœur en-délire
ἐράσσατο Ἥρας,	il s'éprit de Junon,
τὰν λάχον	qu'a obtenue-en-partage
εὐναὶ πολυγαθέες	la couche aux-innombrables-joies
Διός·	de Jupiter ;
ἀλλὰ ὕβρις	mais son audace
ὦρσέ νιν	poussa (entraîna) lui
εἰς ἀυάταν ὑπεράφανον·	à un crime insolent ;
ἀνὴρ δὲ	et cet homme
παθὼν τάχα	ayant souffert bientôt
ἐοικότα	des maux convenables
ἔχε μόχθον	obtint (reçut) une peine
ἐξαίρετον.	de-choix (inventée pour lui).
Αἱ δύο δὲ ἀμπλακίαι	Or les deux fautes suivantes
τελέθοντι	sont à lui
φερέπονοι·	apportant-les-peines qu'il souffre :
τὸ μὲν ὅτι ἥρως	d'un côté parce que ce héros
πρώτιστος	tout-à-fait-le-premier
ἐπέμιξε	mêla (apporta, fit connaître)
θνατοῖς	aux mortels
αἷμα ἐμφύλιον	le sang de-la-famille répandu
οὐκ ἄτερ τέχνας·	non sans artifice ;
(Ἀντιστροφὴ β'.)	(Antistrophe II.)
ὅτι τέ ποτε	et parce qu'un jour
ἐν θαλάμοις	dans l'appartement-nuptial
μεγαλοκευθέεσσιν	aux-vastes-retraites

Διὸς ἄκοιτιν ἐπειρᾶτο [1]. Χρὴ δὲ κατ' αὐτὸν αἰεὶ
παντὸς ὁρᾶν μέτρον [2].

35 Εὐναὶ δὲ παράτροποι ἐς κακότατ' ἀθρόαν 65
ἔβαλόν ποτε καὶ τὸν ἑλόντ' [3]· ἐπεὶ νεφέλᾳ παρελέξατο,
ψεῦδος γλυκὺ μεθέπων, ἄϊδρις ἀνήρ·
εἶδος γὰρ ὑπεροχωτάτᾳ πρέπεν οὐρανιᾶν 70
θυγατέρι Κρόνου [4]· ἅντε δόλον αὐτῷ θέσαν

40 Ζηνὸς παλάμαι [5], καλὸν πῆμα. Τὸν δὲ τετράκνα-
μον ἔπραξε δεσμόν [6], 75

(Ἐπῳδὸς β'.)

ἑὸν ὄλεθρον ὅγ'· ἐν δ' ἀφύκτοισι γυιοπέδαις πεσὼν τὰν
πολύκοινον ἀνδέξατ' ἀγγελίαν [7]
Ἄνευ οἱ Χαρίτων [8] τέκεν γόνον ὑπερφίαλον, 80
μόνα καὶ μόνον, οὔτ' ἐν ἀνδράσι γερασφόρον οὔτ' ἐν
θεῶν νόμοις [9]·

l'épouse de Jupiter. L'homme doit mesurer ses désirs à ses forces. Ces amours impies ouvrent un abîme de maux à celui-là même qui parvient à en jouir; l'aveugle Ixion, poursuivant un doux mensonge, n'avait pressé qu'une nue entre ses bras. Elle ressemblait à la reine des déesses, à la fille de Saturne; les mains de Jupiter l'avaient formée pour lui tendre le piége et le perdre en le séduisant. Son audace lui valut de voir ses membres enlacés dans une roue à quatre rayons,

(*Épode II.*)

qui fut son supplice; emprisonné dans des liens qu'il ne peut briser, il dut instruire les hommes. La nue, sans l'assistance des Grâces, lui donna pour fils un monstre unique comme elle, sans honneur chez les hommes aussi bien que dans les palais des dieux; elle le

ἐπειρᾶτο	il tenta *de séduire*
ἄκοιτιν Διός.	l'épouse de Jupiter.
Χρὴ δὲ αἰεὶ	Or il faut toujours
ὁρᾶν κατὰ αὐτὸν	voir selon soi-même
μέτρον παντός.	la mesure de toute *action*.
Εὐναὶ δὲ	Car les couches (amours)
παράτροποι	détournées (illégitimes)
ἔβαλόν ποτε	ont jeté (jettent) un jour (souvent)
ἐς κακότατα ἀθρόαν	dans un malheur serré (profond)
καὶ τὸν ἑλόντα·	même celui qui *les* a obtenues ;
ἐπεὶ ἀνὴρ	car *cet* homme (Ixion)
ἄϊδρις	ignorant (aveugle)
παρελέξατο νεφέλα,	s'accoupla avec une nue,
μεθέπων γλυκὺ ψεῦδος·	poursuivant un doux mensonge ;
πρέπε γὰρ εἶδος	car elle ressemblait pour la forme
ὑπεροχωτάτᾳ	à la plus élevée
οὐρανιᾶν,	des *déesses* du-ciel,
θυγατέρι Κρόνου·	à la fille de Saturne ;
ἅντε	laquelle *nue*
παλάμαι Ζηνὸς	les mains de Jupiter
θέσαν αὐτῷ	avaient établie (préparée) pour lui
δόλον,	*comme un* piége,
καλὸν πῆμα.	beau fléau.
Ὅγε δὲ ἔπραξε	Mais celui-ci (Ixion) gagna
δεσμὸν	un lien (d'être attaché à une roue)
τετράκναμον,	à-quatre-jantes,
(Ἐπῳδὸς β'.)	(Épode II.)
ἑὸν ὄλεθρον·	*qui fut* sa perte ;
πεσὼν δὲ	et étant tombé
ἐν γυιοπέδαις ἀφύκτοις	dans des entraves impossibles-à-fuir
ἀνδέξατο	il reçut (prit sur lui, fut chargé de)
τὰν ἀγγελίαν	l'annonce (l'instruction)
πολύκοινον.	commune-à-tous.
Ἄνευ Χαρίτων τέκεν οἱ	Sans les Grâces *la nue* enfanta à lui
γόνον ὑπερφίαλον,	un fils monstrueux,
μόνα	seule *mère enfantant un tel fils*
καὶ μόνον,	et *l'enfantant* unique,
γερασφόρον	monstre qui-n'obtint-d'honneur
οὔτε ἐν ἀνδράσιν	ni chez les hommes
οὔτε ἐν νόμοις θεῶν·	ni dans les usages des dieux ;

τὸν ὀνύμαξε τράφοισα Κένταυρον [1], ὃς
ἵπποισι Μαγνητίδεσσιν ἐμίγνυτ' ἐν Παλίου
σφυροῖς [2], ἐκ δ' ἐγένοντο στρατὸς
θαυμαστός, ἀμφοτέροις
ὁμοῖοι τοκεῦσι, τὰ ματρόθεν μὲν κάτω, τὰ δ' ὕπερθε πατρός.

(Στροφὴ γ'.)

Θεὸς ἅπαν ἐπὶ ἐλπίδεσσι τέκμαρ ἀνύεται [3],
Θεός, ὃ καὶ πτερόεντ' αἰετὸν κίχε, καὶ θαλασσαῖον παραμείβεται
δελφῖνα, καὶ ὑψιφρόνων τιν' ἔκαμψε βροτῶν,
ἑτέροισι δὲ κῦδος ἀγήραον παρέδωκ'. Ἐμὲ δὲ χρεὼν
φεύγειν δάκος ἀδινὸν κακαγοριᾶν [4].
Εἶδον γὰρ ἑκὰς ἐὼν [5] τὰ πόλλ' ἐν ἀμαχανίᾳ
ψογερὸν Ἀρχίλοχον βαρυλόγοις ἔχθεσιν
πιαινόμενον· τὸ πλουτεῖν δὲ σὺν τύχᾳ πότμου, σοφίας
ἄριστον [6].

nourrit et l'appela Centaure ; il s'unit avec les cavales de Thessalie, au pied du Pélion ; de là naquit une race prodigieuse, et qui ressemblait à la fois aux deux êtres qui lui avaient donné le jour, à la mère par leur croupe, au père par le haut du corps.

(Strophe III.)

Dieu dispose à sa volonté tous les événements, dieu qui atteint le vol de l'aigle, devance le dauphin des mers, courbe les fronts superbes, et donne à d'autres une gloire impérissable. Mais évitons la calomnie aux dents meurtrières. J'ai vu, ces temps sont loin de moi, j'ai vu plus d'une fois dans le malheur le mordant Archiloque, tout gonflé de haines et de paroles amères ; la richesse qu'accompagne la faveur du destin, voilà le plus beau prix de la sagesse.

τὸν τράφοισα	lequel ayant nourri
ὀνύμαξε Κένταυρον,	elle *le* nomma Centaure,
ὅς ἐμίγνυτο	qui (celui-ci) s'unit
ἵπποισι Μαγνητίδεσσιν	à des cavales Magnésiennes
ἐν σφυροῖς Παλίου,	au pied du Pélion,
ἐκ δὲ ἐγένοντο	et de là naquirent
στρατὸς θαυμαστός,	une armée *de fils* prodigieuse,
ὅμοιοι	*enfants* semblables
ἀμφοτέροις τοκεῦσι,	aux deux parents,
τὰ μὲν ματρόθεν	*ayant* les *membres* de-la-mère
κάτω,	en bas,
τὰ δὲ πατρὸς ὕπερθε.	et ceux de *leur* père en haut.
(Στροφὴ γ´.)	(*Strophe III.*)
Θεὸς	Dieu
ἀνύεται ἅπαν τέκμαρ	accomplit tout événement
ἐπὶ ἐλπίδεσσι,	selon *ses* souhaits (sa volonté),
θεός, ὅ καὶ κίχεν	dieu, qui et a atteint (qui atteint)
αἰετὸν πτερόεντα,	l'aigle ailé,
καὶ παραμείβεται	et devance
δελφῖνα θαλασσαῖον,	le dauphin des-mers,
καὶ ἔκαμψέ	et a courbé (abaisse)
τινα	quelqu'un (plus d'un)
βροτῶν ὑψιφρόνων,	des mortels orgueilleux,
παρέδωκε δὲ ἑτέροισι	et a donné (donne) à d'autres
κῦδος	une gloire
ἀγήραον.	qui-ne-vieillit-pas (impérissable).
Χρεών δὲ ἐμὲ φεύγειν	Mais il faut moi fuir (m'interdire)
δάκος ἀδινὸν	la morsure funeste
κακαγοριᾶν.	des mauvais-propos (de la calomnie)
Εἶδον γὰρ	Car j'ai vu
ἐὼν	*quoique* étant
ἑκὰς	loin *de lui par le temps*
τὰπόλλα ἐν ἀμαχανίᾳ	*être* très-souvent dans l'embarras
ψογερὸν Ἀρχίλοχον	le blâmant (satirique) Archiloque
πιαινόμενον	s'engraissant
ἔχθεσι βαρυλόγοις	de haines aux-dures-paroles ;
τὸ δὲ πλουτεῖν	mais le être-riche
σὺν τύχᾳ πότμου	avec la fortune (faveur) du destin
ἄριστον	*est le point* (le prix) le meilleur
σοφίας.	de la sagesse.

(Ἀντιστροφὴ γ΄.)

Τὺ δὲ σάφα νιν ἔχεις, ἐλευθέρᾳ φρενὶ πεπαρεῖν [1], 105
πρύτανι κύριε πολλᾶν μὲν εὐστεφάνων [2] ἀγυιᾶν καὶ
στρατοῦ. Εἰ δέ τις [3]
ἤδη κτεάτεσσί τε καὶ περὶ τιμᾷ λέγει 110
60 ἕτερόν τιν ἀν᾽ Ἑλλάδα τῶν πάροιθε γενέσθαι ὑπέρ-
τερον,
χαύνᾳ πραπίδι παλαιμονεῖ κενεά.
Εὐανθέα δ᾽ ἀναβάσομαι στόλον ἀμφ᾽ ἀρετᾷ
κελαδέων. Νεότατι μὲν ἀρήγει θράσος 115
δεινῶν πολέμων· ὅθεν φαμὶ καὶ σὲ τὰν ἀπείρονα δό-
ξαν εὑρεῖν,

(Ἐπῳδὸς γ΄.)

65 τὰ μὲν ἐν ἱπποσόαισιν ἀνδρέσσι μαρνάμενον, τὰ δ᾽ ἐν
πεζομάχαισι· βουλαὶ δὲ πρεσβύτεραι 120
ἀκίνδυνον ἐμοὶ ἔπος ποτὶ σὲ πάντα λόγον
ἐπαινεῖν παρέχοντι [4]. Χαῖρε. Τόδε μὲν κατὰ Φοίνισ-
σαν ἐμπολὰν [5] 125

(*Antistrophe III.*)

Pour toi, qui la possèdes, tu peux la répandre d'une main libérale, toi, souverain maître de tant de cités aux superbes remparts et d'un peuple si nombreux. Qui oserait affirmer qu'un autre avant toi dans la Grèce t'a surpassé en richesse et en gloire ? ce serait s'engager follement dans une lutte téméraire. Pour célébrer ta vertu, je monterai sur un navire paré de fleurs. Ta bravoure dans de cruelles guerres illustra ta jeunesse ; là tu as conquis une immortelle gloire,

(*Épode III.*)

tantôt combattant dans les rangs des cavaliers, tantôt te mêlant aux fantassins ; et les sages conseils de ta vieillesse me permettront de t'accorder sans crainte tous les éloges. Salut. Je t'envoie cet hymne à

(Ἀντιστροφὴ γ'.)	(Antistrophe III.)
Τὺ δὲ σάφα	Or toi manifestement
ἔχεις νιν,	tu as elle (la richesse),
πεπαρεῖν	*de manière à la* donner
φρενὶ ἐλευθέρᾳ,	d'une âme libérale,
πρύτανι κύριε	prytane (chef) maître
πολλᾶν μὲν ἀγυιᾶν	de beaucoup de rues (de villes)
εὐστεφάνων	aux-belles-enceintes
καὶ στρατοῦ.	et d'un peuple.
Εἰ δέ τις λέγει	Et si quelqu'un dit
τινὰ ἕτερον ἤδη ἀνὰ Ἑλλάδα	quelque autre déjà en Grèce
τῶν πάροιθε	des *hommes* d'auparavant
γενέσθαι ὑπέρτερον	avoir été supérieur *à toi*
κτεάτεσσί τε	et par les richesses
καὶ περὶ τιμᾷ,	et touchant l'honneur,
παλαιμονεῖ κενεὰ	il lutte vainement
πραπίδι χαύνα.	avec un esprit futile.
Ἀναβάσομαι δὲ	Mais je monterai
στόλον εὐανθέα	sur une flotte ornée-de-fleurs
κελαδέων ἀμφὶ ἀρετᾷ.	chantant au sujet de *ta* vertu.
Θράσος μὲν πολέμων δεινῶν	La bravoure de guerres terribles
ἀρήγει	vient-au-secours de (illustre)
νεότατι·	*ta* jeunesse ;
ὅθεν φαμὶ καὶ σὲ	d'où je dis aussi toi
εὑρεῖν	avoir trouvé (obtenu)
τὰν δόξαν ἀπείρονα,	la (une) gloire sans-terme,
(Ἐπωδὸς γ'.)	(Épode III.)
τὰ μὲν μαρνάμενον	tantôt combattant
ἐν ἀνδρεσσιν	au milieu des guerriers
ἱπποσόαισι,	qui-agitent-les-chevaux,
τὰ δὲ	et tantôt
ἐν πεζομάχαισι·	parmi ceux qui-combattent-à-pied ;
βουλαὶ δὲ	et les conseils
πρεσβύτεραι	plus âgés (de ta vieillesse)
παρέχοντι ἐμοὶ	fournissent à moi
ἔπος ἀκίνδυνον	un discours sans-danger
ποτὶ σὲ	envers toi
ἐπαινεῖν πάντα λόγον.	pour *te* louer sous tout rapport.
Χαῖρε.	Réjouis-toi (salut).
Τόδε μὲν μέλος	Cet hymne

μέλος ὑπὲρ πολιᾶς ἁλὸς πέμπεται·
τὸ Καστόρειον δ' ἐν Αἰολίδεσσι χορδαῖς ἑκὼν
70 ἄθρησον, χάριν ἑπτακτύπου
φόρμιγγος ἀντόμενος ¹.   130
Γένοι' οἷος ἐσσὶ μαθών· καλός τοι πίθων παρὰ παι-
σίν, αἰεὶ
(Στροφὴ δ'.)
καλός ². Ὁ δὲ Ῥαδάμανθυς ³ εὖ πέπραγεν, ὅτι φρενῶν
ἔλαχε καρπὸν ἀμώμητον ⁴, οὐδ' ἀπάταισι θυμὸν τέρ-
πεται ἔνδοθεν,   135
75 οἷα ψιθύρων παλάμαις ἕπετ' αἰεὶ βροτῷ.
Ἄμαχον κακὸν ἀμφοτέροις ⁵ διαβολιᾶν ὑποφαύτιες,   140
ὀργαῖς ἀτενὲς ἀλωπέκων ἴκελοι.
Κερδοῖ δὲ τί μάλα τοῦτο κερδαλέον τελέθει;
ἅτε γὰρ εἰνάλιον πόνον ἐχοίσας βαθὺ   145
80 σκευᾶς ἑτέρας, ἀβάπτιστός εἰμι, φελλὸς ὣς ὑπὲρ ἕρ-
κος, ἅλμας ⁶.

travers les mers blanchissantes, comme un riche produit de la Phénicie ; regarde avec faveur ce chant de Castor sur le mode éolien ; et, pour honorer la lyre aux sept cordes, assiste à l'assemblée où on le chantera. Sache rester ce que tu es ; le singe est beau, toujours beau

(*Strophe IV.*)

pour les enfants. Rhadamanthe est heureux parce que son cœur, riche des fruits incorruptibles de la sagesse, ne fut jamais sensible aux flatteries dont d'adroits imposteurs poursuivent sans cesse les hommes. La perfide calomnie est un fléau également funeste à celui qu'elle déchire et à celui qui l'écoute ; ses allures sont celles du renard. Mais le renard, qu'y gagne-t-il ? Le filet plonge dans la mer qui le tourmente, et moi, pareil au liége, je surnage au-dessus de l'onde amère.

πέμπεται	est envoyé *vers toi*
ὑπὲρ ἁλὸς πολιᾶς	au delà de la mer blanche
κατὰ	selon (comme)
ἐμπολὰν Φοίνισσαν·	une marchandise phénicienne ;
ἄθρησον δὲ ἑκὼν	et regarde volontiers (avec faveur)
τὸ Καστόρειον	ce *chant* de-Castor
ἐν χορδαῖς Αἰολίδεσσιν	sur les cordes éoliennes
ἀντόμενος	te rendant *à l'assemblée*
χάριν φόρμιγγος ἑπτακτύπου.	en honneur de la lyre aux-sept-sons.
Γένοιο οἷος ἐσσὶ	Sois (reste) *tel* que tu es
μαθών·	ayant appris *à être tel* ;
πίθων τοι καλὸς	le singe assurément *est* beau
παρὰ παισίν,	chez les enfants,
αἰεὶ	toujours
(Στροφὴ δ'.)	(Strophe IV.)
καλός.	*il est* beau.
Ὁ δὲ Ῥαδάμανθυς	Mais Rhadamanthe
πέπραγεν εὖ,	a fait bien (est heureux),
ὅτι ἔλαχε	parce qu'il a eu-en-partage
καρπὸν ἀμώμητον φρενῶν,	le fruit irrépréhensible de l'âme,
οὐδὲ τέρπεται	et ne se réjouit pas
θυμὸν ἔνδοθεν	dans *son* cœur au dedans
ἀπάταισιν·	par les tromperies (flatteries) ;
οἷα αἰεὶ	*choses* qui toujours [mortel
ἕπεται βροτῷ	suivent (s'attachent à, arrivent à) un
παλάμαις ψιθύρων.	par les artifices des chuchoteurs (flat-
Ὑποφαύτιες	Les insinuations-perfides [teurs)
διαβολιᾶν	des calomnies
ἀμφοτέροις	*sont* pour tous les deux
κακὸν ἄμαχον,	un mal impossible-à-combattre,
ἴκελοι ἀτενὲς	semblables absolument
ὀργαῖς ἀλωπέκων.	aux allures des renards.
Τί δὲ μάλα τοῦτο	Mais en quoi donc ceci
τελέθει κερδαλέον κέρδοῖ ;	est-il avantageux pour le renard ?
ἅτε γὰρ ἑτέρας σκευᾶς	car comme le reste de l'instrument
ἐχοίσας βαθὺ	ayant profondément (au fond)
πόνον εἰνάλιον,	la fatigue de-la-mer,
εἰμὶ ἀβάπτιστος ἅλμας,	je suis non-mouillé d'eau-salée,
ὡς φελλὸς	de même que le liége
ὑπὲρ ἕρκος.	au-dessus du filet.

(Ἀντιστροφὴ δ'.)

Ἀδύνατα δ' ἔπος ἐκβαλεῖν [1] κραταιὸν ἐν ἀγαθοῖς
δόλιον ἀστόν· ὅμως μὰν σαίνων ποτὶ πάντας, ἀγὰν
πάγχυ διαπλέκει.   150
Οὔ οἱ μετέχω θράσεος. Φίλον εἴη φιλεῖν·
ποτὶ δ' ἐχθρὸν ἅτ' ἐχθρὸς ἐὼν λύκοιο δίκαν ὑποθεύ-
σομαι,   155
85 ἀλλ' ἄλλοτε πατέων ὁδοῖς σκολιαῖς.
Ἐν πάντα δὲ νόμον [2] εὐθύγλωσσος ἀνὴρ προφέρει,
παρὰ τυραννίδι, χὠπόταν ὁ λάβρος στρατός,   160
χὦταν πόλιν οἱ σοφοὶ τηρέωντι. Χρὴ δὲ πρὸς θεὸν οὐκ
ἐρίζειν,

(Ἐπῳδὸς δ'.)

ὃς ἀνέχει ποτὲ μὲν τὰ κείνων, τότ' αὖθ' ἑτέροις ἔδω-
κεν μέγα κῦδος. Ἀλλ' οὐδὲ ταῦτα νόον   165

(*Antistrophe IV.*)

La parole du fourbe ne peut être puissante sur les cœurs vertueux ; et pourtant, adulateur de la foule, il l'enlace dans ses mille replis. Loin de moi tant d'impudence. Je sais aimer un ami ; mais, rendant haine pour haine, comme le loup, pour fondre sur mon ennemi je suivrai les détours des sentiers tortueux. L'homme dont la langue est sincère l'emporte partout, quelle que soit l'autorité qui régisse un empire, qu'un roi commande, que la foule turbulente domine, que les sages veillent sur l'État. Il ne faut point lutter contre dieu,

(*Épode IV.*)

qui élève les uns, puis accorde a d'autres une gloire éclatante. Mais ces retours mêmes n'apaisent point le cœur de l'en-

(Ἀντιστροφὴ δ'.)	(Antistrophe IV.)
Ἀδύνατα δὲ	Car *il est* impossible
ἀστὸν δόλιον	le citoyen perfide
ἐκβαλεῖν ἐν ἀγαθοῖς	émettre au milieu des bons
ἔπος κραταιόν·	une parole puissante;
ὅμως μὰν	cependant certes
σαίνων ποτὶ	remuant-la-queue-vers (caressant)
πάντας,	tous *les hommes*,
διαπλέκει	il enlace *autour d'eux*
ἀγὰν	*ses* plis-flexibles
πάγχυ.	entièrement.
Οὐ μετέχω οἱ	Je n'ai-pas-avec lui
θράσεος.	*une part* de *cette* impudence.
Εἴη	Qu'il soit *permis à moi*
φιλεῖν φίλον·	d'aimer un ami;
ἐὼν δὲ ποτὶ ἐχθρὸν	mais étant envers un ennemi
ἅτε ἐχθρὸς	comme un ennemi
ὑποθεύσομαι	je courrai-sus-à-l'improviste
δίκαν λύκοιο,	à la manière du loup,
πατέων	foulant (parcourant)
ἄλλοτε ἄλλα	d'autres fois d'autres *lieux*
ὁδοῖς σκολιαῖς.	par des chemins obliques.
Ἀνὴρ δὲ εὐθύγλωσσος	Mais l'homme à-la-langue-droite
προφέρει	l'emporte
ἐν πάντα νόμον,	pour (dans) tout gouvernement,
παρὰ τυραννίδι,	dans un royaume,
καὶ ὁπόταν	et quand (là où)
ὁ στρατὸς λάβρος,	le peuple *est* turbulent,
καὶ ὅταν οἱ σοφοὶ	et quand (là où) les sages
τηρέωντι πόλιν.	gardent (gouvernent) l'État.
Χρὴ δὲ	Mais il faut
οὐκ ἐρίζειν πρὸς θεόν,	ne pas disputer contre dieu,
(Ἐπῳδὸς δ'.)	(*Épode IV*.)
ὃς ποτὲ μὲν	qui tantôt
ἀνέχει τὰ κείνων,	élève les *affaires* de ceux-là,
τοτὲ αὖτε	tantôt au contraire
ἔδωκεν ἑτέροις	a donné (donne) à d'autres
μέγα κῦδος.	une grande gloire.
Ἀλλὰ οὐδὲ ταῦτα	Mais cela (ces retours) non plus
ἰαίνει νόον	ne guérit (n'apaisent) pas le cœur

90 ἰαίνει φθονερῶν· στάθμας δέ τινος ἑλκόμενοι
περισσᾶς¹ ἐνέπαξαν ἕλκος ὀδυναρὸν ἑᾷ πρόσθε καρδία,
πρὶν ὅσα φροντίδι μητίονται τυχεῖν.   170
Φέρειν δ' ἐλαφρῶς ἐπαυχένιον λαβόντα ζυγὸν
ἀρήγει· ποτὶ κέντρον δέ τοι
95 λακτιζέμεν τελέθει
ὀλισθηρὸς οἶμος. Ἀδόντα δ' εἴη με τοῖς ἀγαθοῖς ὁμι-
λεῖν.   175

vieux ; il se trace une immense carrière , et s'enfonce dans le cœur une douloureuse blessure avant qu'il ait atteint le terme de ses vœux. On allège son joug en le portant avec patience ; regimber contre l'aiguillon , c'est vouloir tomber au milieu du chemin. Puissé-je être cher aux gens de bien et couler mes jours au milieu d'eux !

φθονερῶν·	des envieux ;
ἑλκόμενοι δὲ	mais tirant
στάθμας τινὸς	quelque (une sorte de) ligne
περισσᾶς	excessive
ἐνέπαξαν πρόσθεν	ils ont enfoncé (enfoncent) auparavant
ἑᾷ καρδίᾳ	dans leur cœur
ἕλκος ὀδυναρόν,	une blessure douloureuse,
πρὶν τυχεῖν	avant d'avoir obtenu
ὅσα μητίονται	tout ce qu'ils méditent
φροντίδι.	dans *leur* pensée.
Λαβόντα δὲ	Mais ayant pris (reçu)
ζυγὸν ἐπαυχένιον	un joug sur-son-cou
φέρειν ἐλαφρῶς ἀρήγει·	le porter légèrement aide ;
λακτιζέμεν δέ τοι	mais donc ruer
ποτὶ κέντρον	contre l'aiguillon
τελέθει οἶμος ὀλισθηρός.	est une voie glissante.
Εἴη δὲ	Mais qu'il soit *possible*
μὲ ἁδόντα	moi *leur* ayant plu
ὁμιλεῖν τοῖς ἀγαθοῖς.	vivre-avec les gens-de-bien.

ΠΥΘΙΟΝΙΚΑΙ.

ΕΙΔΟΣ Γ'.

ΙΕΡΩΝΙ ΣΥΡΑΚΟΣΙΩ

ΚΕΛΗΤΙ.

(Στροφὴ α'.)
Ἤθελον Χείρωνά κε Φιλυρίδαν [1],
εἰ χρεὼν τοῦθ' ἁμετέρας ἀπὸ γλώσσας κοινὸν εὔξα-
σθαι ἔπυς [2],
ζώειν τὸν ἀποιχόμενον,
Οὐρανίδα γόνον εὐρυμέδοντα Κρόνου, βάσσαισί τ'
ἄρχειν Παλίου [3] Φῆρ' ἀγρότερον,   5
5   νοῦν ἔχοντ' ἀνδρῶν φίλον· οἷος ἐὼν θρέψεν ποτὲ   10
τέκτονα νωδυνίας ἄμερον γυιαρκέος Ἀσκλήπιον [4],
ἥρωα παντοδαπᾶν ἀλκτῆρα νούσων.

(Ἀντιστροφὴ α'.)
Τὸν μὲν εὐίππου Φλεγύα θυγάτηρ [5]
πρὶν τελέσσαι ματροπόλῳ σὺν Ἐλειθυίᾳ, δαμεῖσα
χρυσέοις   15

(*Strophe I.*)

Je voudrais, s'il est permis à ma voix d'exprimer un vœu qui est dans tous les cœurs, je voudrais voir encore sur cette terre qu'il a quittée Chiron, fils de Philyre, puissant rejeton de l'Uranide Cronos; je voudrais voir régner encore dans les vallées du Pélion le Centaure sauvage au cœur ami des hommes, tel qu'autrefois il éleva Esculape, bienfaisant inventeur des remèdes qui soulagent les mortels, héros habile à vaincre toutes les maladies.

(*Antistrophe I.*)

Avant que la fille de Phlégyas aux beaux coursiers l'eût mis au jour, assistée d'Ilithye, divinité secourable aux mères, elle fut per-

ODE III.

A HIÉRON DE SYRACUSE

VAINQUEUR AU CÉLÈS.

(Στροφὴ α'.)	(Strophe I.)
Ἤθελόν κε	Je voudrais
Χείρωνα Φιλυρίδαν,	Chiron fils-de-Philyre,
εἰ χρεὼν εὔξασθαι	s'il faut souhaiter (exprimer)
ἀπὸ ἁμετέρας γλώσσας	de notre langue (bouche)
τοῦτο ἔπος	cette parole (ce vœu)
κοινόν,	commun (de tous),
τὸν ἀποιχόμενον	*Chiron* qui est parti (mort)
ζώειν,	vivre *encore*,
γόνον εὐρυμέδοντα	rejeton puissant-au-loin
Κρόνου Οὐρανίδα,	de Cronos fils-d'Uranos,
φῆρά τε ἀγρότερον	et le monstre sauvage (le Centaure)
ἄρχειν	commander (régner) *encore*
βάσσαισι Παλίου,	dans les vallées du Pélion,
ἔχοντα νοῦν	*lui* qui-avait un cœur
φίλον ἀνδρῶν·	ami des hommes ;
οἷος ἐὼν	*tel* qu'étant
θρέψε ποτὲ Ἀσκλήπιον	il nourrit (éleva) autrefois Esculape
τέκτονα ἄμερον	artisan doux
νωδυνίας	de l'absence-de-douleurs
γυιαρκέος,	qui-soulage-les-membres,
ἥρωα ἀλκτῆρα	héros qui-écartait
νούσων παντοδαπᾶν.	des maladies de-toute-sorte.
(Ἀντιστροφὴ α.)	(*Antistrophe I.*)
Τὸν μὲν	*Esculape* que
πρὶν τελέσσαι	avant d'avoir mené-à-terme (enfanté)
σὺν Ἐλειθυίᾳ	avec *l'aide d'*Ilithye
ματροπόλῳ,	qui-protége-les-mères,
θυγάτηρ Φλεγύα	la fille de Phlégyas
εὐΐππου,	aux-beaux-coursiers,

10 τόξοισιν ὕπ' Ἀρτέμιδος [1],
εἰς Ἀΐδα δόμον ἐν θαλάμῳ κατέβα τέχναις Ἀπόλλω-
νος. Χόλος δ' οὐκ ἀλίθιος
γίγνεται παίδων Διός. Ἁ δ' ἀποφλαυρίξαισά νιν [2]
ἀμπλακίαισι φρενῶν, ἄλλον αἴνησεν γάμον κρύβδαν
πατρός,
πρόσθεν ἀχειρεκόμᾳ μιχθεῖσα Φοίβῳ,

(Ἐπῳδὸς α'.)

15 καὶ φέροισα σπέρμα θεοῦ καθαρόν [3].
Οὐδ' ἔμειν' ἐλθεῖν τράπεζαν [4] νυμφίαν,
οὐδὲ παμφώνων ἰαχὰν ὑμεναίων, ἅλικες
οἷα παρθένοι φιλέοισιν ἑταῖραι
ἑσπερίαις ὑποκουρίζεσθ' ἀοιδαῖς· ἀλλά τοι
20 ἤρατο τῶν ἀπεόντων· οἷα καὶ πολλοὶ πάθον
Ἔστι δὲ φῦλον ἐν ἀνθρώποισι ματαιότατον,
ὅστις αἰσχύνων ἐπιχώρια παπταίνει τὰ πόρσω,

cée des flèches d'or de Diane, et descendit de son palais dans la sombre demeure; Apollon lui avait préparé ce trépas. La colère des enfants de Jupiter n'est jamais vaine. Au mépris du dieu, la jeune fille, le cœur égaré, consentit à un autre hymen qu'ignorait son père; déjà elle s'était unie à Phébos à la longue chevelure,

(*Épode I.*)

et son sein renfermait la semence sacrée du dieu. Elle n'avait pu attendre le festin nuptial, ni les cris confus de l'hyménée, que les vierges, compagnes de la jeune épouse, aiment à faire retentir dans leurs doux chants du soir; mais elle brûlait pour ce qu'elle ne possédait point. Combien d'autres sont comme elle! Il est parmi les hommes une race insensée qui dédaigne le présent, convoite avide-

δαμεῖσα ὑπὸ τόξοισι χρυσέοις Ἀρτέμιδος,	domptée par les arcs (flèches) d'-or de Diane,
κατέβα εἰς δόμον Ἀΐδα	descendit dans la demeure de l'Enfer
ἐν θαλάμῳ	dans *son* lit
τέχναις Ἀπόλλωνος.	par les artifices d'Apollon.
Χόλος δὲ	Car le courroux
παίδων Διὸς	des enfants de Jupiter
οὐ γίγνεται ἀλίθιος.	n'est pas vain
Ἀ δὲ	Celle-ci (Coronis) donc
ἀποφλαυρίξαισά νιν	ayant méprisé lui (Apollon)
ἀμπλακίαισι φρενῶν,	dans l'égarement de *son* cœur,
αἴνησεν	approuva (consentit à)
ἄλλον γάμον	un autre hymen
κρύβδαν πατρός,	en cachette de *son* père,
μιχθεῖσα πρόσθεν	s'étant mêlée (unie) précédemment
Φοίβῳ ἀκειρεκόμᾳ,	à Phébos à-la-chevelure-non-coupée,
(Ἐπῳδὸς α'.)	(*Épode I.*)
καὶ φέροισα	et portant *dans son sein*
σπέρμα καθαρὸν θεοῦ.	la semence pure du dieu.
Οὐδὲ ἔμεινε	Et elle n'attendit pas
τράπεζαν νυμφίαν ἐλθεῖν,	la table nuptiale être venue,
οὐδὲ ἰαχὰν ὑμεναίων	ni le son (chant) des hyménées
παμφώνων,	où-toutes-les-voix-se-mêlent,
οἷα παρθένοι	*hymnes tels* que les vierges
ἅλικες	du-même-âge
ἑταῖραι	compagnes *de la mariée*
φιλέοισιν ὑποκουρίζεσθαι	aiment à chanter-doucement
ἀοιδαῖς ἑσπερίαις·	dans les chants du-soir ;
ἀλλά τοι ἤρατο	mais donc elle était éprise
τῶν ἀπεόντων·	des choses absentes (de ce qu'elle n'a-
οἷα καὶ	*sentiments tels* que aussi [vait pas)
πολλοὶ πάθον.	beaucoup d'*hommes en* ont éprouvé.
Ἔστι δὲ ἐν ἀνθρώποισι	Car il est parmi les hommes
φῦλον ματαιότατον,	une race très-insensée,
ὅςτις	*dont fait partie tout homme* qui
αἰσχύνων	outrageant (dédaignant)
ἐπιχώρια	les *biens* de-son-pays (le présent)
παπταίνει	considère-avidement (convoite)
τὰ πόρσω,	les *biens* loin (éloignés),
θηρεύων	chassant (poursuivant)

μεταμώνια θηρεύων ἀχράντοις ἐλπίσιν. 40
(Στροφὴ β'.)
Ἔσχε τοιαύταν μεγάλαν αὐάταν
καλλιπέπλου λῆμα Κορωνίδος ¹. Ἐλθόντος γὰρ εὐνά-
σθη ξένου
λέκτροισιν ἀπ' Ἀρκαδίας ². 45
Οὐδ' ἔλαθε σκοπόν· ἐν δ' ἄρα μηλοδόκῳ Πυθῶνι τόσ-
σαις ἄιεν ναοῦ βασιλεὺς
Λοξίας κοινᾶνι παρ' εὐθυτάτῳ, γνώμᾳ πιθών ³, 50
πάντα ἴσαντι νόῳ· ψευδέων δ' οὐχ ἅπτεται· κλέπτει
τέ νιν
οὐ θεὸς οὐ βροτὸς ἔργοις οὔτε βουλαῖς.
(Ἀντιστροφὴ β.)
Καὶ τότε γνοὺς Ἴσχυος Ἐιλατίδα 55
ξεινίαν κοίτα ἀθεμίν τε δόλον, πέμψεν κασιγνήταν
μένει
θύοισαν ἀμαιμακέτῳ
ἐς Λακέρειαν ⁴. Ἐπεὶ παρὰ Βοιβιάδος κρημνοῖσιν
ᾤκει παρθένος. Δαίμων δ' ἕτερος ⁵ 60

ment l'avenir, et poursuit de stériles espérances des biens qu'elle n'atteindra jamais.

(*Strophe II.*)

L'audacieuse Coronis partagea aussi cette funeste erreur. Elle entra dans la couche d'un étranger venu d'Arcadie; mais elle ne put tromper l'œil du dieu : du sanctuaire de Pytho, où se pressent les victimes, le roi du temple, Apollon, apprit cette perfidie de son confident le plus sûr; il a foi en son intelligence, en son esprit qui sait toute chose ; jamais le mensonge ne l'égare ; nul ne lui en impose, ni dieu ni mortel, par ses pensées ou par ses actions.

(*Antistrophe II.*)

Instruit alors des liens qui unissent la jeune fille à son hôte Ischys, fils d'Élatos, et de sa trahison impie, il envoie à Lacérie Diane sa sœur, enflammée d'un terrible courroux. La jeune fille habitait près des bords escarpés du Bœbias. Le génie fatal qui l'avait portée

μεταμώνια	des choses vaines
ἐλπίσιν	dans *ses* espérances
ἀκράντοις.	qui-ne-s'accomplissent-point.
(Στροφὴ β'.)	(*Strophe II.*)
Λῆμα Κορωνίδος	L'esprit-audacieux de Coronis
καλλιπέπλου	au-beau-voile
ἔσχε	eut (rencontra)
μεγάλαν ἀάταν τοιαύταν.	une grande erreur telle.
Εὐνάσθη γὰρ	Car elle se coucha
λέκτροισι ξένου	dans le lit d'un étranger
ἐλθόντος ἀπὸ Ἀρκαδίας.	venu d'Arcadie.
Οὐδὲ ἔλαθε	Et elle n'échappa point
σκοπόν ·	au surveillant (Apollon);
τόσσαις δὲ ἄρα ἐν Πυθῶνι	car donc se trouvant dans Pytho
μηλοδόκῳ	qui-reçoit-des-brebis (victimes)
βασιλεὺς ναοῦ,	le roi du temple,
Λοξίας,	Loxias,
ἄϊε	*l'*entendit (l'apprit)
παρὰ κοινᾶνι	de *son* confident
εὐθυτάτῳ,	le plus droit (le plus sûr),
πιθὼν γνώμᾳ,	s'étant fié à *son* intelligence,
νόῳ ἴσαντι πάντα ·	à *son* esprit qui sait toutes choses
οὐχ ἅπτεται δὲ	or il ne touche point
ψευδέων ·	les mensonges;
οὐ θεός τε οὐ βροτὸς	et ni dieu ni mortel
κλέπτει νιν	ne trompe lui
ἔργοις οὔτε βουλαῖς.	par actions ni par pensées.
(Ἀντιστροφὴ β'.)	(*Antistrophe II.*)
Καὶ τότε γνοὺς	Et alors ayant connu
κοίταν ξενίαν	la couche (le commerce) d'-hôte
Ἴσχυος Εἰλατίδα	d'Ischys fils-d'Élatos
δόλον τε ἄθεμιν,	et la tromperie illicite (impie),
πέμψεν ἐς Λακέρειαν	il envoya à Lacérie
κασιγνήταν	sa sœur (Diane)
θύοισαν	transportée-avec-fureur
μένει ἀμαιμακέτῳ.	d'un courroux invincible.
Ἐπεὶ παρθένος	Car la jeune-fille
ᾤκει	habitait
παρὰ κρημνοῖσι Βοιβιάδος.	près des bords-escarpés du Bœbias.
Δαίμων δὲ ἕτερος	Et le génie autre (ennemi, funeste)

35 ἐς κακὸν τρέψαις ἐδαμάσσατό νιν· καὶ γειτόνων
πολλοὶ ἐπαῦρον ¹, ἁμᾶ δ' ἔφθαρεν, πολλὰν δ' ὄρει πῦρ
ἐξ ἑνὸς 65
σπέρματος ἐνθορὸν ἀΐστωσεν ὕλαν ².

(Ἐπῳδὸς β'.)

Ἀλλ' ἐπεὶ τείχει θέσαν ἐν ξυλίνῳ
σύγγονοι κούραν, σέλας δ' ἀμφέδραμεν
40 λάβρον Ἡφαίστου, τότ' ἔειπεν Ἀπόλλων· « Οὐκέτι 70
τλάσομαι ψυχᾷ γένος ἁμὸν ὀλέσσαι
οἰκτροτάτῳ θανάτῳ ματρὸς βαρείᾳ σὺν πάθᾳ. »
Ὣς φάτο· βάματι δ' ἐν πρώτῳ κιχὼν παῖδ' ἐκ νε-
κροῦ 75
ἅρπασε· καιομένα δ' αὐτῷ διέφανε πυρά ³·
45 καί ῥά μιν Μάγνητι φέρων πόρε Κενταύρῳ διδάξαι 80
πολυπήμονας ἀνθρώποισιν ἰᾶσθαι νόσους.

(Στροφὴ γ'.)

Τοὺς μὲν ὦν, ὅσσοι μόλον αὐτοφύτων

au crime accomplit sa perte, et ses voisins en foule partagèrent son sort : l'incendie né d'une seule étincelle dévore souvent sur la montagne une immense forêt.

(*Épode II.*)

Déjà les parents avaient placé la jeune fille sur le bûcher, déjà les flammes avides de Vulcain enveloppaient son corps, quand Apollon s'écria : « Non, mon cœur ne saurait souffrir plus longtemps que mon « fils périsse du plus affreux trépas, et partage le destin cruel d'une « mère. » Ainsi parla le dieu ; il fait un pas, saisit son fils, et l'arrache des flancs du cadavre; le bûcher en feu s'ouvrit devant lui, et il apporta l'enfant au Centaure de Magnésie, pour qu'il lui apprît à guérir les maladies qui affligent les mortels.

(*Strophe III.*)

Bientôt accoururent près de lui ceux que rongeaient des ulcères,

LES PYTHIQUES. III. 53

τρέψαις ἐς κακὸν	l'ayant tournée vers le mal (le crime)
ἐδαμάσσατό νιν·	dompta (perdit) elle ;
καὶ πολλοὶ γειτόνων	et beaucoup de ses voisins
ἐπαῦρον,	en jouirent (partagèrent sa perte),
ἔφθαρεν δὲ	et furent détruits (périrent)
ἁμᾶ,	en même temps,
πῦρ δὲ ἐνθορὸν	et le feu s'étant élancé
ἐξ ἑνὸς σπέρματος	d'une seule semence (étincelle)
ἀΐστωσεν ὄρει	détruisit sur la montagne
πολλὰν ὕλαν.	une nombreuse (grande) forêt.
(Ἐπῳδὸς β'.)	(Épode II.)
Ἀλλὰ ἐπεὶ	Mais après que
σύγγονοι θέσαν κούραν	les parents eurent placé la jeune-fille
ἐν τείχει ξυλίνῳ,	sur le mur (amas) de bois,
σέλας δὲ λάβρον	et que la flamme dévorante
Ἁφαίστου	de Vulcain
ἀμφέδραμε,	courut-autour d'elle,
τότε Ἀπόλλων ἔειπεν·	.lors Apollon dit :
« Οὐκέτι τλάσομαι	« Je ne supporterai pas davantage
ψυχᾷ	dans mon âme
ὀλέσσαι ἀμὸν γένος	de faire-périr ma race (mon fils)
θανάτῳ οἰκτροτάτῳ	par la mort la plus déplorable
σὺν πάθᾳ	avec (en partageant) le malheur
βαρείᾳ ματρός. »	lourd (terrible) de sa mère. »
Ὣς φάτο·	Ainsi parla Apollon ;
ἐν δὲ πρώτῳ βάματι	et dans (de) son premier pas
κιχὼν παῖδα	ayant saisi son enfant
ἅρπασεν ἐκ νεκροῦ·	il le tira du cadavre ;
πυρὰ δὲ καιομένα	et le bûcher qui-brûlait
διέφανεν αὐτῷ·	se divisa pour lui ;
καί ῥα φέρων μιν	et donc apportant lui
πόρε Κενταύρῳ Μάγνητι	il le donna au Centaure de-Magnésie
διδάξαι	pour lui enseigner
ἰᾶσθαι ἀνθρώποισι	à guérir aux hommes
νόσους	les maladies
πολυπήμονας.	aux-nombreuses-souffrances.
(Στροφὴ γ'.)	(Strophe III.)
Τοὺς μὲν ὦν,	Ceux-là donc (les hommes),
ὅσσοι μόλον	tous ceux qui vinrent à lui
ξυνάονες	compagnons

ΠΥΘΙΟΝΙΚΑΙ Γ'.

ἑλκέων ξυνάονες, ἢ πολιῷ χαλκῷ μέλη τετρωμένοι   85
ἢ χερμάδι τηλεβόλῳ,
50 ἢ θερινῷ πυρὶ περθόμενοι δέμας ἢ χειμῶνι, λύσαις
    ἄλλον ἀλλοίων ἀχέων   90
ἔξαγεν, τοὺς μὲν μαλακαῖς ἐπαοιδαῖς ἀμφέπων,
τοὺς δὲ προςανέα πίνοντας, ἢ γυίοις περάπτων πάν-
    τοθεν
φάρμακα, τοὺς δὲ τομαῖς ἔστασεν ὀρθούς.   95
                (Ἀντιστροφὴ γ'.)
Ἀλλὰ κέρδει καὶ σοφία δέδεται.
55 Ἔτραπεν καὶ κεῖνον ἀγάνορι μισθῷ χρυσὸς ἐν χερσὶν
    φανεὶς
ἄνδρ' ἐκ θανάτου κομίσαι
ἤδη ἁλωκότα ¹ · χερσὶ δ' ἄρα Κρονίων ῥίψαις δι' ἀμ-
    φοῖν ² ἀμπνοὰν στέρνων καθέλεν   100
ὠκέως, αἴθων δὲ κεραυνὸς ἐνέσκιμψεν μόρον.   105
Χρὴ τὰ ἐοικότα πὰρ δαιμόνων μαστευέμεν θναταῖς
    φρασίν,

ceux dont l'airain brillant ou la pierre lancée au loin avaient déchiré les membres, ceux dont une chaleur brûlante ou un froid glacial avait épuisé le corps : il délivrait chacun de ses douleurs, guérissant l'un par de douces et magiques paroles, l'autre par des breuvages rafraîchissants ; celui-ci par des simples appliqués sur ses membres, cet autre par de salutaires incisions.

(*Antistrophe III.*)

Mais la cupidité enchaîne la sagesse même. Lui aussi, séduit par l'or qu'une main libérale fit briller à ses yeux, consentit à ravir aux bras de la mort une victime qu'elle avait déjà saisie ; mais le fils de Saturne les atteignit tous deux d'un trait rapide, arracha la vie de leur poitrine, et les consuma de sa foudre brûlante. Demandons aux

ἑλκέων αὐτοφύτων,	de plaies qui-poussent-d'elles-mêmes,
ἢ τετρωμένοι μέλη	ou percés (blessés) aux membres
χαλκῷ πολιῷ	par l'airain blanc (brillant)
ἢ χερμάδι	ou par une pierre
τηλεβόλῳ,	lancée-de-loin,
ἢ περθόμενοι δέρας	ou ravagés de corps
πυρὶ θερινῷ	par le feu de-l'été
ἢ χειμῶνι,	ou par le froid,
λύσαις ἄλλον	ayant délivré l'un
ἔξαγεν	il *le* retirait (débarrassait)
ἀχέων ἀλλοίων,	de douleurs diverses,
ἀμφέπων τοὺς μὲν	soignant les uns
μαλακαῖς ἐπαοιδαῖς,	par de doux enchantements,
τοὺς δὲ πίνοντας	les autres buvant
προςανέα,	des *boissons* adoucissantes,
ἢ περάπτων πάντοθεν	ou attachant-tout-autour de tous côtés
φάρμακα γυίοις,	des simples à *leurs* membres,
ἔστασε δὲ τοὺς ὀρθοὺς	et il plaçait les autres droits
τομαῖς.	par des incisions.
(Ἀντιστροφὴ γ.)	(*Antistrophe III.*)
Ἀλλὰ καὶ σοφία	Mais même la sagesse
δέδεται κέρδει.	est enchaînée par le gain.
Χρυσὸς φανεὶς	L'or montré
ἐν χερσὶν	dans des mains *qui le lui offraient*
ἔτραπε καὶ κεῖνον	tourna (engagea) aussi lui
μισθῷ ἀγάνορι	par un salaire magnifique
κομίσαι ἐκ θανάτου	à ramener de la mort
ἄνδρα ἤδη ἁλωκότα·	un homme déjà saisi *par elle*;
Κρονίων δὲ ἄρα	mais le fils-de-Saturne donc
ῥίψαις χερσὶ	ayant lancé *la foudre de ses* mains
διὰ	à travers
ἀμφοῖν,	les deux (Esculape et le mort),
καθέλεν ὠκέως	enleva aussitôt
ἀμπνοὰν στέρνων,	la respiration de (leurs) poitrines,
κεραυνὸς δὲ αἴθων	et la foudre brûlante
ἐνέσκιμψε μόρον.	*leur* appliqua la mort.
Χρὴ μαστευέμεν	Il faut rechercher (demander)
πὰρ δαιμόνω,	des (aux) divinités
τὰ ἐοικότα	les choses qui conviennent
φρασὶ θναταῖς,	à des cœurs mortels,

60 γνόντα τὸ πὰρ ποδός, οἵας εἰμὲν αἴσας ¹.

(Ἐπῳδὸς γ´.)

Μή, φίλα ψυχά, βίον ἀθάνατον
σπεῦδε, τὰν δ᾽ ἔμπρακτον ἄντλει μαχανάν ². 110
Εἰ δὲ σώφρων ἄντρον ἔναι᾽ ἔτι Χείρων, καί τί οἱ
φίλτρον ἐν θυμῷ μελιγάρυες ὕμνοι
65 ἁμέτεροι τίθεν· ἰατῆρά τοί κέν νιν πίθον 115
καί νυν ἐσλοῖσι παρασχεῖν ἀνδράσιν θερμᾶν νόσων
ἤ τινα Λατοΐδα κεκλημένον ἢ πατέρος ³.
Καί κεν ἐν ναυσὶν μόλον Ἰονίαν τέμνων θάλασσαν ⁴ 120
Ἀρέθοισαν ἐπὶ κράναν παρ᾽ Αἰτναῖον ξένον,

(Στροφὴ δ´.)

70 ὃς Συρακόσσαισι νέμει βασιλεὺς
πραῢς ἀστοῖς, οὐ φθονέων ἀγαθοῖς, ξείνοις δὲ θαυμα-
στὸς πατήρ. 125
Τῷ μὲν διδύμας χάριτας,

dieux ce qui convient à des cœurs humains; ne méconnaissons ni nos forces ni notre destin.

(*Épode III.*)

Ne souhaite point, ô mon âme, une existence immortelle, et n'entreprends rien que tu ne puisses accomplir. Oh! si le sage Chiron habitait encore son antre, si la douce harmonie de mes chants avait pu charmer son cœur, j'obtiendrais de lui qu'il donnât encore à de nobles mortels un médecin capable de guérir leurs cuisantes douleurs, un enfant d'Apollon ou même de Jupiter. Alors, fendant avec mon navire les flots de l'Ionie, je viendrais vers la fontaine Aréthuse, près de mon hôte d'Etna,

(*Strophe IV.*)

qui donne des lois à Syracuse, monarque doux aux citoyens, sans envie pour les bons, père des étrangers qui l'admirent. Oui, je lui apporterais un double bonheur, si j'arrivais près de lui avec la santé,

γνόντα	connaissant
τὸ	ce *qui est*
πὰρ ποδός,	près de *notre* pied (à notre portée),
οἵας αἴσας	*et sachant* de quelle destinée (nature)
εἰμέν.	nous sommes.
(Ἐπῳδὸς γ'.)	(*Épode III.*)
Μὴ σπεῦδε,	Ne souhaite pas,
φίλα ψυχά,	ô mon âme,
βίον ἀθάνατον,	une vie immortelle,
ἄντλει δὲ	et supporte (entreprends)
μαχανὰν ἔμπρακτον.	une œuvre possible-à-exécuter.
Εἰ δὲ σώφρων Χείρων	Mais si le sage Chiron
ἔναιεν ἔτι ἄντρον,	habitait encore *son* antre,
καὶ ἁμέτεροι ὕμνοι	et *si* nos (mes) hymnes
μελιγάρυες	aux-doux-accents
τίθεν οἱ ἐν θυμῷ	avaient mis à lui dans le cœur
τι φίλτρον·	quelque plaisir ;
πίθον κέ τοί νιν	j'aurais persuadé assurément à lui
παρασχεῖν καὶ νῦν	de fournir aussi donc
ἀνδράσιν ἐσλοῖσιν	à des hommes bons (nobles)
ἰατῆρα νόσων θερμᾶν	un médecin des maladies brûlantes
ἤ τινα κεκλημένον	ou quelque *médecin* appelé (fils)
Λατοίδα	du fils-de-Latone (d'Apollon)
ἢ	ou *un fils*
πατέρος.	du père *d'Apollon* (de Jupiter).
Καὶ μόλον κε	Et je viendrais
τέμνων ἐν ναυσὶ	fendant sur des vaisseaux
θάλασσαν Ἰονίαν	la mer d'-Ionie
ἐπὶ κράναν Ἀρέθοισαν,	vers la fontaine Aréthuse,
παρὰ ξένον Αἰτναῖον,	chez *mon* hôte d'-Etna,
(Στροφὴ δ'.)	(*Strophe IV.*)
ὃς νέμει Συρακόσσαισι,	qui gouverne à Syracuse,
βασιλεὺς πραὺς ἀστοῖς,	roi doux aux citoyens,
οὐ φθονέων ἀγαθοῖς,	n'enviant pas les bons,
πατὴρ θαυμαστὸς	père admirable
ξείνοις.	pour les étrangers.
Τῷ μὲν	*J'amènerais* à lui
χάριτας	des faveurs (un bienfait)
διδύμας,	double,
εἰ κατέβαν	si je descendais *à terre* (débarquais)

εἰ κατέβαν ὑγίειαν ἄγων χρυσέαν κῶμόν τ' ἀέθλων
    Πυθίων αἴγλαν στεφάνοις,   130
τοὺς ἀριστεύων Φερένικος ¹ ἕλ' ἐν Κίρρᾳ ποτέ·
75 ἀστέρος οὐρανίου φαμὶ τηλαυγέστερον κείνῳ φάος   135
ἐξικόμαν κε ² βαθὺν πόντον περάσαις.

(Ἀντιστροφὴ δ'.)

Ἀλλ' ἐπεύξασθαι μὲν ἐγὼν ἐθέλω
Ματρί, τὰν κοῦραι παρ' ἐμὸν πρόθυρον σὺν Πανὶ μέλ-
    πονται θαμὰ
σεμνὰν θεὸν ἐννύχιαι.   140
80 Εἰ δὲ λόγων συνέμεν κορυφάν, Ἱέρων, ὀρθὰν ἐπίστᾳ,
    μανθάνων οἶσθα προτέρων ³·
ἓν παρ' ἐσλὸν πήματα σύνδυο δαίονται βροτοῖς   145
ἀθάνατοι. Τὰ μὲν ὦν οὐ δύνανται νήπιοι κόσμῳ φέρειν,
ἀλλ' ἀγαθοί, τὰ καλὰ τρέψαντες ἔξω ⁴.

plus précieuse que l'or, et avec cet hymne qui donnera un nouvel éclat aux couronnes des jeux Pythiques remportées dans Cirrha par Phérénice vainqueur ; oui, après avoir franchi les mers profondes, je lui apparaîtrais plus radieux qu'un astre brillant au ciel.

(*Antistrophe IV.*)

Du moins, je veux adresser ma prière à la mère des dieux, auguste divinité que les jeunes vierges chantent la nuit avec le dieu Pan près de ma demeure. Si tu sais comprendre, ô Hiéron, les vérités les plus sublimes, tu connais cette maxime des anciens sages : Pour un bien les dieux donnent aux mortels deux maux en partage. Mais les insensés ne peuvent les supporter avec la dignité du sage, qu'ne montre des choses que leur beau côté.

ἄγων ὑγίειαν	amenant (apportant) la santé
χρυσέαν	d'-or (aussi précieuse que l'or)
κῶμόν τε	et un hymne
αἴγλαν στεφάνοις	éclat *ajouté* aux couronnes
ἀέθλων Πυθίων,	des luttes Pythiques,
τοὺς Φερένικος	que Phérénice
ἀριστεύων	étant-vainqueur
ἕλε ποτὲ	a remportées un jour
ἐν Κίῤῥᾳ·	dans Cirrha ;
φαμὶ	je dis *que*
περάσαις πόντον βαθὺν	ayant franchi la mer profonde
ἐξικόμαν κε	je viendrais (arriverais)
φάος τηλαυγέστερον	lumière resplendissant-plus-loin
κείνῳ	pour lui
ἀστέρος οὐρανίου.	qu'un astre du-ciel.
(Ἀντιστροφὴ δ'.)	(*Antistrophe IV.*)
Ἀλλὰ μὲν ἐγὼν ἐθέλω	Mais toutefois je veux
ἐπεύξασθαι	adresser-des-vœux
Ματρί,	à la Mère *des dieux*,
τὰν κοῦραι ἐννύχιαι	que les jeunes-filles pendant-la-nuit
μέλπονται θεὸν σεμνὰν	chantent déesse auguste
θαμὰ σὺν Πανὶ	ensemble avec Pan
παρὰ ἐμὸν πρόθυρον.	près de mon vestibule.
Εἰ δὲ ἐπίστᾳ συνέμεν,	Mais si tu sais comprendre,
Ἱέρων,	ô Hiéron,
κορυφὰν ὀρθὰν	le sommet droit
λόγων,	des discours (les vérités les plus sublimes),
οἶσθα	tu sais *ceci*
μανθάνων	*l'apprenant (l'ayant appris)*
προτέρων·	des anciens :
παρὰ ἓν ἐσλὸν	à côté d'un bien
ἀθάνατοι	les immortels
δαίονται βροτοῖς	départissent aux mortels
σύνδυο πήματα.	à-la-fois-deux maux.
Νήπιοι μὲν ὦν	Les insensés donc
οὐ δύνανται φέρειν τὰ	ne peuvent supporter eux
κόσμῳ,	avec décence (dignité),
ἀλλὰ ἀγαθοί,	mais les *hommes* de-bien *le peuvent*,
τρέψαντες ἔξω	ayant tourné en dehors
τὰ καλά.	les belles choses *seulement*

(Ἐπῳδὸς δ'.)

Τὶν δὲ μοῖρ' εὐδαιμονίας ἕπεται.

Λαγέταν γάρ τοι τύραννον δέρκεται,
εἴ τιν' ἀνθρώπων, ὁ μέγας πότμος. Αἰὼν δ' ἀσφαλὴς
οὐκ ἔγεντ' οὔτ' Αἰακίδα παρὰ Πηλεῖ
οὔτε παρ' ἀντιθέῳ Κάδμῳ· λέγονται μὰν βροτῶν
ὄλβον ὑπέρτατον οἳ σχεῖν, οἵτε καὶ χρυσαμπύκων
μελπομενᾶν ἐν ὄρει Μοισᾶν καὶ ἐν ἑπταπύλοις
ἄιον Θήβαις, ὁπόθ' Ἁρμονίαν¹ γᾶμεν βοῶπιν,
ὁ δὲ Νηρέος εὐβούλου Θέτιν παῖδα κλυτάν.

(Στροφὴ ε'.)

Καὶ θεοὶ δαίσαντο παρ' ἀμφοτέροις,
καὶ Κρόνου παῖδας βασιλῆας ἴδον χρυσέαις ἐν ἕδραις,
ἕδνα τε
δέξαντο². Διὸς δὲ χάριν
ἐκ προτέρων μεταμειψάμενοι³ καμάτων ἔστασαν ὀρ-
θὰν καρδίαν. Ἐν δ' αὖτε χρόνῳ

(*Épode IV.*)

Pour toi, une heureuse destinée t'accompagne; entre tous les hommes, la fortune souveraine voit d'un œil favorable le roi qui commande aux peuples. Une existence sans nuage n'a été donnée ni à Pélée, fils d'Eaque, ni au divin Cadmos; et pourtant on les vant comme les plus fortunés des mortels, eux qui entendirent les Muses au réseau d'or chanter sur la montagne sacrée et dans Thèbes aux sept portes, lorsque l'un d'eux épousa l'Harmonie aux grands yeux, et que l'autre s'unit à Thétis, l'illustre fille du sage Nérée.

(*Strophe V.*)

Tous deux accueillirent les dieux à leur table; ils virent les puissants rois fils de Cronos assis sur des siéges d'or, et reçurent leurs présents d'hyménée; éprouvés par une longue suite d'infortunes, la faveur de Jupiter releva leur courage. Mais plus tard, les malheurs

LES PYTHIQUES. III.

(Ἐπῳδὸς δ΄.)	(Épode IV.)
Μοῖρα δὲ εὐδαιμονίας	Mais un destin de félicité
ἕπεταί τιν.	suit (accompagne) toi.
Ὁ γὰρ πότμος μέγας	Car la fortune grande (puissante)
δέρκεταί τοι	regarde (favorise) assurément
τύραννον λαγέταν,	un roi chef-de-peuples,
εἴ τινα ἀνθρώπων.	*s'il favorise* quelqu'un des hommes.
Αἰὼν δὲ	Mais une vie
ἀσφαλὴς	non-glissante (toujours heureuse)
οὐκ ἔγεντο	ne fut pas
οὔτε παρὰ Πηλεῖ Αἰακίδᾳ,	ni chez (à) Pélée l'Éacide,
οὔτε παρὰ Κάδμῳ	ni chez (à) Cadmos
ἀντιθέῳ·	égal-à-un-dieu ;
οἳ μὰν λέγονται	*eux* qui pourtant sont dits
σχεῖν ὄλβον ὑπέρτατον	avoir eu la félicité la plus haute
βροτῶν,	des mortels,
οἵ τε ἄϊον	et qui entendirent
Μοισᾶν χρυσαμπύκων	les Muses au-bandeau-d'or
μελπομενᾶν	chantant
καὶ ἐν ὄρει	et sur la montagne (le Pélion)
καὶ ἐν Θήβαις ἑπταπύλοις,	et dans Thèbes aux-sept-portes,
ὁπότε γᾶμεν	quand *l'un* (Cadmos) épousa
Ἁρμονίαν βοῶπιν,	l'Harmonie aux-grands-yeux,
ὁ δὲ Θέτιν	et l'autre Thétis
παῖδα κλυτὰν	fille illustre
Νηρέος εὐβούλου.	de Nérée aux-sages-conseils
(Στροφὴ ε΄.)	(Strophe V.)
Καὶ θεοὶ	Et les dieux
δαίσαντο	firent-un-banquet
παρὰ ἀμφοτέροις,	chez tous-les-deux,
καὶ ἴδον βασιλῆας	et ils virent les rois
παῖδας Κρόνου	fils de Cronos
ἐν ἕδραις χρυσέαις,	sur des siéges d'-or,
δέξαντό τε ἔδνα·	et ils reçurent des présents-de-dot ;
μεταμειψάμενοι δὲ	et ayant obtenu-en-échange
ἐκ καμάτων προτέρων	au sortir de *leurs* maux précédents
χάριν Διός	la faveur de Jupiter
ἔστασαν ὀρθὰν	ils dressèrent droit (relevèrent)
καρδίαν.	*leur* cœur (courage).
Αὖτε δὲ	Mais de nouveau

τὸν μὲν ὀξείαισι θύγατρες ἐρήμωσαν πάθαις
εὐφροσύνας μέρος αἱ τρεῖς [1]· ἀτὰρ λευκωλένῳ γε Ζεὺς
πατὴρ   175
ἤλυθεν ἐς λέχος ἱμερτὸν Θυώνα.

(Ἀντιστροφὴ ε'.)

100 Τοῦ δὲ παῖς [2], ὅνπερ μόνον ἀθανάτα
τίκτεν ἐν Φθίᾳ Θέτις, ἐν πολέμῳ τόξοις ἀπὸ ψυχὰν
λιπὼν   180
ὦρσεν πυρὶ καιόμενος
ἐκ Δαναῶν γόον. Εἰ δὲ νόῳ τις ἔχει θνατῶν ἀλαθείας
ὁδόν, χρὴ πρὸς μακάρων   185
τυγχάνοντ' εὖ πασχέμεν. Ἄλλοτε δ' ἀλλοῖαι πνοαὶ
105 ὑψιπετᾶν ἀνέμων [3]. Ὄλβος οὐκ ἐς μακρὸν ἀνδρῶν
ἔρχεται,
ἄσπετος εὖτ' ἂν ἐπιβρίσαις ἕπηται [4].   190

(Ἐπῳδὸς ε'.)

Σμικρὸς ἐν σμικροῖς, μέγας ἐν μεγάλοις

terribles de ses trois filles enlevèrent à l'un une partie de sa joie; cependant l'auguste Jupiter entra dans la couche voluptueuse de Thyoné aux bras d'albâtre.

(*Antistrophe V.*)

Le fils de l'autre, unique rejeton enfanté dans Phthie par l'immortelle Thétis, percé d'une flèche, perdit la vie dans les combats, et autour de son corps que consumait le bûcher éclatèrent les gémissements des Grecs. Si un homme sait maintenir son cœur dans la voie de la vérité, qu'il jouisse du bonheur que lui envoient les dieux. Inconstant est le souffle des vents impétueux. La félicité des mortels ne va pas loin, quand elle les accable de son excès.

(*Épode V.*)

Humble dans un humble sort, je serai grand dans la grande for-

ἐν χρόνῳ	dans le temps (avec le temps, plus tard)
αἱ τρεῖς θύγατρες	les (ses) trois filles
πάθαις ὀξείαισιν	par des malheurs aigus (terribles)
ἐρήμωσαν τὸν μὲν	dépouillèrent l'un
μέρος εὐφροσύνας·	d'une part de *sa* joie;
ἀτὰρ Ζεὺς πατήρ	toutefois Jupiter père (auguste)
ἤλυθέ γε	vint du moins
ἐς λέχος ἱμερτὸν	dans la couche désirable
Θυώνα λευκωλένῳ.	à (de) Thyoné aux-bras-blancs.
(Ἀντιστροφὴ ε'.)	(*Antistrophe V.*)
Παῖς δὲ τοῦ,	Et le fils de l'autre,
ὅνπερ Θέτις ἀθανάτα	que Thétis l'immortelle
τίκτε μόνον	avait enfanté *à lui* unique
ἐν Φθίᾳ,	dans Phthie,
ἀπολιπὼν ψυχὰν	ayant laissé le souffle (perdu la vie)
ἐν πολέμῳ	à la guerre
τόξοις	par des arcs (percé d'une flèche)
καιόμενος πυρὶ	étant brûlé par le feu
ὦρσε γόον	fit-élever un gémissement
ἐκ Δαναῶν.	du milieu des Grecs.
Εἰ δέ τις θνατῶν	Mais si quelqu'un des mortels
ἔχει νόῳ	a dans *son* esprit
ὁδὸν ἀλαθείας,	la voie de la vérité,
χρὴ πασχέμεν εὖ	il faut *lui* éprouver bien (jouir)
τυγχάνοντα	*l'*obtenant (quand il obtient du bon
πρὸς μακάρων.	des bienheureux (des dieux). [heur)
Πνοαὶ δὲ ἀνέμων	Car les souffles des vents
ὑψιπετᾶν	qui-volent-haut
ἄλλοτε	*sont* d'autres fois
ἀλλοῖαι.	divers (changent souvent).
Ὄλβος ἀνδρῶν	La félicité des hommes
οὐκ ἔρχεται ἐς μακρόν,	ne va pas jusqu'à loin,
εὖτε ἂν ἄσπετος	quand inexprimable (immense)
ἕπηται	elle *les* suit [excès).
ἐπιβρίσαις.	pesant-sur *eux* (les accable par son
(Ἐπῳδός ε'.)	(*Épode V.*)
Ἔσσομαι σμικρὸς	Je serai petit
ἐν σμικροῖς,	dans des *affaires* (une fortune) peti-
μέγας	je *serai* grand [tes,
ἐν μεγάλοις·	dans des *affaires* grandes;

ἔσσομαι ¹· τὸν ἀμφέποντ' αἰεὶ φρασὶν
δαίμον' ἀσκήσω κατ' ἐμὰν θεραπεύων μαχανάν ².
110 Εἰ δέ μοι πλοῦτον θεὸς ἁβρὸν ὀρέξαι, 195
ἐλπίδ' ἔχω κλέος εὑρέσθαι κεν ὑψηλὸν πρόσω.
Νέστορα καὶ Λύκιον Σαρπηδόν', ἀνθρώπων φάτις ³,
ἐξ ἐπέων κελαδεννῶν, τέκτονες οἷα σοφοὶ ⁴ 200
ἅρμοσαν, γιγνώσκομεν. Ἁ δ' ἀρετὰ κλειναῖς ἀοιδαῖς
115 χρονία τελέθει. Παύροις δὲ πράξασθ' εὐμαρές ⁵. 205

tune; toujours mon cœur, attentif à ma destinée présente, s'y conformera de son mieux. Mais si jamais un dieu vient m'offrir de magnifiques richesses, j'espère trouver dans l'avenir une gloire sublime. Nestor et le Lycien Sarpédon, si fameux parmi les hommes, nous sont connus par les hymnes retentissants que de sages poëtes leur ont consacrés. Ce sont les beaux vers qui font la vertu immortelle. Peu d'hommes obtiennent cette immortalité.

ασκήσω αἰεὶ φρασὶ	j'exercerai toujours dans *mon* cœur
τὸν δαίμονα ἀμφέποντα	le sort qui *m*'accompagne (présent)
θεραπεύων	*le* cultivant
κατὰ ἐμὰν μαχανάν.	selon mes moyens.
Εἰ δὲ θεὸς	Mais si dieu
ὀρέξαι μοι	tendait (présentait, offrait) à moi
πλοῦτον ἀβρόν,	la richesse magnifique,
ἐγὼ ἐλπίδα	j'ai espérance
εὑρέσθαι κε πρόσω	devoir trouver (acquérir) dans-la-suite
κλέος ὑψηλόν.	une gloire élevée.
Γιγνώσκομεν Νέστορα	Nous connaissons Nestor
καὶ Λύκιον Σαρπηδόνα,	et le Lycien Sarpédon,
φάτις ἀνθρώπων,	sujets-des-discours des hommes,
ἐξ ἐπέων κελαδεννῶν,	d'après des vers retentissants,
οἷα τέκτονες σοφοὶ	*tels* que des artisans (poëtes) habiles
ἅρμοσαν.	*en* ont ajusté (composé).
Ἁ δὲ ἀρετὰ	Car la vertu
τελέθει χρονία	est (devient) de-longue-durée
ἀοιδαῖς κλειναῖς.	par des chants illustres.
Εὐμαρὲς δὲ παυροῖς	Mais *il est* facile à peu
πράξασθαι.	de gagner *cela*.

ΠΥΘΙΟΝΙΚΑΙ.

ΕΙΔΟΣ Δ'.

ΑΡΚΕΣΙΛΑͼ ΚΥΡΗΝΑΙΩ

ΑΡΜΑΤΙ.

(Στροφὴ α'.)

Σάμερον μὲν χρή σε παρ' ἀνδρὶ φίλῳ
στᾶμεν, εὐίππου βασιλῆϊ Κυράνας **1**, ὄφρα κωμάζοντι
σὺν Ἀρκεσίλᾳ **2**,
Μοῖσα, Λατοίδαισιν ὀφειλόμενον Πυθῶνί τ' αὔξῃς οὖ-
ρον ὕμνων **3**,   5
ἔνθα ποτὲ χρυσέων Διὸς αἰητῶν πάρεδρος
5   οὐκ ἀποδάμου Ἀπόλλωνος τυχόντος **4** ἱρέα
χρῆσεν οἰκιστῆρα Βάττον καρποφόρου Λιβύας, ἱερὰν   10
νᾶσον ὡς ἤδη λιπὼν κτίσσειεν εὐάρματον
πόλιν ἐν ἀργάεντι μαστῷ,

(*Strophe I.*)

Muse, il te faut venir aujourd'hui près d'un mortel que j'aime, près du roi de Cyrène aux superbes coursiers ; viens, et dans les fêtes que célèbre Arcésilas, élève comme une douce brise l'hymne que je dois aux enfants de Latone et à Pytho : là jadis la prêtresse, assise près des aigles d'or de Jupiter et inspirée par la présence d'Apollon, prédit que Battos quitterait son île sacrée pour venir fonder sur une blanche colline de la féconde Libye une cité fameuse par ses chars,

ODE IV.

A ARCÉSILAS DE CYRÈNE

VAINQUEUR A LA COURSE DES CHARS.

(Στροφὴ α'.)   (Strophe I.)

Σάμερον μὲν	Aujourd'hui
χρή σε στᾶμεν	il faut toi te tenir
παρὰ ἀνδρὶ φίλῳ,	près d'un homme ami,
βασιλῆϊ Κυράνας	le roi de Cyrène
εὐίππου,	aux-beaux-coursiers.
ὄφρα σὺν Ἀρκεσίλᾳ	afin que avec Arcésilas
κωμάζοντι,	célébrant-des-fêtes,
Μοῖσα,	ô Muse,
αὔξῃς	tu fasses-grandir (élèves)
οὖρον ὕμνων	un vent-favorable d'hymnes
ὀφειλόμενον Λατοΐδαισι	dû aux enfants-de-Latone
Πυθῶνί τε,	et à Pytho,
ἔνθα ποτὲ ἱρέα	là où jadis la prêtresse
πάρεδρος αἰητῶν χρυσέων	assise-auprès des aigles d'-or
Διός,	de Jupiter,
Ἀπόλλωνος	Apollon
οὐ τυχόντος ἀποδάμου,	ne se trouvant pas absent,
χρῆσε Βάττον	prophétisa Battos
οἰκιστῆρα Λιβύας	fondateur (roi) de la Libye
καρποφόρου,	qui-porte-des-fruits (fertile),
ὡς	disant que
λιπὼν ἤδη	ayant quitté déjà (après avoir quitté
νᾶσον ἱερὰν	son île sacrée
κτίσσειε πόλιν	il fonderait une ville
εὐάρματον	aux-beaux-chars
ἐν μαστῷ ἀργάεντι,	sur une colline blanche,

ΠΥΘΙΟΝΙΚΑΙ Δ'.

(Ἀντιστροφὴ α'.)

καὶ τὸ Μηδείας ἔπος ἀγκομίσαιθ' 15
10 ἑβδόμᾳ καὶ σὺν δεκάτᾳ γενεᾷ Θήραιον [1], Αἰήτα τό
ποτε ζαμενὴς
παῖς ἀπέπνευσ' ἀθανάτου στόματος, δέσποινα Κόλ-
χων [2]. Εἶπε δ' οὕτως
ἡμιθέοισιν Ἰάσονος αἱματᾶο ναύταις· 20
« Κέκλυτε, παῖδες ὑπερθύμων τε φωτῶν καὶ θεῶν·
φαμὶ γὰρ τᾶσδ' ἐξ ἁλιπλάκτου ποτὲ γᾶς Ἐπάφοιο κόραν 25
15 ἀστέων ῥίζαν [3] φυτεύσεσθαι μελησίμβροτον
Διὸς ἐν Ἄμμωνος θεμέθλοις.

(Ἐπῳδὸς α'.)

Ἀντὶ δελφίνων δ' ἐλαχυπτερύγων ἵππους ἀμείψαντες
θοάς, 30
ἀνία τ' ἀντ' ἐρετμῶν δίφρους τε νωμάσοισιν ἀελλό-
ποδας [4].
Κεῖνος ὄρνις ἐκτελευτάσει μεγαλᾶν πολίων

(Antistrophe 1.)

et que la dix-septième génération verrait s'accomplir ainsi la parole de Médée, l'oracle que, dans Théra, la courageuse fille d'Éétès, la reine de Colchos, exhala de sa bouche immortelle. Or elle parla ainsi aux demi-dieux, nautoniers du belliqueux Jason : « Écoutez ma « voix, fils des dieux et des plus valeureux mortels : un jour viendra « où, hors de cette terre que battent les flots, la fille d'Épaphos plan- « tera dans les champs de Jupiter Ammon une tige de cités chères « aux hommes.

(Épode 1.)

« Ils abandonneront les dauphins aux courtes ailes pour de rapides « cavales; au lieu de rames, leurs mains tiendront les rênes, et dirige- « ront des chars plus agiles que les vents. Théra deviendra la mère

(Ἀντιστροφὴ α'.)	(*Antistrophe I.*)
καὶ ἀγκομίσαιτο	et rapporterait (accomplirait)
σὺν γενεᾷ	avec la génération
ἑβδόμᾳ καὶ δεκάτᾳ	septième et dixième (dix-septième)
τὸ ἔπος Θήραιον	la parole *prononcée*-à-Théra
Μηδείας,	de Médée,
τό ποτε	*la parole* qu'un jour
παῖς ζαμενὴς Αἰήτα,	la fille courageuse d'Éétès,
δέσποινα Κόλχων,	maîtresse (reine) de Colchos,
ἀπέπνευσε στόματος	souffla-hors de *sa* bouche
ἀθανάτου.	immortelle.
Εἶπε δὲ οὕτως	Or elle parla ainsi
ἡμιθέοισι	aux demi-dieux
ναύταις	nautoniers
αἰχματᾶο Ἰάσονος·	du belliqueux Jason :
« Κέκλυτε,	« Écoutez,
παῖδες	enfants
φωτῶν τε ὑπερθύμων	et d'hommes d'un-haut-courage
καὶ θεῶν·	et de dieux :
φαμὶ γὰρ	car je dis
κόραν Ἐπάφοιο	la fille d'Épaphos (Libye)
φυτεύσεσθαί ποτε	devoir planter un jour
ἐκ τᾶσδε γᾶς	*en la tirant* de cette terre
ἁλιπλάκτου	battue-par-la-mer
ῥίζαν ἀστέων	une racine de cités
μελησίμβροτον	chère-aux-mortels
ἐν θεμέθλοις	dans les fondements (demeures)
Διὸς Ἄμμωνος.	de Jupiter Ammon.
(Ἐπῳδὸς α'.)	(*Épode I.*)
Ἀντὶ δὲ δελφίνων	Et au lieu de dauphins
ἐλαχυπτερύγων	aux-courtes-ailes
ἀμείψαντες	ayant pris-en-échange
ἵππους θοάς,	des cavales rapides,
νωμάσοισιν	ils gouverneront
ἀντὶ ἐρετμῶν	en place de rames
ἀνία τε	et des rênes
δίφρους τε	et des chars
ἀελλόποδας.	aux-pieds-rapides-comme-la-tempête.
Κεῖνος ὄρνις	Cet oiseau (ce présage)
ἐκτελευτάσει	accomplira

ΠΥΘΙΟΝΙΚΑΙ Δ'.

20 ματρόπολιν Θήραν γενέσθαι ¹, τόν ποτε Τριτωνίδος
ἐν προχοαῖς 35
λίμνας θεῷ ἀνέρι εἰδομένῳ γαῖαν διδόντι
ξείνια πρώραθεν Εὔφαμος καταβάς
δέξατ' ² · αἴσιον δ' ἐπί οἱ Κρονίων Ζεὺς πατὴρ ἔκλαγξε
βρονταν· 40
(Στροφὴ β'.)
ἀνίκ' ἄγκυραν ποτὶ χαλκόγενυν
25 ναΐ κρημνάντων ³ ἐπέτοσσε, θοᾶς Ἀργοῦς χαλινόν. Δώ-
δεκα δὲ πρότερον
ἀμέρας ἐξ Ὠκεανοῦ φέρομεν νώτων ὕπερ γαίας ἐρήμων 45
εἰνάλιον δόρυ, μήδεσιν ἀνσπάσσαντες ἀμοῖς.
Τουτάκι δ' οἰοπόλος δαίμων ἐπῆλθεν, φαιδίμαν 50
ἀνδρὸς αἰδοίου πρόσοψιν θηκάμενος ⁴ · φιλίων δ' ἐπέων
30 ἄρχετο, ξείνοις ἅτ' ἐλθόντεσσιν εὐεργέται
δεῖπν' ἐπαγγέλλοντι πρῶτον. 55

« de cités puissantes ; et ainsi s'accomplira le présage que reçut jadis
« Euphémos, à l'embouchure du lac Tritonide, lorsqu'il descendit de
« la proue de son navire, et qu'un dieu, revêtu d'une forme humaine,
« lui présenta une glèbe, gage d'hospitalité. L'auguste fils de Saturne,
« Jupiter, fit gronder la foudre et confirma le présage ;

(*Strophe II.*)

« le dieu s'était montré aux matelots comme ils suspendaient
« l'ancre à la dent d'airain, frein du rapide Argo. Pendant douze jours
« nous avions traîné sur des plages désertes les poutres du navire re-
« tirées des flots par mes conseils. Tout à coup un dieu s'offre seul à
« nos regards sous les traits d'un mortel vénérable, et nous adresse
« des paroles amies, comme ces hôtes généreux qui convient tout
« d'abord l'étranger à leur table.

LES PYTHIQUES. IV.

Θήραν γενέσθαι	Théra devenir
ματρόπολιν	métropole
μεγαλᾶν πολίων,	de grandes villes,
τόν ποτε	*ce présage* qu'autrefois
ἐν προχοαῖς	aux embouchures
λίμνας Τριτωνίδος	du lac Tritonide
Εὔφαμος	Euphémos
καταβὰς πρώραθεν	étant descendu de la proue
δέξατο ξείνια	reçut *en* présent-d'hospitalité
θεῷ εἰδομένῳ ἀνέρι	d'un dieu ressemblant à un homme
διδόντι γαῖαν·	qui *lui* donnait de la terre (une glèbe);
Ζεὺς δὲ Κρονίων	et Jupiter fils-de-Saturne
πατὴρ	père *des dieux*
ἐπέκλαγξέν οἱ	retentit pour lui
βρονταν αἴσιον·	par un tonnerre de-bon-augure;
(Στροφὴ β'.)	(Strophe II.)
ἁνίκα ἐπέτοσσε	quand *ce dieu* se présenta
ποτικρημνάντων ναὶ	*eux* suspendant au vaisseau
ἄγκυραν χαλκόγενυν,	l'ancre aux-joues-d'airain,
χαλινὸν θοᾶς Ἀργοῦς.	frein du rapide Argo.
Πρότερον δὲ	Car précédemment
δώδεκα ἁμέρας	*pendant* douze jours
ἐξ Ὠκεανοῦ	depuis l'Océan
φέρομεν	nous portons (avions porté)
ὑπὲρ νώτων ἐρήμων	sur le dos désert
γαίας	de la terre
δόρυ εἰνάλιον,	la poutre marine,
ἀνσπάσσαντες	*l'ayant retirée de la mer*
ἀμοῖς μήδεσι.	par mes inventions (conseils).
Τουτάκι δὲ	Alors donc
δαίμων οἰοπόλος	un dieu solitaire (seul)
ἐπῆλθε,	survint (se présenta),
θηκάμενος	s'étant appliqué (ayant pris)
πρόςοψιν φαιδίμαν	l'aspect brillant (imposant)
ἀνδρὸς αἰδοίου·	d'un homme vénérable;
ἄρχετο δὲ	et il commença
ἐπέων φιλίων,	par des paroles amicales,
ἅτε εὐεργέται	comme les hommes-bienfaisants
ἐπαγγέλλοντι πρῶτον δεῖπνα	offrent d'abord un repas
ξείνοις ἐλθόντεσσιν.	aux étrangers arrivés.

ΠΥΘΙΟΝΙΚΑΙ Δ.

(Ἀντιστροφὴ β'.)

Ἀλλὰ γὰρ νόστου πρόφασις γλυκεροῦ
κώλυεν μεῖναι. Φάτο δ' Εὐρύπυλος Γαιαόχου παῖς
ἀφθίτου Ἐννοσίδα
ἔμμεναι· γίγνωσκε δ' ἐπειγομένους· ἂν δ' εὐθὺς ἁρ-
πάξαις ἀρούρας   60
35 δεξιτερᾷ προτυχὸν ξένιον μάστευσε δοῦναι.
Οὐδ' ἀπίθησέ νιν, ἀλλ' ἥρως ἐπ' ἀκταῖσιν θορὼν
χειρί οἱ χεῖρ' ἀντερείσαις δέξατο βώλακα δαιμονίαν.   65
Πεύθομαι δ' αὐτὰν κατακλυσθεῖσαν ἐκ δούρατος
ἐναλίου βᾶμεν σὺν ἅλμᾳ

(Ἐπῳδὸς β'.)

40 ἑσπέρας, ὑγρῷ πελάγει σπομέναν ¹. Ἦ μάν νιν ὤτρυ-   70
νον θαμὰ
λυσιπόνοις ² θεραπόντεσσιν φυλάξαι· τῶν δ' ἐλά-
θοντο φρένες·

(*Antistrophe II.*)

« La douce impatience du retour ne nous permettait pas de
« nous arrêter. Il nous dit alors qu'il est Eurypyle, fils du dieu qui
« environne et ébranle la terre ; mais il voit notre empressement, et
« soudain, saisissant une glèbe, ce gage d'hospitalité qui s'offre le
« premier, il nous la présente aussitôt. Le héros n'hésite point,
« s'élance sur le rivage, et, joignant sa main à celle du dieu, reçoit la
« glèbe mystérieuse. J'apprends que, tombée du navire, elle est allée
« se perdre dans les flots amers,

(*Épode II.*)

« emportée un soir par l'onde humide. Que de fois pourtant je
« l'avais recommandée à la vigilance des serviteurs qui nous soula-
« geaient dans nos travaux! Mais l'oubli est entré dans leur cœur, et

LES PYTHIQUES. IV.

(Ἀντιστροφὴ β'.)	(Antistrophe II.)
Ἀλλὰ γὰρ	Mais donc
πρόφασις γλυκεροῦ νόστου	le prétexte d'un doux retour
κώλυε μεῖναι.	nous empêchait de rester.
Φάτο δὲ	Mais *le dieu* dit
ἔμμεναι Εὐρύπυλος	être Eurypyle
παῖς Γαιαόχου	fils du *dieu* qui-enveloppe-la-terre
Ἐννοσίδα	du *dieu* qui-ébranle-la-terre
ἀφθίτου·	*dieu* incorruptible (immortel) ;
γίγνωσκε δὲ	mais il reconnut
ἐπειγομένους·	*nous* étant pressés ;
εὐθὺς δὲ	et aussitôt
ἀναρπάξαις ἀρούρας	ayant arraché du champ
δεξιτερᾷ	avec *sa* droite
ξένιον	un présent-d'hospitalité
προτυχὸν	qui-s'offre (le premier venu)
μάστευσε	il témoigna-empressement
δοῦναι.	de *nous le* donner.
Οὐδὲ ἥρως	Et le héros
ἀπίθησέ νιν,	ne fut pas désobéissant à lui,
ἀλλὰ θορὼν ἐπὶ ἀκταῖσιν	mais s'étant élancé sur le rivage
ἀντερείσαις χεῖρα	ayant appuyé *sa* main
χειρί οἱ	sur la main à lui (du dieu)
δέξατο	il reçut
βώλακα δαιμονίαν.	la motte divine.
Πεύθομαι δὲ αὐτὰν	Et j'apprends elle
κατακλυσθεῖσαν	ayant été submergée
ἐκ δούρατος ἐναλίου	*tombée* de la poutre marine (du vais-
βᾶμεν	s'en être allée [seau)
σὺν ἅλμᾳ	avec l'onde-salée
(Ἐπῳδὸς β'.)	(Épode II.)
ἑσπέρας,	un soir,
σπομέναν	ayant suivi (étant emportée par)
πελάγει ὑγρῷ.	la mer humide.
Ἦ μὰν	En vérité (et pourtant)
ὤτρυνον θαμὰ	je recommandais fréquemment
θεραπόντεσσι	aux serviteurs
λυσιπόνοις	qui-*nous*-soulageaient-de-*nos*-fatigues
φυλάξαι νιν·	de garder elle ;
φρένες δὲ τῶν	mais les esprits de ceux-ci

ΠΥΘΙΟΝΙΚΑΙ Δ'.

καί νυν ἐν τᾷδ' ἄφθιτον νάσῳ κέχυται Λιβύας
εὐρυχόρου σπέρμα πρὶν ὥρας. Εἰ γὰρ οἴκοι νιν βάλε
πὰρ χθόνιον
Ἄιδα στόμα Ταίναρον εἰς ἱερὰν Εὔφαμος ἐλθών,
45 υἱὸς ἱππάρχου Ποσειδάωνος ἄναξ,
τόν ποτ' Εὐρώπα Τιτυοῦ θυγάτηρ ¹ τίκτε Κᾳφισοῦ
παρ' ὄχθαις·

(Στροφὴ γ'.)

τετράτων παίδων κ' ἐπιγεινομένων
αἷμά οἱ κείναν λάβε σὺν Δαναοῖς ² εὐρεῖαν ἄπειρον.
Τότε γὰρ ³ μεγάλας
ἐξανίστανται Λακεδαίμονος Ἀργείου τε κόλπου καὶ
Μυκηνᾶν.
50 Νῦν γε μὲν ⁴ ἀλλοδαπᾶν κριτὸν εὑρήσει⁵ γυναικῶν
ἐν λέχεσιν γένος, οἵ κεν τάνδε σὺν τιμᾷ θεῶν

75

80

85

90

« ainsi s'est dispersée avant le temps, dans cette île même, l'immor-
« telle semence apportée de la vaste Libye. Si Euphémos, de retour
« dans la sainte Ténare sa patrie, l'eût jetée près du soupirail des
« Enfers, le fils de Neptune qui dompte les coursiers, le roi que la fille
« de Tityos, Europe, enfanta jadis sur les bords du Céphise,

(Strophe III.)

« aurait vu son sang, à la quatrième génération, s'emparer avec
« les Danaens de cet immense continent. Alors ils sortent de la
« grande Lacédémone, du golfe d'Argos, de Mycènes. Maintenant la
« couche de femmes étrangères lui donnera la race des mortels
« choisis qui, venus dans cette île sous les auspices des dieux, engen-

ἐλάθοντο·	oublièrent *mes ordres* ;
καὶ νῦν σπέρμα	et donc la semence
ἄφθιτον.	indestructible (immortelle)
Λιβύας	de la Libye
εὐρυχόρου	aux-vastes-danses (spacieuse)
κέχυται	s'est répandue (dispersée)
πρὶν ὥρας	avant le temps
ἐν τᾷδε νάσῳ.	dans cette île *de Théra*.
Εἰ γὰρ Εὔφαμος	Car si Euphémos
ἐλθὼν	étant venu (de retour)
εἰς ἱερὰν Ταίναρον	dans la sainte Ténare
βάλε νιν	avait jeté elle
οἴκοι	à la maison (dans sa patrie)
πὰρ στόμα	près de la bouche (ouverture)
χθόνιον	terrestre
Ἀΐδα,	de l'Invisible (de l'Enfer),
ἄναξ	*Euphémos* le prince
υἱὸς Ποσειδάωνος	fils de Neptune
ἱππάρχου,	qui-commande-aux-chevaux,
τόν ποτε Εὐρώπα	*Euphémos* qu'un jour Europe
θυγάτηρ Τιτυοῦ	fille de Tityos
τίκτε	enfanta
παρὰ ὄχθαις Καφισοῦ·	près des bords du Céphise ;
(Στροφὴ γ'.	(*Strophe III.*)
αἷμά οἱ	le sang à (de) lui
τετράτων παίδων	les quatrièmes enfants (la quatrième
ἐπιγεινομένων	naissant-à-la-suite [génération]
λάβε κε σὺν Δαναοῖς	aurait pris avec les Grecs
κείναν εὐρεῖαν ἄπειρον.	ce vaste continent.
Τότε γὰρ ἐξανίστανται	Car alors ils sortent
μεγάλας Λακεδαίμονος	de la grande Lacédémone
κόλπου τε Ἀργείου	et du golfe d'-Argos
καὶ Μυκηνᾶν.	et de Mycènes.
Νῦν γε μὲν	Maintenant à la vérité donc
εὑρήσει	il (Euphémos) trouvera
ἐν λέχεσι	dans les couches
γυναικῶν ἀλλοδαπᾶν	de femmes étrangères
γένος κριτόν,	la race choisie *de ceux*
οἳ ἐλθόντες	qui étant venus
σὺν τιμᾷ θεῶν	avec l'honneur (la faveur) des dieux

ΠΥΘΙΟΝΙΚΑΙ Δ'.

νᾶσον ¹ ἐλθόντες τέκωνται φῶτα κελαινεφέων πεδίων
δεσπόταν · τὸν μὲν πολυχρύσῳ ποτ' ἐν δώματι   95
Φοῖβος ἀμνάσει θέμισσιν

(Ἀντιστροφὴ γ'.)

55 Πύθιον ναὸν καταβάντα, χρόνῳ
ὑστέρῳ νάεσσι πολεῖς ἀγαγεῖν Νείλοιο πρὸς πίον τέμε-
νος Κρονίδα ². »
Ἦ ῥα Μηδείας ἐπέων στίχες. Ἔπταξαν δ' ἀκίνητοι
σιωπᾷ   100
ἥρωες ἀντίθεοι πυκινὰν μῆτιν κλύοντες.
Ὦ μάκαρ υἱὲ Πολυμνάστου, σὲ δ' ἐν τούτῳ λόγῳ ³   105
60 χρησμὸς ὤρθωσεν μελίσσας Δελφίδος αὐτομάτῳ κε-
λάδῳ ⁴ ·
ἅ σε χαίρειν ἐστρὶς αὐδάσαισα πεπρωμένον
βασιλέ' ἄμφανεν Κυράνᾳ,   110

(Ἐπῳδός γ'.)

δυςθρόου φωνᾶς ἀνακρινόμενον ποινὰ ⁵ τίς ἔσται πρὸς
θεῶν.

« dreront le héros souverain des contrées aux sombres nuages ;
« plus tard, dans sa magnifique demeure, Apollon lui révèlera ses
« oracles,

(*Antistrophe III.*)

« et commandera au guerrier descendu dans le temple de Pytho de
« transporter sur ses navires une colonie nombreuse aux plaines
« sacrées que le Nil, fils de Cronos, engraisse de ses eaux. » Ainsi
parla Médée. Immobiles et silencieux, les héros divins écoutèrent,
saisis d'admiration, ces profondes paroles. Heureux fils de Po-
lymneste, c'est toi que désignait ce langage prophétique, c'est toi
qu'exalta l'oracle volontaire que prononça l'abeille de Delphes; elle
te salua trois fois, et te proclama le roi que les destins réservaient à
Cyrène,

(*Épode III.*)

lorsque tu vins demander aux dieux de délier ta langue captive. Et

τάνδε νᾶσον	dans cette île
τέκωνται κε φῶτα	doivent engendrer un mortel
δεσπόταν πεδίων	maître des plaines
κελαινεφέων·	aux-sombres-nuages ;
τὸν μέν ποτε Φοῖβος	lequel un jour Phébos
ἐν δώματι πολυχρύσῳ	dans *sa* demeure abondante-en-or
ἀμνάσει θέμισσι	avertira par des oracles
(Ἀντιστροφὴ γ'.)	(*Antistrophe III*.)
καταβάντα	étant entré
ναὸν Πύθιον,	dans le temple Pythien,
ἀγαγεῖν νάεσσι	de conduire sur des vaisseaux
χρόνῳ ὑστέρῳ	dans un temps postérieur
πολεῖς	des *hommes* nombreux
πρὸς τέμενος πῖον	vers le sol-sacré gras (fertile)
Νείλοιο Κρονίδα. »	de Nilos fils-de-Cronos. »
Στίχες ῥα	Les vers donc
ἐπέων Μηδείας	des paroles de Médée
ἦ.	dirent *ainsi*.
Ἥρωες δὲ ἀντίθεοι	Et les héros égaux-aux-dieux
ἔπταξαν	demeurèrent-stupéfaits
ἀκίνητοι σιωπῇ	immobiles *et* en silence
κλύοντες	entendant
μῆτιν πυκινάν.	*cette* parole-sage serrée (sensée).
Ὦ μάκαρ υἱὲ	O bienheureux fils
Πολυμνάστου,	de Polymneste,
σὲ δὲ	*c'est* toi donc *que*
ἐν τούτῳ λόγῳ	conformément à ce discours
χρησμὸς ὤρθωσε	l'oracle a dressé (élevé)
κελάδῳ αὐτομάτῳ	par le son spontané
μελίσσας Δελφίδος·	de l'abeille de-Delphes ;
ἃ αὐδάσαισα	laquelle ayant dit
ἐστρὶς	jusqu'à-trois-fois
σὲ χαίρειν	toi te réjouir (t'ayant salué)
ἄμφανε	*te* fit-voir (te déclara)
βασιλέα πεπρωμένον	roi désigné-par-les-destins
Κυράνᾳ,	pour Cyrène,
(Ἐπῳδὸς γ'.)	(*Épode III.*)
ἀνακρινόμενον πρὸς θεῶν	*toi* demandant aux dieux
τίς ποινὰ ἔσται	quel rachat (délivrance) serait
φωνᾶς δυσθρόου.	de *ta* voix résonnant-difficilement.

ΠΥΘΙΟΝΙΚΑΙ Δ'.

Ἦ μάλα δὴ μετὰ¹ καὶ νῦν, ὥτε φοινικανθέμου ἦρος
ἀκμᾷ,
65 παισὶ τούτοις ὄγδοον θάλλει μέρος² Ἀρκεσίλας·   115
τῷ μὲν Ἀπόλλων ἅ τε Πυθὼ κῦδος ἐξ ἀμφικτιόνων
ἔπορεν
ἱπποδρομίας. Ἀπὸ δ' αὐτὸν ἐγὼ Μοίσαισι δώσω³   120
καὶ τὸ πάγχρυσον νάκος κριοῦ· μετὰ γὰρ
κεῖνο πλευσάντων Μινυᾶν, θεόπομποί σφισιν τιμαὶ
φύτευθεν.

(Στροφὴ δ'.)
70 Τίς γὰρ ἀρχὰ δέξατο ναυτιλίας ⁴ ;
τίς δὲ κίνδυνος κρατεροῖς ἀδάμαντος δῆσεν ἄλοις ⁵ ;
Θέσφατον ἦν Πελίαν   125
ἐξ ἀγαυῶν Αἰολιδᾶν θανέμεν χείρεσσιν ἢ βουλαῖς
ἀκάμπτοις.
Ἦλθε δέ οἱ κρυόεν πυκινῷ μάντευμα θυμῷ,   130

maintenant encore, après tant d'années, riche de sève comme le printemps aux fleurs brillantes, cette tige voit s'épanouir un huitième rejeton. C'est Arcésilas, à qui Apollon et Pytho viennent de décerner aux jeux équestres une glorieuse victoire remportée sur les peuples voisins. Pour moi, à mon tour, je veux le confier à la garde des Muses avec le bélier à la toison d'or : des héros Minyens poursuivirent à travers les flots cette riche conquête, et les dieux les comblèrent d'honneurs

(Strophe IV.)

Quelle fut l'origine de cette expédition ? Quel danger les étreignit de liens plus durs que le fer ? Les destins avaient résolu que Pélias périrait par les mains ou par les embûches inévitables des nobles Éolides. L'oracle terrible prononcé au centre de la terre, mère féconde de vastes forêts, vint émouvoir le cœur du sage monarque : il devait

Ἦ μάλα δὴ	Et en vérité donc
καὶ νῦν	encore maintenant
μετά,	après *ces événements*,
ὧτε ἀκμᾷ ἦρος	comme dans la vigueur du printemps
φοινικανθέμου,	aux-fleurs-de-pourpre,
Ἀρκεσίλας θάλλει	Arcésilas fleurit
ὄγδοον μέρος	huitième partie (génération)
τούτοις παισί·	à ces enfants (de cette race) ;
τῷ μὲν Ἀπόλλων	*Arcésilas* à qui Apollon
ἅ τε Πυθὼ	et Pytho
ἔπορε κῦδος	ont procuré (donné) une gloire
ἐξ ἱππoδρομίας	*remportée* de la course-équestre
ἀμφικτιόνων.	des *peuples* habitant-alentour.
Ἐγὼ δὲ ἀποδώσω	Mais moi je livrerai (confierai)
Μοισαῖσιν	aux Muses
αὐτὸν	lui
καὶ τὸ νάκος πάγχρυσον	et la toison toute-d'or
κριοῦ·	du bélier ;
Μινυᾶν γὰρ	car les Minyens
πλευσάντων	ayant navigué
μετὰ ἐκεῖνο,	à-la-poursuite de cette *toison*,
τιμαὶ θεόπομποι	des honneurs envoyés-par-les-dieux
φύτευθέν σφισι.	furent engendrés à eux.
(Στροφὴ δ'.)	(*Strophe IV.*)
Τίς γὰρ ἀρχὰ	Quelle origine donc
ναυτιλίας	de *cette* navigation
δέξατο ;	accueillit *eux* (fut à eux)?
τίς δὲ κίνδυνος	et quel danger
ὅσσεν ἄλοις κρατεροῖς	les lia par des clous durs
ἀδάμαντος ;	d'acier?
Ἦν θέσφατον	Il était prononcé-par-les-dieux
Πελίαν θανέμεν	Pélias *devoir* mourir
ἐξ Αἰολιδᾶν	de la part des Éolides
ἀγαυῶν	magnifiques
χείρεσσιν	par *leurs* mains
ἢ βουλαῖς	ou *leurs* artifices
ἀκάμπτοις.	inflexibles (inévitables).
Μάντευμα δὲ κρυόεν	Mais l'oracle glacial (effrayant)
ἦλθέν οἱ	était venu à lui
θυμῷ πυκινῷ,	à *son* cœur sage,

πὰρ μέσον ὀμφαλὸν εὐδένδροιο ῥηθὲν ματέρος·
75 τὸν μονοκρήπιδα πάντως ἐν φυλακᾷ σχεθέμεν με-
    γάλᾳ ¹,
εὖτ' ἂν αἰπεινῶν ἀπὸ σταθμῶν ἐς εὐδείελον   135
χθόνα μόλῃ κλειτᾶς Ἰωλκοῦ ²,

(Ἀντιστροφὴ δ'.)

ξεῖνος αἴτ' ὦν ἀστός ³. Ὁ δ' ἄρα χρόνῳ
ἵκετ' αἰχμαῖσιν διδύμαισιν ἀνὴρ ἔκπαγλος· ἐσθὰς δ'
    ἀμφότερόν ⁴ ιν ἔχεν,   140
80 ἅ τε Μαγνήτων ἐπιχώριος ἁρμόζοισα θαητοῖσι γυίοις,
ἀμφὶ δὲ παρδαλέᾳ στέγετο φρίσσοντας ὄμβρους ⁵·
οὐδὲ κομᾶν πλόκαμοι κερθέντες ᾤχοντ' ἀγλαοί,   145
ἀλλ' ἅπαν νῶτον καταίθυσσον. Τάχα δ' εὐθὺς ἰὼν
    σφετέρας
ἐστάθη γνώμας ἀταρμύκτοιο πειρώμενος   150
85 ἐν ἀγορᾷ πλήθοντος ὄχλου ⁶.

être sans cesse sur ses gardes contre l'homme chaussé d'un seul pied qui, des retraites de la montagne, descendrait du côté du couchant dans les plaines de l'illustre Iolcos,

(Antistrophe IV.)

étranger ou citoyen. Il parut enfin, ce redoutable mortel, la main armée de deux javelots; un double vêtement le couvre: la tunique des Magnésiens dessine ses membres admirables; la dépouille d'un léopard le protége contre les pluies et les frimats; sa superbe chevelure n'est jamais tombée sous le tranchant du fer, elle flotte en boucles brillantes sur ses épaules. Il s'avance d'un pas ferme, et s'arrête bientôt d'un air intrépide au milieu du peuple assemblé.

ῥηθὲν	*l'oracle* prononcé
πὰρ ὀμφαλὸν μέσον	près du nombril central
ματέρος	de la mère *des êtres* (la terre)
εὐδένδροιο·	aux-beaux-arbres (riche en forêts) :
σχεθέμεν πάντως,	*il disait* d'avoir tout à fait
ἐν μεγάλᾳ φυλακᾷ	en grande garde (de bien se garder de)
τὸν μονοκρήπιδα,	*l'homme* à-une-seule-sandale,
εὖτε ἄν μόλῃ	quand il viendrait
ἀπὸ σταθμῶν αἰπεινῶν	des retraites élevées (des montagnes)
ἐς χθόνα	vers la terre
εὐδείελον	bien-située-au-couchant
κλειτᾶς Ἰωλκοῦ,	de l'illustre Iolcos,
(Ἀντιστροφὴ δ'.)	(*Antistrophe IV.*)
ξεῖνος	*soit* étranger
αἴτε ὦν ἀστός.	soit donc citoyen.
Ὁ δὲ ἄρα ἀνὴρ ἔκπαγλος	Mais donc l'homme terrible
ἵκετο χρόνῳ	vint avec le temps
διδύμαισιν αἰχμαῖσιν·	avec de doubles (deux) javelots ;
ἐσθὰς δὲ	et un vêtement
ἔχε νιν	avait (enveloppait) lui
ἀμφότερον,	de-deux-manières,
ἅ τε ἐπιχώριος Μαγνήτων	et celui du-pays des Magnésiens
ἁρμόζοισα	s'adaptant
γυίοις θαητοῖσι,	à *ses* membres admirables,
στέγετο δὲ ἀμφὶ	et il était couvert tout-autour
ὄμβρους φρίσσοντας	contre les pluies qui-font-frissonner
παρδαλέᾳ·	par une *peau*-de-léopard ;
οὐδὲ πλόκαμοι ἀγλαοὶ	ni les boucles brillantes
κομᾶν	de *ses* cheveux
ᾤχοντο	n'étaient parties (tombées)
κερθέντες,	ayant été coupées,
ἀλλὰ καταΐθυσσον	mais elles resplendissaient
ἅπαν νῶτον.	sur tout *son* dos.
Τάχα δὲ	Et bientôt
ἰὼν εὐθὺς ἐστάθη	allant (marchant) droit il s'arrêta
πειρώμενος σφετέρας γνώμας	faisant-l'épreuve de son esprit
ἀταρμύκτοιο	intrépide
ἐν ἀγορᾷ	au milieu de l'assemblée
ὄχλου	de la foule (du peuple)
πλήθοντος.	étant-en-grand-nombre.

(Ἐπῳδὸς δ'.)

Τὸν μὲν οὐ γίγνωσκον· ὀπιζομένων¹ δ' ἔμπας τις
    εἶπεν καὶ τόδε·
« Οὔτι που² οὗτος Ἀπόλλων, οὐδὲ μὰν χαλκάρματός
    ἐστι πόσις   155
Ἀφροδίτας ³· ἐν δὲ Νάξῳ φαντὶ θανεῖν λιπαρᾷ
Ἰφιμεδείας παῖδας, Ὦτον καὶ σέ, τολμάεις Ἐφιάλτα
    ἄναξ ⁴.
90 Καὶ μὰν Τιτυὸν βέλος Ἀρτέμιδος θήρευσε κραιπνόν, 160
ἐξ ἀνικάτου φαρέτρας ὀρνύμενον,
ὄφρα τις τᾶν ἐν δυνατῷ φιλοτάτων ἐπιψαύειν ἔραται ⁵. »

(Στροφὴ ε'.)

Τοὶ μὲν ἀλλάλοισιν ἀμειβόμενοι   165
γάρυον τοιαῦτ'· ἀνὰ δ' ἡμιόνοις ξεστᾷ τ' ἀπήνᾳ προ-
    τροπάδαν Πελίας
95 ἵκετο σπεύδων· τάφε δ' αὐτίκα παπτάναις ἀρίγνωτον
    πέδιλον

(*Épode IV.*)

Personne ne le connaît, et cependant chacun s'écrie en le contemplant avec admiration : « Ce n'est point Apollon, ce n'est point le « dieu au char d'airain, l'époux de Vénus ; on dit que la fertile Naxos « a vu périr les fils d'Iphimédée, Otos, et toi, Ephialte, audacieux « guerrier. Les traits rapides partis de l'invincible carquois de Diane « ont abattu Tityos, pour instruire les mortels à ne prétendre que de « légitimes amours. »

(*Strophe V.*)

Tels étaient les discours qui circulaient dans la foule. Monté sur un char brillant que traînent des mules, Pélias accourt en toute hâte, et soudain il demeure frappé de surprise à la vue de l'unique cothurne

LES PYTHIQUES. IV.

(Ἐπῳδὸς δ.)	(*Épode IV.*)
Οὐ γίγνωσκον μὲν τόν·	Ils ne connaissaient pas à la vérité lui ;
ἔμπας δέ τις ὀπιζομένων	mais cependant quelqu'un (chacun) d'*eux* qui *le* voyaient-avec-admiration
εἶπε καὶ τόδε·	dit même ceci :
« Οὗτος οὔτι πού ἐστιν Ἀπόλλων,	« Celui-ci n'est sans doute pas Apollon,
οὐδὲ μὰν πόσις χαλκάρματος Ἀφροδίτας·	ni en vérité non plus l'époux au-char-d'-airain d'Aphrodite ;
φαντὶ δὲ παῖδας Ἰφιμεδείας,	et l'on dit les fils d'Iphimédée,
Ὦτόν τε καὶ σέ,	et Otos et toi,
ἄναξ τολμάεις, Ἐφιάλτα,	prince audacieux, Ephialte,
θανεῖν	être morts
ἐν λιπαρᾷ Νάξῳ.	dans la grasse (fertile) Naxos.
Καὶ μὸν βέλος κραιπνὸν Ἀρτέμιδος,	Et en vérité le trait rapide de Diane,
ὀρνύμενον ἐκ φαρέτρας ἀνικάτου,	parti de *son* carquois invincible,
θήρευσε Τιτυόν,	a chassé (atteint, frappé) Tityos,
ὄφρα τις ἔραται ἐπιψαύειν	afin que quelqu'un(tout homme) désire toucher (atteindre)
τᾶν φιλοτάτων ἐν δυνατῷ. »	*seulement* les tendresses (amours) *qui sont* dans le possible. »
(Στροφὴ ε'.)	(*Strophe V.*)
Τοὶ μὲν ἀμειβόμενοι ἀλλάλοισι γάρυον τοιαῦτα·	Ceux-ci donc alternant (échangeant des discours) les uns avec les autres se disaient de telles *paroles* ;
Πελίας δὲ ἀνὰ ἡμιόνοις ἀπήνᾳ τε ξεστᾷ ἵκετο σπεύδων προτροπάδαν·	mais Pélias sur des mulets et un char poli vint se hâtant en-toute-vitesse ;
τάφε δὲ αὐτίκα παπτάναις πέδιλον ἀρίγνωτον	et il fut étonné aussitôt ayant vu (remarqué) la chaussure très-connue

δεξιτερῷ μόνον ἀμφὶ ποδί. Κλέπτων δὲ θυμῷ 170
δεῖμα προςέννεπε · « Ποίαν γαῖαν, ὦ ξεῖν', εὔχεαι
πατρίδ' ἔμμεν ; καὶ τίς ἀνθρώπων σε χαμαιγενέων
πολιᾶς 175
ἐξανῆκεν γαστρός ; ἐχθίστοισι μὴ ψεύδεσιν
100 καταμιάναις εἰπὲ γένναν [1]. »

(Ἀντιστροφὴ ε'.)

Τὸν δὲ θαρσήσαις ἀγανοῖσι λόγοις
ὧδ' ἀμείφθη · « Φαμὶ διδασκαλίαν Χείρωνος οἴσειν [2].
Ἄντροθε γὰρ νέομαι 180
πὰρ Χαρικλοῦς καὶ Φιλύρας [3], ἵνα Κενταύρου με
κοῦραι θρέψαν ἁγναί.
Εἴκοσι δ' ἐκτελέσαις ἐνιαυτοὺς οὔτε ἔργον 185
105 οὔτ' ἔπος εὐτράπελον κείνοισιν εἰπὼν [4] ἱκόμαν
οἴκαδ', ἀρχαίαν κομίζων πατρὸς ἐμοῦ βασιλευομέναν
οὐ κατ' αἶσαν, τάν ποτε Ζεὺς ὤπασεν λαγέτᾳ 190
Αἰόλῳ καὶ παισί, τιμάν.

qui couvre le pied droit de l'étranger. Il renferme sa crainte dans son cœur, et prenant la parole : « Quelle terre, ô étranger, te glo- « rifies-tu d'avoir pour patrie? Quelle est d'entre les mortelles celle « dont le beau sein t'a enfanté? Ne te souille point par d'odieux « mensonges, et dis-nous ton origine. »

(*Antistrophe V.*)

Le héros ne se trouble point, et répond d'une voix calme : « J'ap- « porte avec moi les préceptes de Chiron. J'arrive de son antre, où « j'ai laissé Chariclès et Philyre; c'est là que m'ont nourri les chastes « filles du Centaure. J'ai vu accomplir ma vingtième année sans les « avoir outragées par une parole ou par un geste, et je viens dans « ma patrie pour revendiquer l'antique royaume de mon père, qu'un « autre gouverne contre la justice, et que Jupiter donna jadis au « roi Éole et à ses descendants

μόνον ἀμφὶ ποδὶ δεξιτερῷ.	seule autour du pied droit.
Κλέπτων δὲ	Et dérobant (cachant)
δεῖμα θυμῷ	sa crainte dans son cœur
προςέννεπε·	il lui adressa-la-parole :
« Ποίαν γαῖαν, ὦ ξεῖνε,	« Quelle terre, ô étranger,
εὔχεαι ἔμμεν πατρίδα;	prétends-tu être ta patrie?
καὶ τίς ἀνθρώπων	et laquelle des femmes
χαμαιγενέων	qui-naissent-sur-la-terre
ἐξανῆκέ σε	a fait-sortir toi
γαστρὸς πολιᾶς;	de son ventre blanc?
μὴ καταμιάναις	ne te souillant pas
ψεύδεσιν ἐχθίστοισιν	par des mensonges très-odieux
εἰπὲ γένναν. »	dis ton origine. »
(Ἀντιστροφὴ ε'.)	(Antistrophe V.)
Θαρσήσαις δὲ	Mais ayant-assurance
ἀμείφθη ὧδε τόν	il répondit ainsi à celui-ci
λόγοις ἀγανοῖσι·	avec des discours calmes :
« Φαμὶ οἴσειν	« Je dis devoir apporter
διδασκαλίαν Χείρωνος.	l'enseignement de Chiron.
Νέομαι γὰρ ἄντροθε	Car je viens de son antre
πὰρ Χαρικλοῦς	d'auprès de Chariclès
καὶ Φιλύρας,	et de Philyre,
ἵνα κοῦραι ἁγναὶ	où les filles chastes
Κενταύρου	du Centaure
θρέψαν με.	ont nourri moi.
Ἐκτελέσαις δὲ εἴκοσιν ἐνιαυτοὺς	Mais ayant accompli vingt années
εἰπὼν κείνοισι	n'ayant ni fait ni dit à elles
οὔτε ἔργον	ni une action
οὔτε ἔπος εὐτράπελον	ni une parole inconvenante
ἱκόμαν	je suis venu
οἴκαδε,	à la maison (dans ma patrie),
κομίζων	revendiquant
ἀρχαίαν τιμὰν	l'antique honneur (empire)
ἐμοῦ πατρὸς	de mon père
βασιλευομέναν	gouverné-par-un-roi
οὐ κατὰ αἶσαν,	non selon la convenance (justice),
τὰν Ζεὺς	cet empire que Jupiter
ὤπασέ ποτε	donna autrefois
Αἰόλῳ λαγέτᾳ	à Éole chef-d'un-peuple
καὶ παισί.	et à ses enfants.

(Ἐπῳδὸς ε'.)

Πεύθομαι γάρ νιν Πελίαν ἄθεμιν λευκαῖς πιθήσαντα
φρασίν ¹
110 ἁμετέρων ἀποσυλᾶσαι βιαίως ἀρχεδικᾶν τοκέων· 195
τοί μ', ἐπεὶ πάμπρωτον εἶδον φέγγος, ὑπερφιάλου
ἁγεμόνος δείσαντες ὕβριν, κᾶδος ὡςείτε φθιμένου δνο-
φερὸν 200
ἐν δώμασι θηκάμενοι, μίγα κωκυτῷ γυναικῶν
κρύβδα πέμπον σπαργάνοις ἐν πορφυρέοις,
115 νυκτὶ κοινάσαντες ὁδόν ², Κρονίδᾳ δὲ τράφεν Χείρωνι
δῶκαν. 205

(Στροφὴ ς'.)

Ἀλλὰ τούτων μὲν κεφάλαια λόγων
ἴστε. Λευκίππων ³ δὲ δόμους πατέρων, κεδνοὶ πολῖται,
φράσσατέ μοι σαφέως·
Αἴσονος γὰρ παῖς ἐπιχώριος οὐ ξείναν ἱκοίμαν γαῖαν
ἄλλων. 210

(*Épode V.*)

« Car on dit que l'injuste Pélias, cedant à d'aveugles passions,
« a dépouillé par la force ceux de mon sang qui régnaient selon les
« lois : ceux-ci, dès que j'eus vu la lumière, redoutant pour moi la
« violence d'un maître qui ne connait pas de frein, répandirent le
« bruit de ma mort, et me firent dans leur palais de tristes funé-
« railles ; puis, tandis que les femmes éclataient en gémissements, ils
« me faisaient fuir en secret et à la faveur de la nuit, caché dans
« des langes de pourpre, et confiaient mon enfance à Chiron, fils de
« Cronos.

(*Strophe VI.*)

« Vous savez maintenant, et je vous l'ai fait connaître en peu
« de mots, ce que j'avais à vous dire. Généreux citoyens, enseignez-
« moi sans détour la demeure de mes pères aux blancs coursiers ;
« fils d'Éson, né dans ces lieux, je ne suis point venu dans une terre

LES PYTHIQUES. IV.

(Ἐπῳδὸς ε΄.)	(Épode V.)
Πεύθομαι γὰρ	Car j'apprends
ἀθέμιν Πελίαν	l'inique Pélias
πιθήσαντα	ayant obéi
φρασὶ λευκαῖς	à *son* esprit blanc (violent)
ἀποσυλᾶσαι	avoir enlevé-comme-dépouille
νὶν	lui (l'empire)
βιαίως	avec-violence
ἀμετέρων τοκέων	à nos (mes) parents
ἀρχεδικᾶν·	chefs-légitimes ;
τοί,	qui (ceux-ci),
ἐπεὶ πάμπρωτον	après que tout d'abord
εἶδον φέγγος,	j'eus vu la lumière,
δείσαντες ὕβριν	ayant craint l'iniquité
ἀγεμόνος ὑπερφιάλου,	d'un chef immodéré,
θηκάμενοι	ayant établi (fait)
ἐν δώμασι	dans *leurs* demeures
κᾶδος δνοφερὸν	des funérailles sombres (tristes)
ὡςεῖτε φθιμένου,	comme de *moi* étant mort,
μίγα κωκυτῷ	au milieu des lamentations
γυναικῶν,	des femmes,
πέμπον με κρύβδα	envoyèrent moi en-cachette
ἐν σπαργάνοις πορφυρέοις,	dans des langes de-pourpre,
κοινάσαντες	ayant communiqué (confié)
ὁδὸν νυκτί,	la route à la nuit,
δῶκαν δὲ τράφεν	et *me* donnèrent à nourrir
Χείρωνι Κρονίδᾳ.	à Chiron fils-de-Cronos.
(Στροφὴ ϛ΄.)	(Strophe VI.)
Ἀλλὰ ἴστε μὲν	Eh bien donc vous savez
κεφάλαια	le sommaire
τούτων λόγων.	de ces discours.
Φράσσατε δέ μοι σαφέως,	Indiquez donc à moi clairement,
κεδνοὶ πολῖται,	estimables citoyens,
δόμους	les demeures
πατέρων λευκίππων·	de *mes* pères aux-blancs-coursiers ;
παῖς γὰρ Αἴσονος	car fils d'Éson
ἐπιχώριος	*moi homme* de-ce-pays
οὐκ ἱκοίμαν	je ne serais pas venu
γαῖαν ξείναν	dans une terre étrangère
ἄλλων.	d'autres (appartenant à d'autres).

ΠΥΘΙΟΝΙΚΑΙ Δ'.

Φὴρ δέ με θεῖος Ἰάσονα κικλήσκων προσηύδα. »
120 Ὣς φάτο. Τὸν μὲν ἐξελθόντ' ἔγνον ὀφθαλμοὶ πατρός.
Ἐκ δ' ἄρ' αὐτοῦ πομφόλυξαν δάκρυα γηραλέων γλε-
          φάρων·   215
ἂν πέρι ψυχὰν ἐπεὶ γάθησεν ἐξαίρετον
γόνον ἰδών, κάλλιστον ἀνδρῶν.

          (Ἀντιστροφὴ ς'.)

Καὶ κασίγνητοί σφισιν ἀμφότεροι   220
125 ἤλυθον κείνου γε κατὰ κλέος· ἐγγὺς μὲν Φέρης κρά-
          ναν Ὑπερῇδα¹ λιπών,
ἐκ δὲ Μεσσάνας² Ἀμυθάν· ταχέως δ' Ἄδματος ἷκεν
          καὶ Μέλαμπος,
εὐμενέοντες ἀνεψιόν³. Ἐν δαιτὸς δὲ μοίρᾳ⁴   225
μελιχίοισι λόγοις αὐτοὺς Ἰάσων δέγμενος,
ξείνι' ἁρμόζοντα τεύχων, πᾶσαν ἐν εὐφροσύναν τάνυεν⁵, 230

« étrangère. Le divin Centaure m'appelait Jason. » Ainsi parla le héros. A peine est-il entré, que les yeux de son père le reconnaissent. Des larmes jaillissent des paupières du vieillard, et son cœur est inondé de joie à la vue de ce noble fils, le plus beau des mortels.

(*Antistrophe VI.*)

Au bruit de son arrivée, les deux frères d'Éson accourent : Phérès a quitté la fontaine Hyperéide; Amythaon vient de Mycène. Bientôt arrivent aussi Admète et Mélampos, empressés de voir un parent. Au milieu des festins, Jason les séduit par de douces paroles, les comble des présents de l'hospitalité, leur prodigue les plaisirs, et pendant

Φὴρ δὲ θεῖος	Et le monstre (Centaure) divin
προσηύδα με	adressait-la-parole à moi
καλήσκων Ἰάσονα. »	en m'appelant Jason. »
Φάτο ὥς.	Il parla ainsi.
Ὀφθαλμοὶ μὲν πατρὸς	Les yeux de *son* père
ἔγνον	reconnurent
τὸν ἐξελθόντα.	lui étant entré *dans la maison*.
Δάκρυα δὲ ἄρα	Et des larmes donc
πομφόλυξαν	s'échappèrent-à-flots
ἐκ γηραλέων γλεφάρων	des vieilles paupières
αὐτοῦ·	de lui;
ἐπεὶ γάθησε	car il se réjouit
περὶ ἂν ψυχὰν	autour de (dans) son âme
ἰδὼν	ayant vu
γόνον ἐξαίρετον,	*son* fils distingué,
κάλλιστον	le plus beau
ἀνδρῶν.	des hommes.
(Ἀντιστροφὴ ϛ'.)	(*Antistrophe VI.*)
Καὶ ἀμφότεροι κασίγνητοι	Et les deux frères *d'Éson*
ἤλυθόν σφισι	vinrent à eux
κατὰ κλέος	à la renommée *de l'arrivée*
κείνου γε·	de lui (de Jason) du moins :
Φέρης μὲν ἐγγὺς	Phérès *vint* de près
λιπὼν	ayant quitté
κρανὰν Ὑπερῇδα,	la fontaine Hypéréide,
Ἀμυθὰν δὲ	et Amythaon
ἐκ Μεσσάνας·	*vint* de Messène;
ταχέως δὲ	et bientôt
Ἄδματος ἵκε	Admète vint
καὶ Μέλαμπος,	et *aussi* Mélampos,
εὐμενέοντες	*tous deux* accueillant-avec-bonté
ἀνεψιόν.	*leur* cousin.
Ἐν δὲ μοίρᾳ δαιτὸς	Et dans la participation du festin
Ἰάσων δέγμενος αὐτοὺς	Jason accueillant eux
λόγοις μειλιχίοισι,	par des paroles de-miel,
τεύχων	faisant (donnant)
ξείνια	des présents-d'hospitalité
ἁρμόζοντα,	convenables,
ἐντάνυε	*leur* présenta (offrit)
πᾶσαν εὐφροσύναν,	toute *espèce de* joie,

130 αὔροαις πέντε δραπὼν νύκτεσσιν ἔν θ' ἁμέραις
ἱερὸν εὐζωᾶς ἄωτον.

(Ἐπῳδὸς ς'.)

Ἀλλ' ἐν ἕκτᾳ πάντα, λόγον θέμενος σπουδαῖον, ἐξ ἀρ- 235
χᾶς ἀνὴρ
συγγενέσιν παρεκοινᾶθ' · οἱ δ' ἐπέσποντ' [1]. Αἶψα δ'
ἀπὸ κλισιᾶν
ὦρτο σὺν κείνοισι. Καί ῥ' ἦλθον Πελία μέγαρον·
135 ἐσσύμενοι δ' εἴσω κατέσταν. Τῶν δ' ἀκούσαις αὐτὸς
ὑπαντίασεν 240
Τυροῦς ἐρασιπλοκάμου γενεά· πραῢν δ' Ἰάσων
μαλθακᾷ φωνᾷ ποτιστάζων ὄαρον
βάλλετο κρηπῖδα σοφῶν ἐπέων [2]· « Παῖ Ποσειδᾶνος
Πετραίου [3], 245

(Στροφὴ ζ'.)

ἐντὶ μὲν θνατῶν φρένες ὠκύτεραι
140 κέρδος αἰνῆσαι πρὸ δίκας δόλιον, τραχεῖαν ἑρπόντων
πρὸς ἐπίβδαν [4] ὅμως·

cinq jours et cinq nuits entières cueille avec eux la divine fleur de la volupté.

(*Épode VI.*)

Le sixième jour, le héros adresse à ses parents des paroles sérieuses ; il leur raconte tout depuis l'origine, et leur fait part de ses desseins ; tous l'approuvent. Aussitôt il s'élance avec eux hors de sa demeure. Ils se rendent au palais de Pélias, y pénètrent et s'y établissent. Instruit de leur arrivée, le fils de la belle Tyro s'avance lui-même à leur rencontre ; alors Jason, laissant couler d'une bouche paisible des paroles affables, lui fait entendre un discours plein de sagesse : « Fils de Neptune Pétréen,

(*Strophe VII.*)

« le cœur des mortels est prompt à préférer au bon droit le gain
« acquis par la fraude, bien qu'ils marchent ainsi vers un cruel len-

δραπὼν	ayant cueilli
ἐν πέντε νύκτεσσιν	pendant cinq nuits
ἀμέραις τε	et *pendant cinq* jours
ἀθρόαις	serrés (continus)
ἄωτον ἱερὸν	la fleur sacrée (divine)
εὐζωᾶς.	de la vie-heureuse (du plaisir).
(Ἐπῳδὸς ς'.)	(*Épode VI.*)
Ἀλλὰ ἐν ἕκτᾳ,	Mais dans le sixième *jour*,
θέμενος	ayant établi (fait)
λόγον σπουδαῖον,	un discours sérieux,
ἀνὴρ	l'homme (le héros)
παρεκοινᾶτο συγγενέσι	communiqua à *ses* parents
πάντα ἐξ ἀρχᾶς·	toutes choses dès l'origine ;
οἱ δὲ	et ceux-ci
ἐπέσποντο.	suivirent (approuvèrent).
Αἶψα δὲ	Et bientôt
ὦρτο ἀπὸ κλισιᾶν	il s'élança des tentes (demeures)
σὺν κείνοισι.	avec ceux-ci.
Καί ῥα ἦλθον	Et donc ils vinrent
μέγαρον Πελία·	dans le palais de Pélias ;
ἐσσύμενοι δὲ εἴσω	et s'étant élancés au dedans
κατέσταν.	ils s'*y* établirent.
Ἀκούσαις δὲ τῶν	Et ayant entendu eux
γενεὰ Τυροῦς	la race (le fils) de Tyro
ἐρασιπλοκάμου	aux-belles-tresses
ὑπαντίασεν αὐτός·	vint-à-*leur*-rencontre lui-même ;
Ἰάσων δὲ	et Jason
ποτιστάζων φωνᾷ μαλθακᾷ	versant d'une voix douce
ὄαρον πραῢν	un discours affable
βάλλετο κρηπῖδα	jeta le fondement
σοφῶν ἐπέων·	de sages paroles :
« Παῖ Ποσειδᾶνος Πετραίου,	« Fils de Neptune Pétréen,
(Στροφὴ ζ'.)	(*Strophe VII.*)
φρένες μὲν θνατῶν	les esprits des mortels
ἐντὶ ὠκύτεραι	sont trop prompts
αἰνῆσαι	à louer (approuver, rechercher)
κέρδος δόλιον	un gain frauduleux
πρὸ δίκας,	au lieu de la justice,
ἑρπόντων ὅμως	*des mortels* qui marchent cependant
πρὸς ἐπίβδαν τραχεῖαν·	vers un lendemain dur (cruel) ;

ἀλλ' ἐμὲ χρὴ καὶ σὲ θεμισσαμένους ὀργὰς ὑφαίνειν
    λοιπὸν ὄλβον ¹.   250
Εἰδότι τοι ἐρέω· μία βοῦς ² Κρηθεῖ τε μάτηρ
καὶ θρασυμήδεϊ Σαλμωνεῖ· τρίταισιν δ' ἐν γοναῖς   255
ἄμμες αὖ κείνων φυτευθέντες σθένος ἀελίου χρύσεον
145 λεύσσομεν. Μοῖραι δ' ἀφίσταντ', εἴ τις ἔχθρα πέλει
ὁμογόνοις, αἰδῶ καλύψαι ³.   260

(Ἀντιστροφὴ ζ'.)

Οὐ πρέπει νῷ χαλκοτόροις ξίφεσιν
οὐδ' ἀκόντεσσιν μεγάλαν προγόνων τιμὰν δάσασθαι.
    Μῆλά τε γάρ τοι ἐγὼ
καὶ βοῶν ξανθὰς ἀγέλας ἀφίημ᾽ ἀγρούς τε πάντας,
    τοὺς ἀπούραις   265
150 ἁμετέρων τοκέων νέμεαι, πλοῦτον πιαίνων·
κού με πονεῖ τεὸν οἶκον ταῦτα πορσύνοντ᾽ ἄγαν·
ἀλλὰ καὶ σκᾶπτον μόναρχον καὶ θρόνος, ᾧ ποτε Κρη-
    θείδας   270

« demain ; mais nous devons, toi et moi, en réglant nos désirs sur la
« justice, nous préparer un heureux avenir. Tu ne l'ignores pas, la
« même mère a donné le jour à Créthée et à l'audacieux Salmonée ;
« issus de leur sang à la troisième génération, nous contemplons les
« rayons d'or du soleil ; mais les Parques se détournent quand la
« haine entre dans le cœur des parents et leur fait oublier l'honneur.

(Antistrophe VII.)

« Il ne nous convient pas de nous partager avec le fer du glaive
« et de la lance le glorieux héritage de nos ancêtres. Je t'abandonne
« les brebis, et les blonds troupeaux de bœufs, et tous les champs que
« tu as ravis à mes parents pour engraisser ton opulence ; je verrai
« sans peine s'agrandir ta maison ; mais le sceptre royal, mais le trône

ἀλλὰ χρὴ ἐμὲ καὶ σὲ	mais il faut moi et toi
θεμισσαμένους	ayant réglé-selon-la-justice
ὀργὰς	*nos* caractères (désirs)
ὑφαίνειν	tisser (préparer)
ὄλβον λοιπόν.	du bonheur restant (à venir).
Ἐρέω τοι εἰδότι·	Je *le* dirai à toi *le* sachant :
μία βοῦς μάτηρ	une seule (même) génisse *fut* mère
Κρηθεῖ τε	et à Créthée
καὶ Σαλμωνεῖ	et à Salmonée
θρασυμήδεϊ·	aux-desseins-audacieux ;
ἄμμες δὲ αὖ	et nous de nouveau
φυτευθέντες κείνων	engendrés par (issus de) ceux-là
ἐν τρίταισι γοναῖς	à la troisième génération
λεύσσομεν	nous voyons
σθένος χρύσεον	la force (vive lumière) d'-or
ἀελίου.	du soleil.
Μοῖραι δὲ ἀφίστανται,	Or les Parques se détournent,
εἴ τις ἔχθρα πέλει	si quelque inimitié existe
ὁμογόνοις,	à ceux-de-la-même-race,
καλύψαι	*au point de* voiler (détruire)
αἰδῶ.	l'honneur (la piété).
(Ἀντιστροφὴ ζ'.)	(*Antistrophe VII.*)
Οὐ πρέπει	Il ne convient pas
νῶ δάσασθαι	nous-deux nous partager
μεγάλαν τιμὰν προγόνων	le grand honneur de *nos* ancêtres
ξίφεσι χαλκοτόροις	avec des épées travaillées-en-airain
οὐδὲ ἀκόντεσσιν.	ni avec des javelots.
Ἐγὼ γὰρ ἀφίημί τοι	Car moi j'abandonne à toi
μῆλά τε	et les brebis
καὶ ξανθὰς ἀγέλας βοῶν	et les blonds troupeaux de bœufs
πάντας τε ἀγρούς,	et tous les champs,
τοὺς νέμεαι	dont tu jouis
ἀπούραις	*les* ayant enlevés
ἀμετέρων τοκέων,	à nos (mes) parents,
πιαίνων πλοῦτον·	engraissant *la* richesse ;
καὶ ταῦτα	et ces *biens*
πορσύνοντα ἄγαν τεὸν οἶκον	augmentant beaucoup ta maison
οὐ πονεῖ με·	ne peinent pas moi ;
ἀλλὰ καὶ σκᾶπτον μόναρχον	mais et le sceptre de-monarque
καὶ θρόνος,	et le trône,

ἐγκαθίζων ἱππόταις εὔθυνε λαοῖς δίκας,
τὰ μὲν ἄνευ ξυνᾶς ἀνίας

(Ἐπῳδὸς ζ'.)

155 λῦσον ἄμμιν, μή τι νεώτερον ἐξ αὐτῶν ἀναστῇ κα-
κόν. »   275
"Ὣς ἄρ' ἔειπεν. Ἀκᾷ δ' ἀνταγόρευσεν καὶ Πελίας·
« Ἔσομαι
τοῖος¹. Ἀλλ' ἤδη με γηραιὸν μέρος ἁλικίας   280
ἀμφιπολεῖ· σὸν δ' ἄνθος ἥβας ἄρτι κυμαίνει· δύνασαι
δ' ἀφελεῖν
μᾶνιν χθονίων. Κέλεται γὰρ ἑὰν ψυχὰν κομίξαι
160 Φρίξος ἐλθόντας πρὸς Αἰήτα θαλάμους,   285
δέρμα τε κριοῦ βαθύμαλλον ἄγειν, τῷ ποτ' ἐκ πόν-
του σαώθη

(Στροφὴ η'.)

ἔκ τε ματρυιᾶς ἀθέων βελέων².
Ταῦτά μοι Θαυμαστὸς ὄνειρος ἰὼν φωνεῖ. Μεμάντευ-
μαι δ' ἐπὶ Κασταλίᾳ,   290

« où le fils de Créthée s'asseyait jadis pour donner des lois à un
« peuple de cavaliers, sans nous affliger l'un et l'autre,

(Épode VII.)

« rends-les-moi, de peur qu'ils ne nous causent de nouveaux
« malheurs. » Ainsi parla Jason. Pélias répondit d'un ton calme :
« Je ferai ce que tu veux ; mais déjà la vieillesse m'assiége, tandis
« que chez toi la jeunesse s'épanouit à peine ; c'est toi qui peux
« apaiser le courroux des mânes. Phrixos nous ordonne d'aller re-
« cueillir son âme dans les palais d'Éétès, et d'enlever l'épaisse
« toison du bélier qui le sauva des flots

(Strophe VIII.)

« et des traits impies d'une marâtre. Un songe merveilleux est
« venu m'avertir. Pour m'instruire, j'ai consulté l'oracle de Castalie.

| | LES PYTHIQUES. IV. | 95 |

ᾧ ἐγκαθίζων ποτὲ   sur lequel étant assis autrefois
Κρηθεΐδας   le fils-de-Créthée
εὔθυνε δίκας   dirigeait la justice (donnait des lois)
λαοῖς ἱππόταις,   aux peuples cavaliers,
λῦσον τὰ μὲν ἄμμιν   délivre (rends) ces *biens* à nous
    (Ἐπῳδὸς ζ'.)   *(Épode VII.)*
ἄνευ ἀνίας   sans une affliction
ξυνᾶς,   commune,
μή τι κακὸν νεώτερον   de peur que quelque mal nouveau
ἀναστῇ   ne s'élève (ne sorte)
ἐξ αὐτῶν. »   d'eux (de ces biens disputés). »
Ἔειπεν ἄρα ὥς.   Il parla donc ainsi.
Πελίας δὲ καὶ   Et Pélias aussi
ἀνταγόρευσεν ἀκᾶ·   parla-en-réponse avec-calme :
« Ἔσομαι τοῖος.   « Je serai tel (ferai ainsi).
Ἀλλὰ μέρος γηραιὸν   Mais la partie sénile
ἁλικίας   de l'âge (de la vie)
ἀμφιπολεῖ με ἤδη·   tourne-autour de moi déjà ;
σὸν δὲ ἄνθος ἥβας   au contraire ta fleur de jeunesse
κυμαίνει ἄρτι·   se gonfle récemment ;
δύνασαι δὲ ἀφελεῖν   et tu peux enlever (faire cesser)
μᾶνιν   le courroux
χθονίων.   des *dieux* souterrains (des mânes).
Φρίξος γὰρ κέλεται   Car Phrixos ordonne
κομίξαι ἑὰν ψυχὰν   *nous* recueillir son âme
ἐλθόντας   étant venus
πρὸς θαλάμους Αἰήτα,   vers les lits (demeures) d'Éétès,
ἄγειν τε   et emmener (enlever)
δέρμα βαθύμαλλον   la peau à-laine-épaisse
κριοῦ,   du bélier,
τῷ ποτε   par lequel autrefois
σαώθη ἐκ πόντου,   il fut sauvé de la mer,
    (Στροφὴ η'.)   *(Strophe VIII.)*
ἔκ τε βελέων ἀθέων   et des traits impies
ματρυιᾶς.   d'une marâtre.
Ὄνειρος θαυμαστὸς   Un songe admirable (merveilleux)
ἰὼν   étant venu
φωνεῖ ταῦτά μοι.   dit ces choses à moi.
Μεμάντευμαι δὲ   Et j'ai consulté-l'oracle
ἐπὶ Κασταλίᾳ,   à Castalie,

ΠΥΘΙΟΝΙΚΑΙ Δ'.

εἰ μετάλλατόν τι ¹. Καὶ ὡς τάχος ὀτρύνει² με τεύ-
χειν ναῒ πομπάν.
165 Τοῦτον ἄεθλον ἑκὼν τέλεσον· καί τοι μοναρχεῖν
καὶ βασιλευέμεν ³ ὄμνυμι προήσειν. Καρτερὸς   295
ὅρκος ἄμμιν μάρτυς ἔστω Ζεὺς ὁ γενέθλιος ἀμφοτέ-
ροις. υ
Σύνθεσιν ταύταν ἐπαινήσαντες οἱ μὲν κρίθεν·   300
ἀτὰρ Ἰάσων αὐτὸς ἤδη
(Ἀντιστροφὴ η'.)
170 ὤρνυεν κάρυκας ἐόντα πλόον
φαινέμεν παντᾶ. Τάχα δὲ Κρονίδαο Ζηνὸς υἱοὶ τρεῖς
ἀκαμαντομάχαι
ἦλθον Ἀλκμήνας θ' ἑλικοβλεφάρου Λήδας τε ⁴, δοιοὶ
δ' ὑψιχαῖται   305
ἀνέρες, Ἐννοσίδα γένος, αἰδεσθέντες ἀλκάν ⁵,
ἔκ τε Πύλου καὶ ἀπ' ἄκρας Ταινάρου· τῶν μὲν κλέος   310

« Le dieu m'ordonne d'équiper sur-le-champ un vaisseau pour cette
« expédition. Accomplis ce travail de bon gré, et je jure de t'aban-
« donner le sceptre et le trône. Que le nom de Jupiter, auteur com-
« mun de notre race, assure la sainteté de nos serments. » Le pacte
fut accepté, et tous deux se séparèrent. Aussitôt Jason

(*Antistrophe VIII.*)

envoie de tous côtés des hérauts pour annoncer son expédition
prochaine. Bientôt accourent trois guerriers infatigables dans les
combats, fils du puissant Jupiter, d'Alcmène aux belles paupières et
de Léda ; deux héros à la longue chevelure, enfants du dieu qui
ébranle la terre; tous deux, honorant la valeur de Jason, descendent
e Pylos et des sommets du Ténare, tous deux ont obtenu une noble

εἴ τι	*pour voir* si quelque chose
μετάλλατον.	*était* à-découvrir.
Καὶ ὀτρύνει με	Et le *dieu* pousse moi
τεύχειν πομπὰν	à préparer un envoi (une expédition)
ναὶ	avec un vaisseau
ὡς τάχος.	en toute hâte.
Τέλεσον ἑκὼν	Accomplis de-bon-gré
τοῦτον ἄεθλον·	ce travail ;
καὶ ὄμνυμι	et je fais-serment
προήσειν τοι	devoir abandonner à toi
μοναρχεῖν καὶ βασιλευέμεν.	d'être-monarque et d'être-roi.
Ζεὺς μάρτυς	Que Jupiter *étant* témoin
ὁ γενέθλιος	Jupiter auteur-de-la-race
ἀμφοτέροις	pour tous deux
ἔστω ἄμμιν	soit pour nous
ὅρκος καρτερός. »	un serment puissant. »
Οἱ μὲν κρίθεν	Ceux-ci se séparèrent
ἐπαινήσοντες	ayant loué (approuvé)
ταύταν σύνθεσιν·	cette convention ;
ἀτὰρ Ἰάσων αὐτὸς ἤδη	mais Jason lui-même déjà (aussitôt)
(Ἀντιστροφὴ η'.)	(*Antistrophe VIII.*)
ὤρνυε κάρυκας	mit-en-mouvement des hérauts
φαινέμεν	pour découvrir (annoncer)
παντᾷ	de-tous-côtés
πλόον ἐόντα.	la navigation étant (qui allait se faire)
Τάχα δὲ ἦλθον	Et bientôt vinrent
τρεῖς ἀκαμαντομάχαι,	trois *guerriers* infatigables-au-com- [bat,
υἱοὶ Ζηνὸς	fils de Jupiter
Κρονίδαο	le fils-de-Cronos
Ἀλκμήνας τε	et d'Alcmène
ἑλικοβλεφάρου	aux-paupières-arrondies
Λήδας τε,	et de Léda,
δοιοί τε ἀνέρες	et de doubles (deux) guerriers
ὑψιχαῖται,	à-la-haute-chevelure,
γένος	race (fils)
Ἐννοσίδα,	du *dieu* qui-ébranle-la-terre,
αἰδεσθέντες	honorant
ἀλκάν,	la bravoure *de Jason*,
ἔκ τε Πύλου	venant et de Pylos
καὶ ἀπὸ ἄκρας Ταινάρου·	et du haut Ténare ;

PINDARE.

ΠΥΘΙΟΝΙΚΑΙ Δ'.

175 ἐσλὸν Εὐφάμου τ' ἐκράνθη σόν τε, Περικλύμεν' εὐ-
ρυβία.
Ἐξ Ἀπόλλωνος¹ δὲ φορμικτὰς ἀοιδᾶν πατὴρ
ἔμολεν, εὐαίνητος Ὀρφεύς. 315
(Ἐπῳδὸς η'.)
Πέμπε δ' Ἑρμᾶς χρυσόραπις διδύμους υἱοὺς ἐπ'
ἄτρυτον πόνον,
τὸν μὲν Ἐχίονα, κεχλάδοντας² ἥβᾳ, τὸν δ' Ἔρυ-
τον. Ταχέως
180 ἀμφὶ Παγγαίου θεμέθλοις ναιετάοντες³ ἔβαν· 320
καὶ γὰρ ἑκὼν θυμῷ γελανεῖ θᾶσσον ἔντυνεν βασιλεὺς
ἀνέμων
Ζήταν Κάλαΐν τε πατὴρ Βορέας, ἄνδρας πτεροῖσιν 325
νῶτα πεφρίκοντας ἄμφω πορφυρέοις.
Τὸν δὲ παμπειθῆ γλυκὺν ἡμιθέοισιν πόθον πρόςδαιεν
Ἥρα
(Στροφὴ θ'.)
185 ναὸς Ἀργοῦς, μή τινα⁴ λειπόμενον
τὰν ἀκίνδυνον παρὰ ματρὶ μένειν αἰῶνα πέσσοντ',
ἀλλ' ἐπὶ καὶ θανάτῳ 330

gloire : c'est Euphémos, et toi, puissant Périclymène. Un fils d'Apollon vint aussi, le père du chant et de la lyre, le fameux Orphée.

(*Épode VIII.*)

Le dieu à la verge d'or, Mercure, envoya à cette périlleuse entreprise ses deux fils, Échion et Érytos, tous deux dans la vigueur de la jeunesse. D'autres abandonnent à la hâte leur demeure et les vallons du Pangée ; le roi des vents, Borée, presse d'un cœur joyeux le départ de Zétès et de Calaïs : des ailes de pourpre s'agitent sur les épaules des deux guerriers. Junon allumait dans le cœur de ces demi-dieux le doux et invincible désir

(*Strophe IX.*)

de monter sur le navire Argo, afin qu'aucun d'eux ne consumât auprès d'une mère ses jours loin des dangers, mais que tous pussent

LES PYTHIQUES. IV.

τῶν μὲν κλέος ἐσλὸν	desquels la gloire bonne (belle)
ἐκράνθη	s'est accomplie
Εὐφάμου τε σόν τε,	et *la gloire* d'Euphémos et la tienne,
Περικλύμενε εὐρυβία.	Périclymène aux-vastes-forces.
Ἐξ Ἀπόλλωνος δὲ	Et *étant fils* d'Apollon
φορμικτὰς	le joueur-de-lyre
πατὴρ ἀοιδᾶν,	le père des chants,
Ὀρφεὺς εὐαίνητος,	Orphée bien-loué (fameux),
ἔμολεν.	vint *aussi*.
(Ἐπῳδὸς η′.)	(Épode VIII.)
Ἑρμᾶς δὲ χρυσόραπις	Et Mercure à-la-verge-d'or
πέμπεν	envoya
ἐπὶ πόνον ἄτρυτον	à *ce* travail indomptable
διδύμους υἱούς,	ses deux fils,
τὸν μὲν Ἐχίονα,	l'un Echion,
τὸν δὲ Ἔρυτον,	l'autre Érytos,
κεχλάδοντας ἥβᾳ.	*tous deux* luxuriants de jeunesse.
Ναιετάοντες	D'autres habitant
ἀμφὶ θεμέθλοις Παγγαίου	autour des bases du Pangée
ἔβαν ταχέως·	vinrent promptement ;
καὶ γὰρ ἑκὼν	et en effet de-bon-gré
θυμῷ γελανεῖ	d'un cœur riant (joyeux)
βασιλεὺς ἀνέμων Βορέας	le roi des vents Borée
πατὴρ	*leur* père
ἔντυνε θᾶσσον	équipa promptement
Ζήταν Κάλαίν τε,	Zétès et Calaïs,
ἄνδρας πεφρίκοντας ἄμφω	guerriers hérissés tous deux
νῶτα	sur *leurs* dos
πτεροῖσι πορφυρέοις.	d'ailes de-pourpre.
Ἥρα δὲ	Or Junon
πρόσδαιεν ἡμιθέοισι	allumait chez les demi-dieux
γλυκὺν πόθον	ce doux désir
παμπειθῆ	tout-à-fait persuasif (irrésistible)
(Στροφὴ θ′.)	(Strophe IX.)
ναὸς Ἀργοῦς,	du navire Argo,
μή τινα	ne *voulant* pas *que* quelqu'un *d'eux*
λειπόμενον	étant laissé
μένειν παρὰ ματρὶ	demeurer auprès de *sa* mère
πέσσοντα	faisant-cuire (consumant, passant)
τὰν αἰῶνα ἀκίνδυνον,	sa vie sans-dangers,

φάρμακον κάλλιστον ἑᾶς ἀρετᾶς ἅλιξιν εὑρέσθαι σὺν
    ἄλλοις ¹.

Ἐς δ' Ἰαωλκὸν ἐπεὶ κατέβα ναυτᾶν ἄωτος,   335
λέξατο πάντας ἐπαινήσαις Ἰάσων. Καί ῥά οἱ
190 μάντις ὀρνίχεσσι καὶ κλάροισι θεοπροπέων ἱεροῖς
Μόψος ἄμβασε στρατὸν πρόφρων. Ἐπεὶ δ' ἐμβόλου   340
κρέμασαν ἀγκύρας ὕπερθεν,

(Ἀντιστροφὴ θ'.)

χρυσέαν χείρεσσι λαβὼν φιάλαν
ἀρχὸς ἐν πρύμνᾳ ² πατέρ' Οὐρανιδᾶν ἐγχεικέραυνον
    Ζῆνα, καὶ ὠκυπόρους   345
195 κυμάτων ῥιπὰς ἀνέμων τ' ἐκάλει, νύκτας τε καὶ πόν-
    του κελεύθους
ἄματά τ' εὔφρονα καὶ φιλίαν νόστοιο μοῖραν·
ἐκ νεφέων δέ οἱ ἀντάϋσε βροντᾶς αἴσιον   350

acquérir avec les héros de leur âge une noble gloire, récompense de leurs travaux. Quand ces navigateurs, la fleur de la Grèce, furent arrivés à Iolcos, Jason les compte et loue leur ardeur. Bientôt le devin Mopsos, lisant la volonté des dieux dans le vol des oiseaux et dans les présages sacrés, fait embarquer la troupe sous d'heureux auspices. L'ancre est suspendue à l'éperon ;

(*Antistrophe IX.*)

tenant dans ses mains une coupe d'or, debout sur la poupe, le chef des héros invoque le père des habitants de l'Olympe, Jupiter Tonnant, et les flots rapides et les vents impétueux, et les nuits et les routes de la mer; il demande des jours propices et la faveur d'un heureux retour : du haut des airs la voix amie du tonnerre

ἀλλὰ	mais *que chacun d'eux*
καὶ ἐπὶ θανάτῳ	même au prix de la mort
εὑρέσθαι	trouver (obtenir)
σὺν ἄλλοις ἅλιξι	avec les autres *héros* du-même-âge
κάλλιστον φάρμακον	le plus beau remède
ἑᾶς ἀρετᾶς.	de sa vertu (de ses fatigues).
Ἐπεὶ δὲ ἄωτος ναυτᾶν	Et quand la fleur des nautonniers
κατέβα Ἰωλκόν,	fut arrivée à Iolcos,
Ἰάσων	Jason
ἐπαινήσαις πάντας	*les* ayant loués tous
λέξατο.	*les* compta.
Καί ῥα μάντις Μόψος	Et donc le devin Mopsos
θεοπροπέων οἱ	disant-les-volontés-des-dieux à lui
ὀρνίχεσσι	d'après les oiseaux
καὶ κλάροισιν ἱεροῖς	et les sorts (augures) sacrés
πρόφρων	bienveillant
ἄμβασε στρατόν.	fit-monter l'armée *sur le vaisseau*.
Ἐπεὶ δὲ	Et après que
κρέμασαν ἀγκύρας	ils eurent suspendu les ancres
ὕπερθεν ἐμβόλου,	au-dessus de l'éperon,
(Ἀντιστροφὴ θ'.)	(*Antistrophe* IX.)
λαβὼν χείρεσσι	ayant pris dans *ses* mains
φιάλαν χρυσέαν	une coupe d'-or
ἀρχὸς	le chef (Jason)
ἐν πρύμνᾳ	*se tenant* sur la poupe
ἐκάλει	invoquait
πατέρα Οὐρανιδᾶν	le père des habitants-du-ciel
Ζῆνα	Jupiter
ἐγχεικέραυνον,	qui-lance-la-foudre-comme-un-javelot,
καὶ ῥιπὰς ὠκυπόρους	et les élans au-trajet-rapide
κυμάτων ἀνέμων τε,	des flots et des vents,
νύκτας τε	et les nuits
καὶ κελεύθους πόντου	et les routes de la mer
ἄματά τε εὔφρονα	et les jours bienveillants (propices)
καὶ μοῖραν φιλίαν	et le lot (la chance) favorable
νόστοιο·	du retour;
φθέγμα δὲ αἴσιον	et la voix de-bon-augure
βροντᾶς	du tonnerre
ἀντάϋσέν οἱ	répondit à lui
ἐκ νεφέων·	des nuages;

φθέγμα· λαμπραὶ δ' ἦλθον ἀκτῖνες στεροπᾶς ἀπορη-
γνύμεναι ¹.
Ἀμπνοὰν δ' ἥρωες ἔστασαν ² θεοῦ σάμασιν   355
200 πιθόμενοι· κάρυξε δ' αὐτοῖς

(Ἐπῳδὸς θ'.)

ἐμβαλεῖν κώπαισι τερασκόπος ἀδείας ἐνίπτων ³ ἐλ-
πίδας·
εἰρεσία δ' ὑπεχώρησεν ταχειᾶν ἐκ παλαμᾶν ἄκορος. 360
Σὺν Νότου δ' αὔραις ἐπ' Ἀξείνου ⁴ στόμα πεμπόμενοι
ἤλυθον· ἔνθ' ἁγνὸν Ποσειδάωνος ἕσσαντ' εἰναλίου τέ-
μενος,
205 φοίνισσα δὲ Θρηϊκίων ἀγέλα ταύρων ὑπᾶρχεν   365
καὶ νεόκτιστον λίθων βωμοῖο θέναρ ⁵.
Ἐς δὲ κίνδυνον βαθὺν ἱέμενοι δεσπόταν λίσσοντο
ναῶν ⁶,

(Στροφὴ ι'.)

συνδρόμων κινηθμὸν ἀμαιμάκετον   370
ἐκφυγεῖν πετρᾶν ⁷. Δίδυμαι γὰρ ἔσαν ζωαί, κυλινδέ-
σκοντό τε κραιπνότεραι

répond à ses vœux; l'éclair brille et déchire la nue. Les héros sentent grandir leur courage: ils ont foi dans les signes du dieu. Alors le devin

(*Épode IX.*)

leur commande de se courber sur la rame, et leur inspire de douces espérances; leurs mains infatigables font voguer rapidement le navire. Poussés par les brises du Notos, ils arrivent aux bouches de la mer inhospitalière; là ils tracent une enceinte sacrée en l'honneur de Neptune le roi des flots; car ils avaient rencontré un troupeau fauve de taureaux de Thrace et les fondements récents d'un autel de pierre. Exposés à un danger terrible, ils supplient le maître des navires

(*Strophe X.*)

de les dérober au choc effroyable de ces roches qui viennent se heurter. C'étaient deux écueils vivants, et ils roulaient plus rapides

ἀκτῖνες δὲ λαμπραὶ στεροπᾶς	et les rayons éclatants de l'éclair
ἦλθον	vinrent
ἀπορηγνύμεναι.	s'élançant-en-crevant-*la-nue*.
Ἥρωες δὲ	Et les héros
ἔστασαν ἄμπνοὰν	établirent *leur* respiration (respirè-
πιθόμενοι σάμασι θεοῦ ·	ayant-foi aux signes du dieu ; [rent)
τερασκόπος δὲ	et l'observateur (interprète)-des-pro-
(Ἐπῳδὸς θ'.)	(*Épode IX.*) [diges
κάρυξεν αὐτοῖς	proclama (ordonna) à eux
ἐμβαλεῖν κώπαισιν	de se jeter (s'appuyer)-sur les rames
ἐνίπτων	*leur* annonçant
ἀδείας ἐλπίδας ·	de douces espérances ;
εἰρεσία δὲ	et la manœuvre-de-la-rame
ὑπεχώρησεν ἄκοπος	succéda infatigable
ἐκ παλαμᾶν ταχειᾶν.	de *leurs* mains rapides.
Πεμπόμενοι δὲ	Et envoyés (poussés)
σὺν κύραις Νότου	avec (par) les brises du Notos
ἤλυθον	ils vinrent (arrivèrent)
ἐπὶ στόμα Ἀξείνου ·	à l'embouchure de l'Euxin ;
ἔνθα ἔσσαντο	là ils assirent (fondèrent)
τέμενος ἁγνὸν	une enceinte-sacrée pure
Ποσειδάωνος εἰναλίου,	de Neptune des-mers,
ἀγέλα δὲ φοίνισσα	et un troupeau fauve
ταύρων Θρηϊκίων	de taureaux de-Thrace
ὑπᾶρχε	se présenta *à eux*
καὶ θέναρ λίθων	et le creux de pierres (en pierre)
νεόκτιστον	nouvellement-fondé
βωμοῖο.	d'un autel.
Ἱέμενοι δὲ	Mais lancés (jetés)
ἐς κίνδυνον βαθὺν	dans un danger profond
λίσσοντο	ils demandèrent-avec-supplications
δεσπόταν ναῶν,	au maître des vaisseaux,
(Στροφὴ ι'.)	(*Strophe X.*)
ἐκφυγεῖν	d'échapper
κινηθμὸν ἀμαιμάκετον	au mouvement invincible (violent)
πετρᾶν	de roches
συνδρόμων.	qui-se-heurtent-en-courant.
Ἔσαν γὰρ δίδυμαι	Car elles étaient de doubles (deux) ro-
ζωαί,	vivantes. [*ches*
κυλινδέσκοντό τε	et elles roulaient

210 ἢ βαρυγδούπων ἀνέμων στίχες· ἀλλ' ἤδη τελευτὰν
κεῖνος αὐταῖς
ἡμιθέων πλόος ἄγαγεν ¹. Ἐς Φᾶσιν δ' ἔπειτεν   375
ἤλυθον· ἔνθα κελαινώπεσσι Κόλχοισιν βίαν
μῖξαν ² Αἰήτᾳ παρ' αὐτῷ. Πότνια δ' ὀξυτάτων βε-
λέων ³   380
ποικίλαν ἴυγγα ⁴ τετράκναμον Οὐλυμπόθεν
215 ἐν ἀλύτῳ ζεύξαισα κύκλῳ

(Ἀντιστροφὴ ι'.)

μαινάδ' ὄρνιν Κυπρογένεια φέρεν
πρῶτον ἀνθρώποισι, λιτάς τ' ἐπαοιδὰς ἐκδιδάσκησεν
σοφὸν Αἰσονίδαν·   385
ὄφρα Μηδείας τοκέων ἀφέλοιτ' αἰδῶ ⁵, ποθεινὰ δ' Ἑλ-
λὰς αὐτὰν
ἐν φρασὶ καιομέναν δονέοι μάστιγι Πειθοῦς ⁶.   390
220 Καὶ τάχα πείρατ' ἀέθλων ⁷ δείκνυεν πατρωΐων·

que la troupe bruyante des vents; mais bientôt l'arrivée des demi-dieux leur apporte la mort. Ils entrent enfin dans le Phase, et, dans le royaume même d'Éétès, font l'essai de leur force contre les noirs habitants de Colchos. Alors la reine de Cypre, la déesse aux traits subtils, attache à son char par des nœuds solides une bergerette aux mille couleurs,

(Antistrophe X.)

descend de l'Olympe, apportant pour la première fois aux mortels l'oiseau du délire, et enseigne au sage fils d'Éson des enchantements et des prières, pour qu'il bannît du cœur de Médée l'amour pieux de la famille, et que le désir de la Grèce agitât son âme enflammée sous le fouet de Pitho. Bientôt Médée l'instruit à sortir victorieux des

κραιπνότεραι	plus rapides (impétueuses)
ἢ στίχες ἀνέμων	que les lignes (bataillons) des vents
βαρυδούπων·	au-bruit-terrible ;
ἀλλὰ ἤδη	mais déjà
κεῖνος πλόος ἡμιθέων	cette navigation des demi-dieux
ἄγαγεν αὐταῖς τελευτάν.	amena à elles la fin (la mort).
Ἔπειτεν δὲ	Et ensuite
ἤλυθον ἐς Φᾶσιν·	ils arrivèrent dans le Phase,
ἔνθα μῖξαν βίαν	là ils mêlèrent *leur* force (combatti-
Κόλχοισι	avec les Colchidiens [rent)
κελαινώπεσσι	au-noir-visage
παρὰ Αἰήτᾳ αὐτῷ.	chez Éétès même.
Πότνια δὲ	Et l'auguste-maîtresse
βελέων ὀξυτάτων	de traits fort-aigus
ζεύξαισα	ayant attelé (attaché)
ἴυγγα	la bergeronnette
ποικίλαν	aux-diverses-couleurs
τετράκναμον	*liée*-aux-quatre-jantes
ἐν κύκλῳ	dans (à) un cercle (une roue)
ἀλύτῳ	dont-on-ne-peut-se-détacher
Κυπρογένεια	la *déesse* née-à-Cypre
(Ἀντιστροφὴ ιʹ.)	(*Antistrophe X.*)
φέρε πρῶτον	apporta pour la première *fois*
Οὐλύμποθεν	de l'Olympe
ἀνθρώποισιν	aux hommes
ὄρνιν μαινάδα,	l'oiseau en-délire,
ἐκδιδάσκησέ τε	et enseigna
σοφὸν Αἰσονίδαν	au sage fils-d'Éson (à Jason)
ἐπαοιδὰς λιτάς·	les enchantements faits-avec-prières ;
ὄφρα	afin que
ἀφέλοιτο Μηδείας	il enlevât (fît perdre) à Médée
αἰδῶ τοκέων,	le respect de *ses* parents,
Ἑλλὰς δὲ ποθεινὰ	et que la Grèce désirée *par elle*
δονέοι	agitât
μάστιγι Πειθοῦς·	par le fouet de la Persuasion
αὐτὰν καιομέναν	elle brûlée (enflammée)
ἐν φρασί.	dans *son* cœur.
Καὶ τάχα	Et bientôt
δείκνυε πείρατα	elle *lui* fit-voir le terme
ἀέθλων πατρωΐων·	des combats (épreuves) paternelles,

σὺν δ' ἐλαίῳ φαρμακώσαισ' ἀντίτομα στερεᾶν ὀδυνᾶν
δῶκε χρίεσθαι. Καταίνησάν τε κοινὸν γάμον 395
γλυκὺν ἐν ἀλλάλοισι μῖξαι.

(Ἐπῳδὸς ι'.)

Ἀλλ' ὅτ' Αἰήτας ἀδαμάντινον ἐν μέσσοις ἄροτρον
σκίμψατο
225 καὶ βόας, οἳ φλόγ' ἀπὸ ξανθᾶν γενύων πνεῦν καιομέ-
νοιο πυρός, 400
χαλκέαις δ' ὁπλαῖς ἀράσσεσκον χθόν' ἀμειβόμενοι·
τοὺς ἀγαγὼν ζεύγλα πέλασσεν μοῦνος. Ὀρθὰς δ' αὔ-
λακας ἐντανύσαις 405
ἤλαυν', ἀνὰ βωλακίας δ' ὀρόγυιαν¹ σχίζε νῶτον
γᾶς. Ἔειπεν δ' ὧδε· « Τοῦτ' ἔργον βασιλεύς,
230 ὅστις ἄρχει ναός, ἐμοὶ τελέσαις ἄφθιτον στρωμνὰν
ἀγέσθω, 410

(Στροφὴ ια'.)

κῶας αἰγλᾶεν χρυσέῳ θυσάνῳ². »
Ὣς ἄρ' αὐδάσαντος ἀπὸ κρόκεον ῥίψαις Ἰάσων εἷμα
θεῷ πίσυνος

épreuves de son père; elle prépare avec de l'huile un baume salutaire contre les plus terribles douleurs, et le donne à l'étranger. Tous deux font serment de s'unir par les doux liens de l'hymen.

(*Épode X.*)

Cependant, au milieu des guerriers, Éétès arrête sa charrue d'acier, et ses bœufs, qui soufflent des torrents de feu de leurs narines en flammes et tour à tour creusent la terre de leurs pieds d'airain; seul il les conduit et les place sous le joug. Puis il les presse, et, traçant de droits sillons, il soulève la glèbe et fend le sein de la terre à la profondeur d'une brasse. Alors il s'écrie : « Que le roi, que « le chef de ce navire achève mon ouvrage, et qu'il emporte l'im- « mortelle dépouille,

(*Strophe XI.*)

« l'éclatante toison aux franges d'or. » Il dit; Jason jette son manteau de pourpre et se met à l'œuvre, confiant dans le dieu : le

φαρμακώσαισα δὲ	et ayant préparé
σὺν ἐλαίῳ	avec de l'huile
ἀντίτομα στερεᾶν ὀδυνᾶν	des remèdes de rudes douleurs
δῶκε χρίεσθαι.	elle *les lui* donna pour s'*en* oindre.
Καταίνησάν τε	Et ils promirent
μῖξαι ἐν ἀλλάλοισι	de mêler (former) l'un avec l'autre
γλυκὺν γάμον κοινόν.	un doux mariage commun.
(Ἐπῳδὸς ιʹ.)	(*Épode X.*)
Ἀλλὰ ὅτε Αἰήτας	Mais lorsque Éétès
σκίμψατο	eut appuyé (placé)
ἐν μέσσοις	au milieu des *Argonautes*
ἄροτρον ἀδαμάντινον	*sa* charrue d'-acier
καὶ βόας,	et *ses* bœufs,
οἳ πνεῦν	qui soufflaient
ἀπὸ γενύων ξανθᾶν	de *leurs* mâchoires (naseaux) fauves
φλόγα πυρὸς καιομένοιο	la flamme d'un feu qui brûlait,
ἀμειβόμενοι δὲ	et échangeant (tour à tour)
ἀράσσεσκον χθόνα	frappaient la terre
ὁπλαῖς χαλκέαις·	de *leurs* sabots d'-airain ;
ἀγαγὼν τοὺς	ayant conduit eux
μοῦνος πέλασσε ζεύγλᾳ.	seul il *les* approcha du joug.
Ἤλαυνε δὲ	Et il *les* poussa
ἐντανύσαις	ayant tendu (traçant)
αὔλακας ὀρθάς,	des sillons droits,
ἀνὰ δὲ ὀρόγυιαν	et à la profondeur d'une brasse
σχίζε νῶτον	il fendit le dos
γᾶς βωλακίας.	de la terre qui-forme-des-mottes.
Ἔειπε δὲ ὧδε·	Et il parla ainsi :
« Βασιλεύς,	« Que le roi,
ὅςτις ἄρχει ναός,	quiconque commande au vaisseau,
τελέσαις ἐμοὶ τοῦτο ἔργον	ayant accompli à moi ce travail
ἀγέσθω στρωμνὰν	emmène la couverture (dépouille)
ἄφθιτον,	impérissable,
(Στροφὴ ιαʹ.)	(*Strophe XI.*)
κῶας	toison
αἰγλᾶεν θυσάνῳ χρυσέῳ. »	brillante d'une frange d'-or. »
Αὐδάσαντος ἄρα ὥς,	*Lui* ayant parlé donc ainsi,
Ἰάσων	Jason
ἀποῤῥίψαις εἷμα κρόκεον	ayant rejeté *son* manteau de-safran
πίσυνος θεῷ	confiant en dieu

εἴχετ' ἔργου· πῦρ δέ νιν οὐκ ἐόλει παμφαρμάκου ξείνας¹ ἐφετμαῖς. 415

Σπασσάμενος δ' ἄροτρον, βοέους δήσαις ἀνάγκᾳ
235 ἔντεσιν αὐχένας ἐμβάλλων τ' ἐριπλεύρῳ φυᾷ
κέντρον αἰανὲς βιατὰς ἐξεπόνασ' ἐπίτακτον ἀνὴρ 420
μέτρον. Ἴυξεν δ' ἀφωνήτῳ περ ἔμπας ἄχει
δύνασιν Αἰήτας ἀγασθείς².

(Ἀντιστροφὴ ια'.)

Πρὸς δ' ἑταῖροι καρτερὸν ἄνδρα φίλας 425
240 ὤρεγον χεῖρας, στεφάνοισί τέ μιν ποίας ἔρεπτον, μειλιχίοις τε λόγοις
ἀγαπάζοντ'. Αὐτίκα δ' Ἀελίου θαυμαστὸς υἱὸς δέρμα λαμπρὸν
ἔννεπεν, ἔνθα νιν ἐκτάνυσαν Φρίξου μάχαιραι· 430
ἤλπετο δ' οὐκέτι οἱ κεῖνόν γε πράξεσθαι πόνον.

feu ne l'effraye point; il est instruit par l'habile étrangère. Il tire la charrue, fait sentir sa force aux taureaux, enchaîne leurs cous, et enfonçant dans leurs vastes flancs l'aiguillon douloureux, le héros puissant parcourt l'espace qui lui est prescrit. Dans sa douleur muette, Eétès ne peut retenir un cri d'admiration que lui arrache cette mâle vigueur

(*Antistrophe XI.*)

Les compagnons du robuste guerrier tendent vers lui des mains amies, ombragent son front de vertes couronnes, et l'accueillent avec de douces paroles. Aussitôt le glorieux fils du Soleil montre à Jason la place où le glaive de Phrixos a déployé la riche toison; il espère que le héros ne triomphera pas de cette seconde épreuve. La dépouille était suspendue dans une forêt, et retenue par la gueule dévo-

εἴχετο ἔργου·	se mit à l'ouvrage ;
πῦρ δὲ	et le feu
οὐκ ἐόλει νιν	ne troubla pas lui
ἐφετμαῖς	d'après les instructions
ξείνας	de l'étrangère
παμφαρμάκου.	aux-mille-poisons.
Σπασσάμενος δὲ ἄροτρον,	Et ayant tiré la charrue,
δήσαις	ayant enchaîné
ἀνάγκᾳ	par la nécessité (contrainte)
ἔντεσιν	avec des harnais (courroies)
αὐχένας βοέους	les cous des-bœufs
ἐμβάλλων τε	et appliquant
φυᾷ ἐριπλεύρῳ	à *leur* forme (corps) aux-vastes-flancs
κέντρον αἰανὲς	l'aiguillon douloureux
ἀνὴρ βιατὰς	l'homme (le héros) robuste
ἐξεπόνασε	accomplit-avec-travail
μέτρον ἐπιτακτόν.	la mesure prescrite.
Αἰήτας δὲ	Et Éétès
ἄχει περ ἀφωνήτῳ	quoique dans une douleur sans-voix
ἴυξεν ἔμπας,	poussa-un-cri cependant
ἀγασθεὶς δύνασιν.	ayant admiré la puissance *de Jason.*
(Ἀντιστροφὴ ια΄.)	(*Antistrophe XI.*)
Ἑταῖροι δὲ	Et *ses* compagnons
ὤρεγον	tendirent
πρὸς ἄνδρα καρτερὸν	vers l'homme (le héros) vigoureux
χεῖρας φίλας,	des mains amies,
ἔρεπτόν τέ μιν	et couvrirent lui
στεφάνοισι ποίας,	de couronnes de verdure,
ἀγαπάζοντό τε	et *l'*accueillirent
λόγοις	avec des paroles
μειλιχίοις.	douces-comme-le-miel.
Αὐτίκα δὲ	Et aussitôt
Διὸς θαυμαστὸς Ἀελίου	le fils admirable du Soleil
ἔννεπε	dit (indiqua) *à Jason*
δέρμα λαμπρόν,	la toison brillante,
ἔνθα μάχαιραι Φρίξου	où les glaives de Phrixos
ἐκτάνυσάν νιν ·	avaient étendu elle ;
ἤλπετο δὲ	mais il espérait
οὐκέτι πράξασθαί οἱ	*Jason* ne pouvoir plus accomplir à lui
κεῖνόν γε πόνον.	ce travail du moins.

Κεῖτο γὰρ λόχμᾳ, δράκοντος δ' εἴχετο λαβροτατᾶν
γενύων, 435
245 ὃς πάχει μάκει τε πεντηκόντορον ναῦν κράτει,
τέλεσαν ἂν πλαγαὶ σιδάρου ¹.

(Ἐπῳδὸς ια'.)

Μακρά μοι ² νεῖσθαι κατ' ἀμαξιτόν · ὥρα γὰρ συν-
άπτει ³ · καί τινα 440
οἶμον ἴσαμι βραχύν ⁴ · πολλοῖσι δ' ἅγημαι σοφίας ⁵
ἑτέροις.

Κτεῖνε ⁶ μὲν γλαυκῶπα τέχναις ποικιλόνωτον ὄφιν,
250 ὦ 'ρκεσίλα, κλέψεν τε Μήδειαν σὺν αὐτᾷ, τὰν Πε-
λίαο φόνον ⁷ · 445
ἔν τ' Ὠκεανοῦ πελάγεσσι μίγεν ⁸ πόντῳ τ' Ἐρυθρῷ
Λαμνιᾶν τ' ἔθνει γυναικῶν ἀνδροφόνων ⁹ ·
ἔνθα καὶ γυίων ἀέθλοις ἐπεδείξαντο κρίσιν ἐσθᾶτος
ἀμφίς ¹⁰, 450

rante d'un dragon qui surpassait en largeur et en longueur une galère à cinquante rames, façonnée par le tranchant du fer.

(*Épode XI.*)

La route des chars retarderait mon retour, et déjà le temps me presse ; mais je connais un sentier plus court ; mon habileté surpasse celle de bien des rivaux. Par son adresse, ô Arcésilas, Jason tua le dragon aux yeux verts, à la croupe tachetée ; il enleva Médée d'accord avec elle, Médée la meurtrière de Pélias ; ils pénétrèrent dans les plaines liquides de l'Océan, dans la mer Érythrée, chez les femmes de Lemnos, qui venaient de massacrer leurs époux ; là, ils célébrèrent des luttes et des jeux dont un vêtement était le prix,

Κεῖτο γὰρ	Car *la toison* était placée
λόχμᾳ,	dans un bois,
εἴχετο δὲ	et elle était tenue
γενύων λαβροτατᾶν	par les mâchoires très-avides
δράκοντος,	d'un dragon,
ὃς κράτει	qui surpassait
πάχει μάκει τε	en largeur et en longueur
ναῦν πεντηκόντορον,	un navire aux-cinquante-rames,
ἂν πλαγαὶ σιδάρου	que les coups du fer
τέλεσαν.	ont accompli (façonné).
(Ἐπῳδὸς ια'.)	(Épode XI.)
Μακρά μοι	Il serait long pour moi
νεῖσθαι	de revenir
κατὰ ἀμαξιτόν·	par la route-des-chars (le grand chemin);
ὥρα γὰρ	car l'heure (le temps)
συνάπτει·	touche-à-sa-fin ;
καὶ ἴσαμι	et je sais (je connais)
τινὰ οἶμον βραχύν·	un certain sentier court ;
ἄγημαι δὲ σοφίας	car je suis-un-chef (maître) d'habileté
πολλοῖσιν ἑτέροις.	pour beaucoup d'autres.
Κτεῖνε μὲν τέχναις	Il tua par *ses* artifices
ὄφιν	le serpent (dragon)
γλαυκῶπα	aux-yeux-glauques
ποικιλόνωτον,	au-dos-tacheté,
ὦ Ἀρκεσίλα,	ô Arcésilas,
κλέψε τε Μήδειαν	et déroba (enleva) Médée
σὺν αὐτᾷ,	avec elle-même (de son plein gré),
τὰν φόνον Πελίαο·	*Médée* la meurtrière de Pélias ;
μίγεν τε	et ils se mêlèrent (entrèrent)
ἐν πελάγεσσιν	et dans les espaces-liquides (les plaines)
Ὠκεανοῦ	de l'Océan
πόντῳ τε Ἐρυθρῷ	et dans la mer Rouge
ἔθνει τε	et dans la nation
γυναικῶν Λαμνιᾶν	des femmes Lemniennes
ἀνδροφόνων·	meurtrières-de-leurs-époux ;
ἔνθα καὶ	où aussi
ἐπεδείξαντο	ils firent-voir (donnèrent)
κρίσιν	un jugement (une lutte)
ἀέθλοις γυίων	pour les combats des membres
ἀμφὶς ἐσθᾶτος,	au sujet d'un vêtement,

ΠΥΘΙΟΝΙΚΑΙ Δ'.

(Στροφὴ ιβ'.)

καὶ συνεύνασθεν. Καὶ ἐν ἀλλοδαπαῖς
255 σπέρμ' ἀρούραις τουτάκις ὑμετέρας ἀκτῖνος ὄλβου δέ-
ξατο μοιρίδιον
ἆμαρ ἢ νύκτες [1]. Τόθι γὰρ γένος Εὐφάμου φυτευθὲν
λοιπὸν αἰεὶ   455
τέλλετο [2]· καὶ Λακεδαιμονίων μιχθέντες ἀνδρῶν
ἤθεσι τάν ποτε Καλλίσταν ἀπῴκησαν χρόνῳ   460
νᾶσον [3]· ἔνθεν δ' ὔμμι Λατοίδας ἔπορεν Λιβύας πεδίον
260 σὺν θεῶν τιμαῖς [4] ὀφέλλειν, ἄστυ χρυσοθρόνου
διανέμειν θεῖον Κυράνας [5]   465

(Ἀντιστροφὴ ιβ'.)

ὀρθόβουλον μῆτιν ἐφευρομένοις.
Γνῶθι νῦν τὰν Οἰδιπόδα σοφίαν [6]. Εἰ γάρ τις ὄζους
ὀξυτόμῳ πελέκει
ἐξερείψαι μὲν μεγάλας δρυός, αἰσχύνοι δέ οἱ θαητὸν
εἶδος·   470
265 καὶ φθινόκαρπος ἐοῖσα διδοῖ ψᾶφον περ' αὑτᾶς,

(Strophe XII.)

et s'unirent aux Lemniades. C'est ainsi que dans des champs étrangers le destin avait marqué le jour ou les nuits qui virent briller les premiers rayons de votre bonheur. C'est là que parut la race immortelle d'Euphémos ; ses descendants vinrent partager les demeures des héros lacédémoniens, et plus tard occupèrent l'île que l'on nomma autrefois Calliste ; c'est de là que le fils de Latone vous envoya dans les plaines de la Libye, pour être, sous les auspices des dieux, les bienfaiteurs de cette contrée, et gouverner la divine cité de Cyrène au trône d'or

(Antistrophe XII.)

par les conseils d'une infaillible sagesse. Maintenant puisses-tu avoir la pénétration d'OEdipe! Si le tranchant de la cognée abat les rameaux d'un vaste chêne et dégrade son admirable beauté, l'arbre devenu stérile rend encore témoignage de lui-même, quand le feu de

(Στροφὴ ιβ'.)   (Strophe XII.)
καὶ συνεύνασθεν.   et s'unirent *aux Lemniennes.*
Καὶ τουτάκις   Et alors
ἐν ἀρούραις ἀλλοδαπαῖς   dans des champs étrangers
ἆμαρ μοιρίδιον   le jour marqué-par-le-destin
ἢ νύκτες   ou les nuits
δέξατο σπέρμα   a (ont) reçu la semence
ὑμετέρας ἀκτῖνος ὄλβου.   de votre rayon (éclat) de bonheur.
Γένος γὰρ Εὐφάμου   Car la race d'Euphémos
φυτευθὲν τόθι   engendrée là
τέλλετο   s'est levée
λοιπὸν αἰεί·   pour le reste *du temps* toujours ;
καὶ μιχθέντες ἤθεσιν   et mêlés aux (partageant les) demeures
ἀνδρῶν Λακεδαιμονίων   des hommes Lacédémoniens
ἀπώκησαν χρόνῳ   ils émigrèrent avec le temps
τὰν νᾶσον   dans l'île
ποτὲ Καλλίσταν·   *appelée* autrefois Calliste ;
ἔνθεν δὲ Λατοΐδας   et de là le fils-de-Latone
ἔπορεν ὔμμι   donna à vous
πεδίον Λιβύας   la plaine (le sol) de Libye
ὀφέλλειν   à faire-grandir
σὺν τιμαῖς   avec les honneurs (la faveur)
θεῶν,   des dieux,
ἐφευρομένοις   à *vous* ayant trouvé
διανέμειν   pour administrer (gouverner)
ἄστυ θεῖον Κυράνας   la ville divine de Cyrène
χρυσοθρόνου   au-trône-d'or

(Ἀντιστροφὴ ιβ'.)   (Antistrophe XII.)
μῆτιν   une sagesse
ὀρθόβουλον.   aux-conseils-droits (sensés).
Γνῶθι νῦν   Connais (possède) à présent
τὰν σοφίαν Οἰδιπόδα.   la sagesse d'OEdipe.
Εἰ γάρ τις ἐξερείψαι μὲν   Car si quelqu'un abattait
πελέκει ὀξυτόμῳ   avec une hache au-tranchant-acéré
ὄζους μεγάλας δρυός,   les branches d'un grand chêne,
αἰσχύνοι δέ οἱ   et dégradait à lui
εἶδος θαητόν·   *sa* forme (beauté) admirable ;
καὶ ἐοῖσα φθινόκαρπος   même étant stérile-de-fruits
διδοῖ ψᾶφον   il donne un suffrage (rend témoigna-
περὶ αὐτᾶς,   sur lui-même,   [ge)

εἴ ποτε χειμέριον πῦρ ἐξίκηται λοίσθιον·
ἢ σὺν ὀρθαῖς κιόνεσσιν δεσποσύναισιν ἐρειδομένα   475
μόχθον ἄλλοις ἀμφέπει δύστανον ἐν τείχεσιν,
ἑὸν ἐρημώσαισα χῶρον.

(Ἐπῳδὸς ιβ'.)

270 Ἐσσὶ δ' ἰατὴρ ἐπικαιρότατος, Παιάν τέ σοι τιμᾷ
  φάος [1].   480
Χρὴ μαλακὰν χέρα προςβάλλοντα τρώμαν ἕλκεος
  ἀμφιπολεῖν.
Ῥάδιον μὲν γὰρ πόλιν σεῖσαι καὶ ἀφαυροτέροις·   485
ἀλλ' ἐπὶ χώρας αὖτις ἕσσαι δυσπαλὲς δὴ γίγνεται,
  ἐξαπίνας
εἰ μὴ θεὸς ἁγεμόνεσσι κυβερνατὴρ γένηται.
275 Τὶν δὲ τούτων ἐξυφαίνονται χάριτες [2].   490
Τλᾶθι τᾶς εὐδαίμονος ἀμφὶ Κυράνας [3] θέμεν σπουδὰν
  ἅπασαν.

(Στροφὴ ιγ'.)

Τῶν δ' Ὁμήρου καὶ τόδε συνθέμενος

la tempête vient le frapper, ou que, appuyé sur de hautes colonnes il soutient un poids immense dans le palais d'un maître étranger, laissant une place vide dans la forêt.

(*Épode XII.*)

Tu es le médecin que ces temps réclament, et Péan comble tes jours d'honneurs. Il faut une main légère à la plaie encore saignante. Il est aisé d'ébranler une cité, le plus faible en a le pouvoir ; mais de la rasseoir sur ses bases, c'est là une rude tâche, si un dieu ne vient diriger les efforts des rois. Ce rôle glorieux est ton partage. Ose consacrer tous tes soins au bonheur de Cyrène.

(*Strophe XIII.*)

Grave dans ton cœur et médite cette parole d'Homère : « Un bon

εἴ ποτε πῦρ χειμέριον	si un jour un feu de-tempête
λοίσθιον	venant-à-la-fin
ἐξίκηται·	est arrivé *contre lui*;
ἢ ἐρειδομένα	ou si étant étayé (dressé)
σὺν κιόνεσσι δεσποσύναισιν	avec les colonnes d'un maître
ὀρθαῖς	droites (debout)
ἀμφέπει	il soigne (supporte)
μόχθον δύστανον	une fatigue malheureuse
ἐν τείχεσιν	dans des murs (un palais)
ἄλλοις,	autre (étranger),
ἐρημώσαισα ἑὸν χῶρον.	ayant laissé-vide sa place.
(Ἐπῳδὸς ιβ'.)	(*Épode XII*.)
Ἐσσὶ δὲ ἰατὴρ	Or tu es le médecin
ἐπικαιρότατος,	le plus opportun,
Παιάν τε	et Péan
τιμᾷ σοι φάος.	honore à toi la lumière (ta vie).
Χρὴ προσβάλλοντα	Il faut approchant
χέρα μαλακὰν	une main douce
ἀμφιπολεῖν τρώμαν	soigner la blessure
ἕλκεος.	de la plaie.
Ῥᾴδιον μὲν γὰρ	*Il est facile à la vérité en effet*
καὶ ἀφαυροτέροις	même à ceux plus débiles *que d'au-*
σεῖσαι πόλιν·	d'agiter une ville; [*tres*
ἀλλὰ γίγνεται δὴ	mais il devient assurément
δυσπαλὲς	d'une-lutte (d'un travail)-difficile
ἕσσαι αὖτις	de *l'*asseoir de nouveau (la remettre)
ἐπὶ χώρας,	en place,
εἰ θεὸς	si un dieu
μὴ γένηται αὐτίκα κυβερνατὴρ	ne devient pas aussitôt pilote (guide)
ἀγεμόνεσσι.	aux chefs (rois).
Χάριτες δὲ τούτων	Or les faveurs de ces *soins*
ἐξυφαίνονταί τιν.	s'ourdissent (se préparent) pour toi.
Τλᾶθι	Endure de (ose)
θέμεν ἅπασαν σπουδὰν	placer (consacrer) tout *ton* soin
ἀμφὶ τᾶς Κυράνας	autour de (à) Cyrène
εὐδαίμονος.	*pour qu'elle soit* heureuse.
(Στροφὴ ιγ'.)	(*Strophe XIII.*)
Συνθέμενος	Te *l'*étant mise-dans-l'esprit
πόρσυνε	soigne (examine, médite)
καὶ τόδε ῥῆμα	aussi cette parole

ΠΥΘΙΟΝΙΚΑΙ Δ'.

ῥῆμα πόρσυν᾿· ἄγγελον ἐσλὸν ἔφα᾿ τιμὰν μεγίσταν
πράγματι παντὶ φέρειν ¹.   495
Αὔξεται καὶ Μοῖσα δι᾿ ἀγγελίας ὀρθᾶς. Ἐπέγνω μὲν
Κυράνα
280 καὶ τὸ κλεεννότατον μέγαρον Βάττου ² δικαιᾶν
Δαμοφίλου πραπίδων. Κεῖνος γὰρ ἐν παισὶν νέος,   500
ἐν δὲ βουλαῖς πρέσβυς ἐγκύρσαις ἑκατονταετεῖ βιοτᾷ ³,
ὀρφανίζει μὲν κακὰν γλῶσσαν φαεννᾶς ὀπός ⁴,   505
ἔμαθε δ᾿ ὑβρίζοντα μισεῖν,

(Ἀντιστροφὴ ιγ'.)

285 οὐκ ἐρίζων ἀντία τοῖς ἀγαθοῖς,
οὐδὲ μακύνων τέλος οὐδέν ⁵. Ὁ γὰρ καιρὸς πρὸς ἀν-
θρώπων βραχὺ μέτρον ἔχει.
Εὖ νιν ἔγνωκεν· θεράπων δέ οἱ, οὐ δράστας ὀπαδεῖ ⁶.
Φαντὶ δ᾿ ἔμμεν   510
τοῦτ᾿ ἀνιαρότατον, καλὰ γιγνώσκοντ᾿ ἀνάγκᾳ
ἐκτὸς ἔχειν πόδα ⁷. Καὶ μὰν κεῖνος Ἄτλας οὐρανῷ   515

messager honore une cause. » La muse aussi s'honore par un noble message. Cyrène et l'illustre maison de Battos connaissent la loyauté de Démophile. Jeune parmi les jeunes gens, et dans les conseils semblable à un vieillard qui aurait vu cent années, il impose silence aux clameurs de la calomnie; il sait haïr les méchants,

(*Antistrophe XIII.*)

ne lutte jamais contre l'homme de bien, et ne couve point de longs projets. L'occasion, parmi les hommes, n'a qu'une courte durée. Il le sait, et il la suit en serviteur intelligent, jamais en vil esclave. Le plus cruel des maux, dit-on, c'est de connaître le séjour du bonheur, et d'en être banni par la nécessité. Ainsi, comme un autre Atlas,

τῶν Ὁμήρου·	des vers d'Homère :
ἔρα ἐσλὸν ἄγγελον	il disait un bon messager
φέρειν παντὶ πράγματι	apporter à toute affaire
μεγίσταν τιμάν.	un très-grand honneur.
Καὶ Μοῖσα αὔξεται	La Muse aussi grandit (s'honore)
διὰ ἀγγελίας ὀρθᾶς.	par un message droit.
Κυράνα μὲν	Cyrène
καὶ τὸ μέγαρον κλεεννότατον	et le palais très-illustre
Βάττου	de Battos
ἐπέγνω	ont reconnu
πραπίδων δικαιᾶν Δαμοφίλου.	le cœur juste de Démophile.
Κεῖνος γὰρ	Car celui-ci
νέος ἐν παισίν,	jeune parmi les jeunes-gens,
ἐν δὲ βουλαῖς	et dans les conseils
πρέσβυς	vieillard (semblable à un vieillard)
ἐγκύρσαις βιοτᾷ	qui a rencontré (obtenu) une vie
ἑκατονταετεῖ,	de-cent-années,
ὀρφανίζει μὲν	prive
κακὰν γλῶσσαν	la mauvaise langue (la calomnie)
ὀπὸς φαεννᾶς,	d'une voix éclatante,
ἔμαθε δὲ μισεῖν	et a appris à haïr
ὑβρίζοντα,	celui qui outrage (le méchant),
(Ἀντιστροφὴ ιγ'.)	(Antistrophe XIII.)
οὐκ ἐρίζων	ne disputant pas
ἀντία τοῖς ἀγαθοῖς,	d'une-manière-contraire aux bons,
οὐδὲ μακύνων	et n'allongeant (ne différant)
οὐδὲν τέλος.	aucun accomplissement *de projets.*
Ὁ γὰρ καιρὸς	Car l'occasion
πρὸς ἀνθρώπων	quant aux hommes
ἔχει μέτρον βραχύ.	a une mesure (durée) courte.
Ἔγνωκεν εὖ νιν·	Il connaît bien elle ;
ὑπαδεῖ δέ οἱ	et il suit elle
θεράπων,	*comme* un serviteur,
οὐ δράστας.	*et* non un esclave-fugitif.
Φαντὶ δὲ τοῦτο	Or on dit ceci
ἔμμεν ἀνιαρότατον,	être le plus affligeant,
γιγνώσκοντα καλὰ	connaissant les belles choses (les
ἔχειν πόδα ἐκτὸς	d'avoir le pied hors *d'eux* [biens)
ἀνάγκᾳ.	par nécessité.
Καὶ μὰν κεῖνος Ἄτλας	Et en vérité cet Atlas

290 προςπαλαίει νῦν γε πατρῴας ἀπὸ γᾶς ἀπό τε κτεάνων·
λῦσε δὲ Ζεὺς ἄφθιτος Τιτᾶνας. Ἐν δὲ χρόνῳ
μεταβολαὶ λήξαντος οὔρου   520
            (Ἐπῳδὸς ιγ΄.)
ἱστίων [1]. Ἀλλ' εὔχεται οὐλομέναν νοῦσον [2] διαντλή-
    σαις ποτὲ
οἶκον ἰδεῖν, ἐπ' Ἀπόλλωνός τε κράνα [3] συμποσίας
    ἐφέπων
295 θυμὸν ἐκδόσθαι πρὸς ἥβαν πολλάκις, ἔν τε σοφοῖς   525
δαιδαλέαν φόρμιγγα βαστάζων πολίταις ἁσυχίᾳ θι-
    γέμεν [4],
μήτ' ὦν τινι πῆμα πορών, ἀπαθὴς δ' αὐτὸς πρὸς
    ἀστῶν.   530
Καί κε μυθήσαιθ' ὁποίαν Ἀρχεσίλᾳ
εὗρε παγὰν ἀμβροσίων ἐπέων, πρόσφατον Θήβᾳ ξε-
    νωθείς [5].

loin de sa patrie, loin de ses biens, il fléchit sous le poids du ciel; mais l'immortel Jupiter a pardonné aux Titans. Quand le vent tombe,

(*Épode XIII*.)

il faut changer la voile. Il souhaite, après avoir épuisé toute l'amertume du malheur, de revoir enfin ses foyers, de s'asseoir encore aux banquets près de la fontaine d'Apollon, d'ouvrir encore son cœur aux joies de la jeunesse, et, sa docte lyre à la main, de goûter le repos au milieu de citoyens paisibles, sans offenser personne, et sans être lui-même offensé. Alors il te dira quelle source de chants immortels s'ouvrit pour Arcésilas dans cette Thèbes où il a trouvé naguère l'hospitalité.

νῦν γε	maintenant du moins
προςπαλαίει οὐρανῷ	lutte-contre le *poids du* ciel
ἀπὸ γᾶς πατρῴας,	loin de la terre-de-sa-patrie
ἀπό τε κτεάνων·	et loin de *ses* possessions;
Ζεὺς δὲ ἄφθιτος	or Jupiter impérissable (immortel)
λῦσε Τιτᾶνας.	a délivré les Titans.
Ἐν δὲ χρόνῳ,	Et avec le temps,
οὔρου λήξαντος,	le vent ayant cessé,
μεταβολαὶ	*il se fait* des changements
(Ἐπῳδὸς ιγ'.)	(*Épode XIII.*)
ἱστίων.	de voiles.
Ἀλλὰ εὔχεται	Eh bien il souhaite
διαντλήσαις	ayant épuisé (supporté)-jusqu'au-bout
νοῦσον οὐλομέναν	une maladie funeste
ἰδεῖν ποτε οἶκον,	de revoir un jour *sa* maison,
ἐπί τε κράνα Ἀπόλλωνος	et près de la fontaine d'Apollon
ἐφέπων συμποσίας	recherchant des banquets
ἐκδόσθαι πολλάκις θυμὸν	de livrer souvent *son* cœur
πρὸς ἥβαν,	à la *joie de la* jeunesse,
ἔν τε πολίταις σοφοῖς	et au milieu de citoyens sages
βαστάζων	portant
φόρμιγγα δαιδαλέαν	*sa* lyre habile
θιγέμεν ἀσυχία,	de toucher (atteindre) le repos,
μήτε ὦν πορῶν	et donc ne procurant pas
πῆμά τινι,	du dommage à quelqu'un,
αὐτὸς δὲ ἀπαθὴς	et lui-même *étant* sans-souffrance
πρὸς ἀστῶν.	de la part des citoyens.
Καὶ μυθήσαιτό κε	Et il *te* dirait
ὁποίαν παγὰν	quelle source
ἐπέων ἀμβροσίων	de vers immortels
εὗρεν Ἀρκεσίλᾳ,	il a trouvée pour Arcésilas,
ξενωθεὶς	ayant été accueilli-comme-hôte
πρόςφατον Θήβᾳ.	récemment dans Thèbes.

ΠΥΘΙΟΝΙΚΑΙ.

ΕΙΔΟΣ Ε'.

ΑΡΚΕΣΙΛᾼ ΚΥΡΗΝΑΙῼ

ΑΡΜΑΤΙ.

(Στροφὴ α'.)

Ὁ πλοῦτος εὐρυσθενής,
ὅταν τις ἀρετᾷ κεκραμένον καθαρᾷ
βροτήσιος ἀνὴρ πότμου παραδόντος αὐτὸν ἀνάγῃ, [1]
πολύφιλον ἐπέταν. 5
5 Ὦ θεόμορ' Ἀρκεσίλα,
σύ τοί νιν κλυτᾶς
αἰῶνος
ἀκρᾶν βαθμίδων ἄπο
σὺν εὐδοξίᾳ μετανίσσεαι [2] 10
10 ἕκατι χρυσαρμάτου Κάστορος [3]·
εὐδίαν ὃς μετὰ χειμέριον ὄμβρον τεὰν καταιθύσσει
μάκαιραν ἑστίαν [4].

(Ἀντιστροφὴ α'.)

Σοφοὶ δέ τοι κάλλιον 15
φέροντι καὶ τὰν θεόσδοτον δύναμιν [5].
Σὲ δ' ἐρχόμενον ἐν δίκᾳ πολὺς ὄλβος ἀμφινέμεται·
15 τὸ μὲν ὅτι βασιλεὺς

(Strophe I.)

La richesse est toute-puissante, quand le mortel qui l'a reçue du destin sait allier à une vertu pure cette compagne chérie. Heureux favori des dieux, Arcésilas, dès l'entrée de ta brillante carrière, tu as eu en partage la fortune et la gloire, grâce à Castor au char éclatant; c'est lui qui, après les tourmentes de l'orage, fait luire des jours sereins sur ton foyer fortuné.

(Antistrophe I.)

Le sage supporte mieux que tout autre cette puissance même que les dieux lui envoient. Tu marches dans la justice, et un immense bonheur t'environne. Tu es le roi de grandes cités, car cette

ODE V.

A ARCÉSILAS DE CYRÈNE

VAINQUEUR A LA COURSE DES CHARS.

(Στροφὴ α'.)
Ὁ πλοῦτος
εὐρυσθενής,
ὅταν τις ἀνὴρ βροτήσιος,
πότμου παραδόντος,
ἀνάγῃ αὐτὸν
ἐπέταν πολύφιλον
κεκραμένον ἀρετᾷ καθαρᾷ.
Ὦ Ἀρκεσίλα
θεόμορε,
σύ τοι
μετανίσσεαί νιν
ἀπὸ βαθμίδων ἀκρᾶν
αἰῶνος κλυτᾶς
σὺν εὐδοξίᾳ
ἕκατι Κάστορος
χρυσαρμάτου·
ὃς μετὰ ὄμβρον χειμέριον
αἰθύσσει εὐδίαν
κατὰ τεὰν μάκαιραν ἑστίαν.
(Ἀντιστροφὴ α'.)
Σοφοὶ δέ τοι
φέροντι κάλλιον
καὶ τὰν δύναμιν
θεόςδοτον.
Πολὺς δὲ ὄλβος
ἀμφινέμεταί σε
ἐρχόμενον ἐν δίκᾳ·
τὸ μὲν ὅτι ἐσσὶ βασιλεὺς

(Strophe I.)
La richesse
est ayant-d'immenses-forces,
quand un homme mortel,
le destin *l*'ayant donnée *à lui*,
produit *au jour* elle
compagne très-chérie
mêlée à une vertu pure.
O Arcésilas
bien-partagé-par-les-dieux,
toi assurément
tu poursuis (as atteint, possèdes) elle
depuis les barrières extrêmes (dès le
de *la* vie illustre   [début]
avec une belle-gloire
grâce à Castor
au-char-d'or ;
qui après la pluie d'-orage
fait-briller la sérénité
sur ton heureux foyer.
(Antistrophe I.)
Or les sages assurément
soutiennent mieux
même la puissance
donnée-par-les-dieux.
Or une grande félicité
habite-autour-de (environne) toi
marchant dans la justice ;
d'un côté parce que tu es roi

ἐσσὶ μεγαλᾶν πολίων,
ἐπεὶ συγγενὴς
ὀφθαλμὸς
αἰδοιότατον γέρας,
τεᾷ τοῦτο μιγνύμενον φρενί [1].
μάκαρ δὲ καὶ νῦν [2], κλεεννᾶς ὅτι
εὖχος ἤδη παρὰ Πυθιάδος ἵπποις ἑλὼν δέδεξαι τόνδε
κῶμον ἀνέρων,

(Ἐπῳδὸς α'.)

Ἀπολλώνιον ἄθυρμα. Τῷ σε μὴ λαθέτω
Κυράνᾳ γλυκὺν ἀμφὶ κᾶπον Ἀφροδίτας ἀειδόμενον
παντὶ μὲν θεὸν αἴτιον ὑπερτιθέμεν [3],
φιλεῖν δὲ Κάρρωτον [4] ἔξοχ' ἑταίρων·
ὃς οὐ τὰν Ἐπιμαθέος ἄγων
ὀψινόου θυγατέρα Πρόφασιν [5] Βαττιδᾶν
ἀφίκται δόμους θεμισκρεόντων·
ἀλλ' ἀρισθάρματον
ὕδατι Κασταλίας ξενωθεὶς [6] γέρας ἀμφέβαλε τεαῖσιν
κόμαις

auguste majesté, qui vient rehausser ta sagesse, est un éclat dû à ton sang; mais tu es heureux encore de la gloire que tes coursiers te rapportent de l'illustre Pytho, heureux de recevoir ce chœur de jeunes chanteurs,

(*Épode I.*)

délices d'Apollon N'oublie pas, tandis que leurs voix te célèbrent dans les délicieux bosquets de Vénus, de reporter à ce dieu tous tes succès, et de chérir Carrothos entre tous tes compagnons; il a revu le palais des descendants de Battos amis de la justice, sans amener à sa suite l'Excuse, fille de l'imprudent Épiméthée; mais, reçu comme un hôte près des eaux de Castalie, il a ceint ta chevelure de la couronne que donne la victoire à la course des chars,

μεγαλᾶν πολίων,	de grandes villes,
ἐπεὶ	puisque
γέρας αἰδοιότατον,	cette dignité très-auguste,
τοῦτο μιγνύμενον	cette *dignité* mêlée
τεᾷ φρενί,	à ta sagesse,
ὀφθαλμὸς	est un œil (éclat)
συγγενής·	de-*la*-famille ;
μάκαρ δὲ	de l'autre côté *tu es* heureux
καὶ νῦν,	aussi à présent,
ὅτι ἑλὼν ἤδη	parce qu'ayant tiré déjà
εὖχος	de la gloire
παρὰ κλεεννᾶς Πυθιάδος	de l'illustre Pythiade
ἵπποις	avec *les* coursiers
δέδεξαι	tu as reçu (reçois)
τόνδε κῶμον ἀνέρων,	cette pompe (ce chœur) d'hommes,
(Ἐπῳδὸς α'.)	(*Épode I.*)
ἄθυρμα Ἀπολλώνιον.	délices d'-Apollon.
Τῷ	C'est pourquoi
μὴ λαθέτω σε	qu'il n'échappe pas à toi
ἀειδόμενον Κυράνᾳ	étant chanté à Cyrène
ἀμφὶ γλυκὺν κᾶπον	autour du doux jardin
Ἀφροδίτας	de Vénus
ὑπερτιθέμεν μὲν	d'abord de mettre-à-la-tête de (attri-
παντὶ	toute chose [buer à)
θεὸν αἴτιον,	un dieu *pour* auteur,
φιλεῖν δὲ Κάρρωτον	puis d'aimer Carrhotos
ἔξοχα	avec distinction
ἑταίρων·	entre *tes* compagnons ;
ὃς οὐκ ἀφῖκται	*lui* qui n'est pas arrivé
δόμους Βαττιδᾶν	dans la demeure des Battides
θεμισκρεόντων	qui-règnent-selon-la-justice
ἄγων τὰν Πρόφασιν	amenant l'Excuse
θυγατέρα Ἐπιμαθέος	fille d'Épiméthée
ὀψινόου·	à-la-sagesse-tardive ;
ἀλλὰ ξενωθεὶς	mais reçu-comme-hôte
ὕδατι Κασταλίας	près de l'eau de Castalie (à Delphes)
ἀμφέβαλε	il a mis-autour
τεαῖσι κόμαις	de tes cheveux
γέρας	la récompense (couronne)
ἀρισθάρματον	des-chars-vainqueurs

ΠΥΘΙΟΝΙΚΑΙ Ε'.

(Στροφὴ β'.)

ἀκηράτοις ἀνίαις
ποδαρκέων δώδεκ' ἂν δρόμων τέμενος [1].　　　　　　　45
Κατέχλασε γὰρ ἐντέων [2] σθένος οὐδέν· ἀλλὰ κρέμαται,
35　ὁπόσα χεριαρᾶν
τεκτόνων δαίδαλ' ἄγων
Κρισαῖον λόφον
ἄμειψεν　　　　　　　　　　　　　　　　　　　　　　50
ἐν κοιλόπεδον νάπος
40　θεοῦ· τό σφ' ἔχει κυπαρίσσινον
μέλαθρον ἀμφ' ἀνδριάντι σχεδόν,
Κρῆτες ὃν τοξοφόροι τέγεϊ Παρνασίῳ κάθεσσαν, τὸν
μονόδροπον φυτόν [3].　　　　　　　　　　　　　55

(Ἀντιστροφὴ β'.)

Ἑκόντι τοίνυν πρέπει
νόῳ τὸν εὐεργέταν ὑπαντιάσαι.
45　Ἀλεξιβιάδα, σὲ δ' ἠΰκομοι φλέγοντι Χάριτες.　　60
Μακάριος, ὃς ἔχεις
καὶ πεδὰ μέγαν κάματον [4]
λόγων φερτάτων
μναμεῖα [5].

(Strophe II.)

et, sans rompre les rênes, d'un essor rapide, il a mesuré douze fois l'enceinte sacrée. Son char a résisté à cette rude épreuve; ils sont tous attachés, ces chefs-d'œuvre des plus habiles ouvriers, avec lesquels, laissant derrière lui la colline de Crisa, il a gagné la profonde vallée du dieu; ils sont attachés à un dôme de cyprès, à côté de cette statue que la nature a faite du tronc d'un seul arbre, et que les archers crétois ont placée dans le trésor du Parnasse.

(Antistrophe II.)

Accueille ton bienfaiteur comme il le mérite, avec l'empressement du cœur. Pour toi, fils d'Alexibios, les Grâces à la belle chevelure font resplendir ton nom. Heureux, après de pénibles travaux, tu trouves dans cet hymne un magnifique monument. Au milieu de

LES PYTHIQUES. V.

(Στροφὴ β'.)	(Strophe II.)
ἀνίαις	au moyen de brides
ἀκηράτοις	intactes (non rompues)
ἂν τέμενος	dans l'enceinte-sacrée
δώδεκα δρόμων ποδαρκέων.	des douze courses aux-pieds-légers.
Κατέκλασε γὰρ	Car il n'a brisé
οὐδὲν σθένος	aucune force (nul objet solide)
ἐντέων·	des harnais ;
ἀλλὰ κρέμαται,	mais ils sont suspendus,
ὁπόσα ἄγων,	tous ceux que amenant,
δαίδαλα	ouvrages-artistement-travaillés
τεκτόνων χεριαρᾶν,	d'artisans adroits-de-leurs-mains,
ἄμειψε λόφον Κρισαῖον	il a dépassé la colline de-Crisa
ἐν νάπος κοιλόπεδον	*allant* dans la vallée au-sol-creux
θεοῦ·	du dieu ;
τὸ	c'est pourquoi
μέλαθρον κυπαρίσσινον	le dôme de-cyprès
ἔχει σφι	a (possède) eux
ἀμφὶ ἀνδριάντι	autour (à côté) de la statue
σχεδόν,	et près *d'elle*,
τὸν Κρῆτες	*statue* que les Crétois
τοξοφόροι	qui-portent-l'arc
κάθεσσαν τέγει	ont placée dans le toit (édifice)
Παρνασίῳ,	du-Parnasse,
τὸν φυτὸν	cette *statue* poussée (née, naturelle)
μονόδροπον.	d'une-seule-tige (d'un seul tronc).
(Ἀντιστροφὴ β'.)	(Antistrophe II.)
Πρέπει τοίνυν	Il convient donc
παντιᾶσαι	*toi* aller-au-devant-de (recevoir, ac- [cueillir]
τὸν εὐεργέταν	le bon-serviteur
νόῳ	avec un esprit (un cœur)
ἑκόντι.	le-voulant-bien (empressé).
Ἀλεξιβιάδα,	Fils-d'Alexibios,
Χάριτες ἠύκομοι	les Grâces à-la-belle-chevelure
φλέγοντι	rendent-brillant (illustrent)
σὲ δέ.	toi de ton côté.
Μακάριος, ὃς ἔχεις	Heureux, *toi* qui as
καὶ πεδὰ μέγαν κάματον	aussi après une grande peine
μναμεῖα	les monuments
λόγων φερτάτων.	de discours (vers) très-distingués.

50 Ἐν τεσσαράκοντα γὰρ
πετόντεσσιν ἀνιόχοις ὅλον
δίφρον κομίξαις ἀταρβεῖ φρενί,
ἦλθες ἤδη Λιβύας πεδίον ἐξ ἀγλαῶν ἀέθλων καὶ πα-
τρωίαν πόλιν.

(Ἐπῳδὸς β'.)

Πόνων δ' οὔ τις ἀπόκλαρός ἐστιν οὔτ' ἔσεται [1].
55 ὁ Βάττου δ' ἔπεται παλαιὸς ὄλβος ἔμπαν τὰ καὶ τὰ
νέμων,
πύργος ἄστεος ὄμμα τε φαεννότατον
ξένοισι [3]. Κεῖνόν γε καὶ βαρύκομποι
λέοντες περὶ δείματι φύγον [4],
γλῶσσαν ἐπεί σφιν ἀπένεικεν ὑπερποντίαν [5].
60 ὁ δ' ἀρχαγέτας ἔδωκ' Ἀπόλλων
θῆρας αἰνῷ φόβῳ,
ὄφρα μὴ ταμίᾳ Κυράνας ἀτελὴς γένοιτο μαντεύμασιν [6].

(Στροφὴ γ'.)

Ὁ καὶ βαρειᾶν νόσων
ἀκέσματ' ἄνδρεσσι καὶ γυναιξὶ νέμει,

quarante conducteurs tombés de leurs chars, ton âme intrépide a sauvé le tien tout entier, et déjà tu es de retour des luttes glorieuses dans les plaines de la Libye et dans la ville de tes pères.

(*Épode II.*)

Nul ne peut être, nul ne sera exempt de peines; et pourtant l'antique bonheur de Battos suit toujours ses descendants et leur continue les succès; il est un rempart pour la ville, un phare éclatant pour les étrangers. Les lions rugissants, saisis d'épouvante, ont fui devant Battos, lorsqu'il apporta contre eux des paroles apprises au delà des mers; Apollon, chef de la colonie, livra ces monstres aux plus vives terreurs, afin que les oracles qu'il avait rendus au roi de Cyrène fussent accomplis.

(*Strophe III.*)

Apollon dispense aux hommes et aux femmes les remèdes de leurs

Ἐν γὰρ τεσσαράκοντα ἀνιόχοις	Car au milieu de quarante cochers
πετόντεσσι	qui sont tombés
κουίξαις	ayant conduit
δίφρον ὅλον	*ton* char tout-entier (sans le briser)
φρενὶ ἀταρβεῖ,	avec un esprit exempt-de-crainte,
ἦλθες ἤδη	tu es venu déjà
ἐξ ἀέθλων ἀγλαῶν	au sortir de luttes brillantes
πεδίον Λιβύας	dans la plaine (terre) de Libye
καὶ πόλιν πατρωΐαν.	et la ville paternelle.
(Ἐπῳδὸς β'.)	(*Épode II.*)
Οὔ τις δὲ ἐστὶν οὔτε ἔσεται	Or personne n'est ni ne sera
ἀπόκλαρος πόνων·	exempt-d'un-lot de peines ;
ὁ δὲ παλαιὸς ὄλβος	mais l'antique bonheur
Βάττου	de Battos
ἕπεται ἔμπαν	suit (continue, subsiste) cependant
νέμων	administrant (dispensant)
τὰ καὶ τά,	ces *succès* et ces *autres succès*,
πύργος ἄστεος	*ce bonheur* tour (rempart) de la ville
ὄμμα τε φαεννότατον	et œil (phare) très-brillant
ξένοισι.	pour les étrangers.
Καὶ λέοντες	Même les lions
βαρύκομποι	très-bruyants (rugissants)
φύγον κεῖνόν γε	ont fui celui-là (Battos) du moins
περὶ δείματι,	par épouvante,
ἐπεὶ ἀπένεικέ σφιν	quand il eut apporté à eux
γλῶσσαν	une langue (des paroles, des enchan-
ὑπερποντίαν·	d'au-delà-des-mers ; [tements)
ὁ δὲ Ἀπόλλων	et Apollon
ἀρχαγέτας	commandant (chef) *de la colonie*
ἔδωκε θῆρας	donna (livra) *ces* monstres
φόβῳ αἰνῷ,	à une peur terrible,
ὄφρα μὴ γένοιτο	pour qu'il ne devînt pas
ἀτελής	sans-accomplissement
μαντεύμασι	dans *ses* prédictions
ταμίᾳ Κυράνας.	pour l'administrateur (roi) de Cyrène.
(Στροφὴ γ'.)	(*Strophe III.*)
Ὁ καὶ νέμει	*Apollon* qui aussi dispense
ἀνδρέσσι καὶ γυναιξὶν	aux hommes et aux femmes
ἀκέσματα	des remèdes
νόσων βαρειᾶν,	de maladies pesantes (cruelles),

65 πόρεν τε κίθαριν, δίδωσί τε Μοῖσαν οἷς ἂν ἐθέλῃ,
ἀπόλεμον ἀγαγὼν
ἐς πραπίδας εὐνομίαν ¹,   90
μυχόν τ' ἀμφέπει
μαντεῖον·
70 τῷ ² καὶ Λακεδαίμονι
ἐν Ἄργει τε καὶ ζαθέᾳ Πύλῳ
ἔνασσεν ἀλκᾶντας Ἡρακλέος   95
ἐκγόνους Αἰγιμιοῦ τε ³. Τὸ δ' ἐμὸν γαρύοντ' ἀπὸ
Σπάρτας ἐπήρατον κλέος,
(Ἀντιστροφὴ γ'.)
ὅθεν γεγεννᾳμένοι
75 ἵκοντο Θήρανδε, φῶτες Αἰγεῖδαι,   100
ἐμοὶ πατέρες, οὐ θεῶν ἄτερ ⁴· ἀλλὰ μοῖρά τις ἄγεν
πολύθυτον ἔρανον,
ἔνθεν ἀναδεξάμενοι,
Ἄπολλον, τεᾷ   105
80 Καρνεῖα,
ἐν δαιτὶ σεβίζομεν
Κυράνας ἀγακτιμέναν πόλιν ⁵·
ἔχοντι τὰν χαλκοχάρμαι ξένοι
Τρῶες Ἀντανορίδαι ⁶. Σὺν Ἑλένᾳ γὰρ μόλον, καπνω-
θεῖσαν πάτραν ἐπεὶ ἴδον   110

cruelles maladies; il prête la cithare, il donne la Muse à qui il lui plaît, versant dans les cœurs l'équité ennemie de la guerre; c'est lui qui gouverne l'antre prophétique, et c'est de là qu'il a envoyé à Lacédémone, à Argos et dans la divine Pylos les enfants robustes d'Hercule et d'Égimios. De Sparte me vient, dit-on, une gloire qui m'est chère ;

(Antistrophe III.)

à Sparte naquirent ceux des Égéides, mes pères, que la faveur des dieux conduisit à Théra; le destin y transporta aussi le festin aux nombreuses victimes; c'est de là que nous avons reçu, ô Apollon, tes fêtes Carnéennes, et dans le banquet sacré nous chantons la belle Cyrène, qu'habitent de belliqueux étrangers, les Troyens, fils d'Anténor. Ils y abordèrent à la suite d'Hélène, après avoir vu leur patrie réduite en cendres

πόρε τε κίθαριν,	et a accordé (accorde) la cithare,
δίδωσί τε Μοῖσαν	et donne la Muse
οἷς ἂν ἐθέλῃ,	à ceux à qui il veut *la donner*,
ἀγαγὼν ἐς πραπίδας	ayant amené dans les cœurs
εὐνομίαν	une équité
ἀπόλεμον,	ennemie-de-la-guerre,
ἀμφέπει τε	et soigne (gouverne)
μυχὸν μαντεῖον·	l'antre prophétique ;
τῷ	dans lequel *disant ses oracles*
ἔνασσε	il a fait-habiter (établi)
καὶ Λακεδαίμονι	et à Lacédémone
ἐν Ἄργει τε	et à Argos
καὶ ζαθέᾳ Πύλῳ	et dans la très-divine Pylos
ἐκγόνους ἀλκάεντας	les rejetons robustes
Ἡρακλέος Αἰγιμιοῦ τε.	d'Hercule et d'Égimios.
Γαρύοντι δὲ	Or on dit
τὸ ἐμὸν κλέος ἐπήρατον	ma gloire aimable
ἀπὸ Σπάρτας,	*venir* de Sparte,
(Ἀντιστροφὴ γ'.)	(*Antistrophe III*.
ὅθεν γεγενναμένοι	d'où ayant été engendrés
φῶτες Αἰγεῖδαι,	les hommes Égéides,
ἐμοὶ πατέρες,	mes pères,
ἵκοντο Θήρανδε,	vinrent à Théra,
οὐκ ἄτερ θεῶν·	non sans *l'aide des* dieux ;
ἀλλὰ μοῖρά τις	mais un certain destin
ἄγεν ἔρανον	a amené le festin-par-écot
πολύθυτον,	aux-nombreuses-victimes,
ἔνθεν ἀναδεξάμενοι,	d'où ayant reçu,
Ἄπολλον,	*ô* Apollon,
τεὰ Καρνεῖα,	tes *fêtes* Carnéennes,
σεβίζομεν	nous vénérons (célébrons)
ἐν δαιτὶ	dans un repas
πόλιν ἀγακτιμέναν	la ville bien-bâtie
Κυράνας·	de Cyrène ;
τὰν ἔχοντι	laquelle ont (habitent)
ξένοι χαλκοχάρμαι	des étrangers qui-aiment-l'airain
Τρῶες Ἀντανορίδαι.	les Troyens fils-d'Anténor.
Μόλον γὰρ σὺν Ἑλένᾳ,	Car ils vinrent avec Hélène,
ἐπεὶ ἴδον πάτραν	après qu'ils eurent vu *leur* patrie
καπνωθεῖσαν	réduite-en-fumée (incendiée)

ΠΥΘΙΟΝΙΚΑΙ Ε'.

(Ἐπῳδὸς γ'.)

85 ἐν Ἄρει. Τὸ δ' ἐλάσιππον ἔθνος ¹ ἐνδυκέως
δέκονται θυσίαισιν ἄνδρες οἰχνέοντές σφε δωροφόροι, 115
τοὺς Ἀριστοτέλης ² ἄγαγε, ναυσὶ θοαῖς
ἁλὸς βαθεῖαν κέλευθον ἀνοίγων.
Κτίσεν δ' ἄλσεα μείζονα θεῶν, 120
90 εὐθύτομόν τε κατέθηκεν Ἀπολλωνίαις
ἀλεξιμβρότοις ³ πεδιάδα πομπαῖς
ἔμμεν ἱππόκροτον·
σκυρωτὰν ὁδόν, ἔνθα πρυμνοῖς ἀγορᾶς ἔπι δίχα κεῖ-
ται θανών. 125

(Στροφὴ δ'.)

Μάκαρ μὲν ἀνδρῶν μέτα
95 ἔναιεν, ἥρως δ' ἔπειτα λαοσεβής.
Ἄτερθε δὲ πρὸ δωμάτων ἕτεροι λαχόντες ἀΐδαν 130
βασιλέες ἱεροὶ
ἐντί, μεγαλᾶν δ' ἀρετᾶν
δρόσῳ μαλθακᾷ
100 ῥανθεισᾶν
κώμων ὑπὸ χεύμασιν ⁴, 135
ἀκούοντί τοι χθονίᾳ φρενὶ ⁵

(*Épode III.*)

au milieu des horreurs de la guerre. Ils viennent honorer de leurs sacrifices et de leurs offrandes pieuses la tombe de ce peuple ami des coursiers, les hommes qu'Aristotèle amena sur ses vaisseaux rapides, ouvrant les routes profondes des mers. Il consacra aux dieux des bois plus vastes, et construisit, pour les pompes d'Apollon si secourables aux mortels, une route directe et unie, qu'un roc solide faisait retentir sous le pas des coursiers; c'est là que lui-même, depuis sa mort, repose seul à l'extrémité de la place publique.

(*Strophe IV.*)

Heureux tant qu'il habita parmi les hommes, il est devenu pour le peuple un héros vénéré. Les autres rois, descendus chez les mânes, sont honorés chacun devant son palais; tandis que l'hymne qui s'épanche arrose comme une douce rosée leurs sublimes vertus, sans doute leur âme qui habite sous la terre apprend quelle est leur

(Ἐπῳδὸς γ'.)	(Épode III.)
ἐν Ἄρει.	dans Mars (la guerre).
Οἰχνέοντες δέ σφε	Mais venant vers eux (vers leur tom-
δωροφόροι	apportant-des-présents [be)
δέχονται ἐνδυκέως	ils accueillent (honorent) assidument
θυσίαισι	par des sacrifices
τὸ ἔθνος ἐλάσιππον,	cette nation amie-des-coursiers,
ἄνδρες τοὺς Ἀριστοτέλης	les hommes qu'Aristotèle
ἄγαγεν,	a amenés,
ἀνοίγων ναυσὶ θοαῖς	ouvrant avec des vaisseaux rapides
κέλευθον βαθεῖαν ἁλός.	la route profonde de la mer.
Κτίσε δὲ	Et il fonda (établit)
ἄλσεα θεῶν	les bois-sacrés des dieux
μείζονα,	plus grands,
κατέθηκέ τε	et il établit
πομπαῖς Ἀπολλωνίαις	pour les pompes d'-Apollon
ἀλεξιμβρότοις	secourables-aux-mortels
ὁδὸν εὐθύτομον	une route coupée-droit (droite)
πεδιάδα	en-plaine (unie)
σκυρωτὰν	pavée-en-pierres
ἔμμεν ἱππόκροτον,	pour être retentissant-du-bruit-des-
ἔνθα θανὼν	où étant mort [chevaux,
κεῖται δίχα	il est-gisant (enterré) séparément
ἐπὶ πρυμνοῖς ἀγορᾶς.	à l'extrémité de la place.
(Στροφὴ δ'.)	(Strophe IV.)
Μάκαρ μὲν	Heureux à la vérité
ἔναιε μετὰ ἀνδρῶν,	il habitait avec les hommes,
ἔπειτα δὲ ἥρως	et ensuite *il devint* un héros
λαοσεβής.	honoré-des-peuples.
Ἕτεροι δὲ βασιλέες	Mais les autres rois
λαχόντες ἀΐδαν	ayant reçu l'enfer (étant morts)
ἐντὶ ἱεροὶ	sont sacrés (sont honorés)
ἄτερθε	séparément
πρὸ δωμάτων,	devant *leurs* palais,
μεγαλᾶν δὲ ἀρετᾶν	et *leurs* grandes vertus
ῥανθεισᾶν	étant arrosées
μαλθακᾷ δρόσῳ	d'une douce rosée
ὑπὸ χεύμασιν ὕμνων,	par des libations d'hymnes,
ἀκούοντί τοι	ils entendent assurément
φρενὶ χθονίᾳ	dans *leur* âme qui-est-sous-la-terre

σφὸν ὄλβον υἱῷ [1] τε κοινὰν χάριν
ἔνδικόν τ' Ἀρκεσίλα. Τὸν ἐν ἀοιδᾷ νέων πρέπει χρυ-
σάορα Φοῖβον ἀπύειν [2], 140
(Ἀντιστροφὴ δ'.)
105 ἔχοντα Πυθωνόθεν
τὸ καλλίνικον λυτήριον δαπανᾶν,
μέλος χαρίεν. Ἄνδρα κεῖνον ἐπαινέοντι συνετοί.
Λεγόμενον ἐρέω [3]· 145
κρέσσονα μὲν ἁλικίας
110 νόον φέρβεται
γλῶσσάν τε·
θάρσος [4] τε τανύπτερος
ἐν ὄρνιξιν αἰετὸς ἔπλετο· 150
ἀγωνίας δ', ἕρκος οἷον, σθένος [5]·
115 ἔν τε Μοίσαισι ποτανὸς ἀπὸ ματρὸς φίλας [6], πέφανταί
θ' ἁρματηλάτας σοφός·
(Ἐπῳδὸς δ'.)
ὅσαι τ' εἰσὶν ἐπιχωρίων καλῶν ἔξοδοι [7], 255
τετόλμακε. Θεός τέ οἱ τὸ νῦν τε πρόφρων τελεῖ δύνασιν,

félicité, et quelle gloire ils partagent avec Arcésilas, avec un fils qui s'en est rendu digne. Il est juste qu'Arcésilas, au milieu de ce chœur de jeunes chanteurs, célèbre Phébos à la lyre d'or,

(*Antistrophe IV.*)

car c'est de Pytho que vient vers lui le doux chant de victoire qui récompense ses efforts. Les sages le louent. Je répète leurs paroles : il nourrit des pensées et une éloquence au-dessus de son âge ; sa valeur est celle de l'aigle déployant son aile au milieu des oiseaux ; sa force est un rempart dans les combats ; encore aux bras de sa mère, il a brillé dans les travaux des Muses ; il se distingue par son adresse à conduire un char ;

(*Épode IV.*)

et toutes les gloires que promet sa patrie, il a tenté de les conquérir. Aujourd'hui un dieu bienveillant seconde sa puissance ;

ςρὸν ὄλβον	leur félicité
χάριν τε	et la grâce (gloire)
κοινὰν υἱῷ	commune *à eux et* à *leur* fils
ἔνδικόν τε Ἀρκεσίλᾳ.	et légitime pour Arcésilas.
Τὸν πρέπει	Lequel (Arcésilas) il convient
ἐν ἀοιδᾷ	dans ce chant (chœur)
νέων	de jeunes *hommes*
ἀπύειν Φοῖβον	célébrer Phébos
χρυσάορα,	à-la-lyre-d'or,
(Ἀντιστροφὴ δ'.)	(*Antistrophe IV.*)
ἔχοντα	*lui* (Arcésilas) qui a (tire)
Πυθωνόθεν	de Pytho
τὸ λυτήριον καλλίνικον	le rachat à-la-belle-victoire
δαπανᾶν,	des dépenses (fatigues),
μέλος χαρίεν.	l'hymne agréable.
Συνετοὶ	Les *gens* sages
ἐπαινέοντι κεῖνον ἄνδρα.	louent cet homme.
Ἐρέω λεγόμενον·	Je dirai ce qui se dit :
ϕέρβεται μὲν νόον	il nourrit un esprit
γλῶσσάν τε	et une langue
κρέσσονα ἁλικίας·	supérieure à *son* âge ;
θάρσος τε	et par la valeur
ἔπλετο αἰετὸς	il est devenu un aigle
τανύπτερος	qui-déploie-ses-ailes
ἐν ὄρνιξι·	au milieu des oiseaux ;
σθένος δὲ ἀγωνίας	et *sa* force de (dans le) combat
οἷον ἕρκος·	*est telle* qu'une barrière (un rempart) ;
ἐν τε Μοίσαισι	et parmi les Muses
ποτανὸς	*il s'est montré* ailé
ἀπὸ φίλας ματρός,	dès sa mère (dès le premier âge),
πέφανταί τε	et il s'est montré
ἁρματηλάτας	conducteur-de-chars
σοφός·	sage (habile) ;
(Ἐπῳδὸς δ'.)	(*Épode IV.*)
ὅσαι τε ἔξοδοι εἰσὶν	et tous les accès qui sont
καλῶν ἐπιχωρίων,	des belles choses (gloires) du-pays,
τετόλμακε.	il a osé *les tenter*.
Θεός τε	Et un dieu
πρόφρων τε τὸ νῦν	et propice à présent
τελεῖ οἱ δύνασιν,	mène-à-terme à lui *sa* puissance,

καὶ τολοιπὸν ὄπισθε, Κρονίδαι μάκαρες,
διδοῖτ' ἐπ' ἔργοισιν ἀμφί τε βουλαῖς 160
120 ἔχειν ¹, μὴ φθινοπωρὶς ἀνέμων
χειμερία καταπνοὰ δαμαλίζοι χρόνον.
Διός τοι νόος μέγας κυβερνᾷ
δαίμον' ἀνδρῶν φίλων. 165
Εὔχομαί νιν Ὀλυμπίᾳ τοῦτο δόμεν γέρας ἔπι Βάτ-
του γένει ².

bienheureux enfants de Saturne, donnez-lui de la conserver éternellement et dans ses actions et dans ses conseils ; que le souffle des hivers, si fatal à la riche automne, ne vienne pas flétrir sa vie. La volonté suprême de Jupiter règle le destin des mortels qu'il chérit. Je le supplie de donner encore à la race de Battos l'honneur d'une couronne olympique.

καὶ τολοιπὸν ὄπισθε,	et pour l'avenir ensuite,
μάκαρες Κρονίδαι,	heureux fils-de-Saturne,
διδοῖτε ἔχειν	donnez-*lui* de *l'*avoir (la conserver)
ἐπὶ ἔργοισιν	dans *ses* actions
ἀμφί τε βουλαῖς,	et dans *ses* conseils,
μὴ καταπνοὰ χειμερία	de peur que le souffle d'-hiver
φθινοπωρὶς	qui-détruit-les-fruits
ἀνέμων	*le souffle* des vents
δαμαλίζοι	ne dompte (flétrisse)
χρόνον.	*son* temps (sa vie).
Μέγας τοι νόος	Assurément le grand esprit
Διὸς	de Jupiter
κυβερνᾷ δαίμονα	gouverne le destin
ἀνδρῶν φίλων.	des hommes chéris *de lui*.
Εὔχομαι	Je demande-avec-prières
νιν ἐπιδόμεν	lui (Jupiter) donner-en-outre
γένει Βάττου	à la race de Battos
τοῦτο γέρας	cet honneur (la victoire)
Ὀλυμπίᾳ.	à Olympie.

ΠΥΘΙΟΝΙΚΑΙ.

ΕΙΔΟΣ ϛ'.

ΞΕΝΟΚΡΑΤΕΙ ΑΚΡΑΓΑΝΤΙΝΩ [1]

ΑΡΜΑΤΙ.

(Στροφὴ α'.)

Ἀκούσατ'· ἦ γὰρ ἑλικώπιδος Ἀφροδίτας
ἄρουραν ἢ Χαρίτων
ἀναπολίζομεν, ὀμφαλὸν ἐριβρόμου
χθονὸς ἐς νάϊον προςοιχόμενοι [2].
5 Πυθιόνικος ἔνθ' ὀλβίοισιν Ἐμμενίδαις [3]
ποταμίᾳ τ' Ἀκράγαντι [4] καὶ μὰν Ξενοκράτει
ἕτοιμος ὕμνων
θησαυρὸς [5] ἐν πολυχρύσῳ
Ἀπολλωνίᾳ τετείχισται νάπᾳ·

(Στροφὴ β'.)

10 τὸν οὔτε χειμέριος ὄμβρος ἐπακτὸς ἐλθών,
ἐριβρόμου νεφέλας
στρατὸς ἀμείλιχος, οὔτ' ἄνεμος ἐς μυχοὺς
ἁλὸς ἄξοισι παμφόρῳ χεράδι

(Strophe I.)

Écoutez ; nous sillonnons le champ des Grâces ou de Vénus aux mobiles prunelles, et nous marchons vers le centre sacré de la terre frémissante ; là s'ouvre pour les fortunés Emménides, pour Agrigente reine d'un fleuve, et pour Xénocrate, le trésor des hymnes pythiques élevé dans l'opulente forêt d'Apollon ;

(Strophe II.)

ni les pluies impétueuses de l'hiver, bataillons terribles de la nue mugissante, ni les vents déchaînés contre lui, n'entraîneront ce monument, au milieu de débris confus, dans les abîmes de la mer.

LES PYTHIQUES

ODE VI.

A XÉNOCRATE D'AGRIGENTE

VAINQUEUR A LA COURSE DES CHARS.

(Στροφὴ α'.)   (*Strophe I.*)
Ἀκούσατε·   Écoutez.
ἀναπολίζομεν γὰρ ἄρουραν   car nous retournons le champ
ἢ Ἀφροδίτας   ou d'Aphrodite
Ἑλικώπιδος   aux-yeux-mobiles
ἢ Χαρίτων,   ou des Grâces,
προςοιχόμενοι   nous avançant
ἐς ὀμφαλὸν νάϊον   vers le nombril (centre) néen
χθονὸς   de la terre
ἐριβρόμου·   qui-frémit-fortement ;
ἔνθα θησαυρὸς ὕμνων   où un trésor d'hymnes
ἑτοῖμος,   tout-prêt
Πυθιόνικος,   consacré-aux-vainqueurs-des-jeux-
τετείχισται   a été construit (élevé)   [Pythiques
ἐν νάπᾳ Ἀπολλωνίᾳ   dans la forêt d'-Apollon
πολυχρύσῳ   très-riche-en-or
ὀλβίοισιν Ἐμμενίδαις   pour les heureux Emménides
Ἀκράγαντί τε ποταμίᾳ   et Agrigente bâtie-sur-un-fleuve
καὶ μὰν Ξενοκράτει·   et assurément pour Xénocrate ;
(Στροφὴ β'.)   (*Strophe II.*)
τὸν   *trésor* que
οὔτε ὄμβρος χειμέριος,   ni la pluie d'-hiver
ἐλθὼν ἐπακτός,   étant venue impétueuse,
στρατὸς ἀμείλιχος   armée non-douce
νεφέλας ἐριβρόμου,   de la nue qui-mugit-fortement,
οὔτε ἄνεμος   ni le vent
ἄξοισι   n'emmèneront (n'entraîneront)
ῥυπτόμενον   battu *par eux*
ἐς μυχοὺς ἁλὸς   dans les profondeurs de la mer
φεράν   avec un mélange-grossier *de débris*

τυπτόμενον. Φάει δὲ πρόσωπον ἐν καθαρῷ
15 πατρὶ τεῷ, Θρασύβουλε, κοινάν τε γενεᾷ
λόγοισι θνατῶν
εὔδοξον ἅρματι νίκαν
Κρισαίαισιν ἐν πτυχαῖς ἀπαγγελεῖ [1].

(Στροφὴ γ΄.)

Σύ τοι σχεδόν νιν ἐπιδέξια χειρός, ὀρθὰν
20 ἄγεις ἐφημοσύναν [2],
τά [3] ποτ' ἐν οὔρεσι φαντὶ μεγαλοσθενεῖ
Φιλύρας υἱὸν ὀρφανιζομένῳ [4]
Πηλείδᾳ παραινεῖν· μάλιστα μὲν Κρονίδαν,
βαρυόπαν στεροπᾶν κεραυνῶν τε πρύτανιν,
25 θεῶν σέβεσθαι [5]·
ταύτας δὲ μή ποτε τιμᾶς [6]
ἀμείρειν γονέων βίον πεπρωμένον.

(Στροφὴ δ΄.)

Ἔγεντο καὶ πρότερον Ἀντίλοχος βιατὰς
νόημα τοῦτο φέρων,
30 ὃς ὑπερέφθιτο πατρός, ἐναρίμβροτον

Tout radieux d'une pure lumière, il rappellera aux discours des mortels une victoire glorieuse pour ton père et pour ta famille, ô Thrasybule, cette victoire remportée à la course des chars dans les vallons de Crisa.

(Strophe III.)

Oui, la main enlacée à la main de ton père, et marchant à sa droite, tu maintiens le précepte que le fils de Philyre donna, dit-on, jadis sur la montagne au robuste fils de Pélée, qu'il élevait loin de sa mère : « Honore plus que tous les dieux le fils de Cronos, ce redoutable maître de la foudre et des éclairs; mais honore également les jours que le destin accorde à tes parents. »

(Strophe IV.)

Tels furent autrefois les sentiments du valeureux Antiloque, qui mourut pour son père, et attendit d'un pied sûr le chef des Éthio-

μφόρῳ.	de-toute-sorte.
ό;ωπον δὲ	Mais *son* visage (fronton)
φάει καθαρῷ	*placé* dans une lumière pure
ἀγγελεῖ	dénoncera (livrera)
γοισι θνατῶν	aux discours des mortels
:αν εὔδοξον	la victoire très-glorieuse
ματι	à la course-des-chars
ινὰν τεῷ πατρί,	commune à ton père,
ασύβουλε,	ô Thrasybule,
νεᾷ τε,	et à *ta* famille,
πτυχαῖς	*victoire remportée* dans les vallons
;ισαίαισι.	de-Crisa.
(Στροφὴ γ'.)	(Strophe III.)
Σύ τοι	Toi assurément
εθών νιν χειρὸς	tenant lui (ton père) par la main
ιδέξια,	à droite,
εἰς ὀρθὰν	tu mènes droit (accomplis)
ημοσύναν,	ce précepte,
φαντὶ	les choses que l'on dit
ὸν Φιλύρας	le fils de Philyre
ραινεῖν ποτε	recommander autrefois
οὔρεσι	sur les montagnes
ηλείδᾳ	au fils-de-Pélée
γαλοσθενεῖ	aux-vastes-forces
φανιζομένῳ ·	séparé-de-ses-parents :
βεσθαι μὲν	d'un côté d'honorer
ίλιστα θεῶν	le plus d'entre les dieux
ρονίδαν,	le fils-de-Saturne,
ιύτανιν βαρυόπαν	maître à-la-voix-terrible
:εροπᾶν κεραυνῶν τε·	des éclairs et des foudres ;
ή ποτε δὲ ἀμείρειν	d'un autre côté de ne priver jamais
;ύτας τιμᾶς	de cet honneur
ον γονέων	la vie de *ses* parents
:πρωμένον.	concédée-par-le-destin.
(Στροφὴ δ'.)	(Strophe IV.)
Καὶ πρότερον	Précédemment aussi
.ατὰς Ἀντίλοχος	le courageux Antiloque
'εντο	fut
έρων τοῦτο νόημα,	portant (ayant) ce sentiment,
; ὑπερέφθιτο πατρός,	*lui* qui mourut-pour *son* père,

ἀναμείναις στράταρχον Αἰθιόπων
Μέμνονα [1]. Νεστόρειον γὰρ ἵππος ἅρμ' ἐπέδα
Πάριος ἐκ βελέων δαϊχθείς· ὁ δ' [2] ἔφεπεν
κραταιὸν ἔγχος·
35 Μεσσανίου δὲ γέροντος
δονηθεῖσα φρὴν βόασε παῖδα ὅν·

(Στροφὴ ε'.)

χαμαιπετὲς δ' ἄρ' ἔπος οὐκ ἀπέριψεν· αὐτοῦ
μένων δ' ὁ θεῖος ἀνὴρ
πρίατο μὲν θανάτοιο κομιδὰν πατρός,
40 ἐδόκησέν τε τῶν πάλαι γενεᾷ
ὁπλοτέροισιν, ἔργον πελώριον τελέσαις,
ὕπατος ἀμφὶ τοκεῦσιν ἔμμεν πρὸς ἀρετάν.
Τὰ μὲν παρίκει [3]·
τῶν νῦν δὲ καὶ Θρασύβουλος
45 πατρῴαν μάλιστα πρὸς στάθμαν ἔβα,

piens, l'homicide Memnon. Blessé par les traits de Páris, un des chevaux de Nestor avait arrêté son char; déjà Memnon brandissait une puissante javeline; éperdu, le vieillard messénien appela son fils,

(Strophe V.)

et sa parole ne fut pas vaine : le divin guerrier, s'arrêtant aussitôt paya de sa vie le retour de son père, et, par cet admirable dévouement, mérita parmi les jeunes héros des générations antiques le nom du plus pieux des fils. Ces temps sont loin de nous; mais aujourd'hui encore Thrasybule se montre le plus fidèle aux préceptes d'un père,

ἀναμείναις	ayant attendu-de-pied-ferme
στράταρχον	le chef-d'armée
Αἰθιόπων	des Éthiopiens
ἐναρίμβροτον Μέμνονα.	l'homicide Memnon.
Ἵππος γὰρ	Car un cheval
δαϊχθεὶς	blessé
ἐκ βελέων Πάριος	des traits de Pâris
ἐπέδα	entravait (arrêtait)
ἅρμα Νεστόρειον·	le char de-Nestor ;
ὁ δὲ	et celui-ci (Memnon)
ἔφεπεν	poussait-en-avant
ἔγχος κραταιόν·	une javeline puissante ;
φρὴν δὲ δονηθεῖσα	et l'esprit agité (éperdu)
γέροντος Μεσσανίου	du vieillard messénien
βόασεν ὃν παῖδα·	cria (appela) son fils ;
(Στροφὴ ε'.)	(Strophe V.)
οὐκ ἀπέριψε δὲ ἄρα	et il n'émit pas certes
ἔπος	une parole
χαμαιπετές·	tombée-à-terre (perdue) ;
ὁ δὲ ἀνὴρ θεῖος	mais le héros divin
μένων αὐτοῦ	demeurant là (sans reculer)
πρίατο μὲν θανάτοιο	acheta au prix de *sa* mort
κομιδὰν	l'arrivée (le retour, le salut)
πατρός,	de *son* père,
ἐδόκησέ τε	et parut
ὁπλοτέροισι	à ceux plus-capables-de-porter-les-[armes
γενεᾷ	par la naissance (l'âge)
τῶν πάλαι,	d'entre les *hommes* d'autrefois,
τελέσαις ἔργον	ayant accompli une action
πελώριον,	prodigieuse (admirable),
ἔμμεν ὕπατος	être le plus haut (le plus grand)
πρὸς ἀρετὰν	quant à la vertu
ἀμφὶ τοκεῦσι.	au sujet des parents.
Τὰ μὲν	Ces *temps* à la vérité
παρίκει·	passent (sont passés) ;
τῶν δὲ νῦν	mais de ceux d'à présent
καὶ Θρασύβουλος	Thrasybule aussi
ἔβα μάλιστα	a marché (marche) le mieux
πρὸς στάθμαν πατρῴαν,	selon la règle paternelle,

(Στροφὴ ς'.)

πάτρῳ τ' ἐπερχόμενος ἀγλαίαν ἔδειξεν [1].
Νόῳ δὲ πλοῦτον ἄγει [2],
ἄδικον οὔθ' ὑπέροπλον ἥβαν δρέπων,
σοφίαν δ' ἐν μυχοῖσι Πιερίδων·
50 τίν τ', Ἐλέλιχθον, ὀργαῖς ἐς ἱππίαν ἔξοδον [3]
μάλα ἁδόντι νόῳ, Ποσειδᾶν, προςέχεται.
Γλυκεῖα δὲ φρὴν
καὶ συμπόταισιν ὁμιλεῖν [4]
μελισσᾶν ἀμείβεται τρητὸν πόνον.

(Strophe VI.)

et, marchant sur les traces d'un oncle, brille par sa vertu; il sait user noblement de la richesse, écarte de son jeune cœur l'injustice et l'insolence, et va puiser la sagesse dans les retraites des Piérides; il t'honore aussi, ô Neptune, dieu qui ébranles la terre, car son âme est animée d'un vif amour pour les exercices équestres. Il nous charme dans les banquets, son cœur est plus doux que le miel des laborieuses abeilles.

(Στροφὴ ς'.)	(Strophe VI.)
ἐπερχόμενός τε	et allant-sur-les-traces
πάτρῳ	de *son* oncle
ἔδειξεν	a montré (fait voir)
ἀγλαΐαν.	de l'éclat (de la vertu).
Ἄγει δὲ πλοῦτον	Et il mène (gouverne) *sa* richesse
νόῳ,	avec intelligence,
δρέπων ἥβαν	ne cueillant une *fleur de* jeunesse
ἄδικον	*ni* injuste
οὔτε ὑπέροπλον,	ni insolente,
σοφίαν δὲ	mais *cueillant* la sagesse
ἐν μυχοῖσι Πιερίδων·	dans les retraites des Piérides;
προςέχεταί τέ τιν,	et il s'attache à toi,
Ποσειδᾶν	ô Neptune
ἐλέλιχθον,	qui-ébranles-la-terre,
ὀργαῖς	par *ses* instincts (son caractère)
ἐς ἔφοδον	*qui le porte* à l'abord
ἱππίαν	des-exercices-équestres
νόῳ ἁδόντι μάλα.	d'un esprit qui s'y plaît fort.
Φρὴν δὲ γλυκεῖα	Et *son* cœur doux
καὶ ὁμιλεῖν	aussi pour tenir-société
συμπόταισιν	à ceux-qui-boivent-ensemble
ἀμείβεται.	dépasse *en douceur*
πόνον	le travail
τρητὸν	fait-à-trous (les rayons de miel)
μελισσᾶν.	des abeilles.

ΕΙΔΟΣ Ζ'.

ΜΕΓΑΚΛΕΙ ΑΘΗΝΑΙΩ

ΤΕΘΡΙΠΠΩ.

(Στροφή.)

Κάλλιστον αἱ μεγαλοπόλιες Ἀθᾶναι
προοίμιον Ἀλκμανιδᾶν εὐρυσθενεῖ γενεᾷ [1]
κρηπῖδ' ἀοιδᾶν
ἵπποισι [2] βαλέσθαι.
5 Ἐπεὶ τίνα πάτραν, τίνα δ' οἶκον   5
ναίοντ' ὀνυμάξομαι
ἐπιφανέστερον
Ἑλλάδι πυθέσθαι [3] ;

(Ἀντιστροφή.)

Πάσαισι γὰρ πολίεσι λόγος ὁμιλεῖ
10 Ἐρεχθέος ἀστῶν, Ἄπολλον, οἳ τεόν γε δόμον   10
Πυθῶνι δία
θαητὸν ἔτευξαν [4].
Ἄγοντι δέ με πέντε μὲν Ἰσθμοῖ
νῖκαι, μία δ' ἐκπρεπής
15 Διὸς Ὀλυμπιάς,
δύο δ' ἀπὸ Κίρρας,

(Strophe.)

La grande Athènes est le plus beau prélude de l'hymne qui va célébrer les coursiers des puissants Alcméonides. Quelle patrie, quelle maison plus illustre dans la Grèce pourrais-je nommer?

(Antistrophe.)

Toutes les cités redisent les louanges des citoyens d'Érechthée ; ce sont eux, ô Apollon, qui, dans la divine Pytho, ont relevé ta magnifique demeure. Mon cœur s'anime à la pensée de ces cinq victoires isthmiques, de ce triomphe éclatant aux fêtes olympiques de Jupiter, des deux couronnes obtenues à Cirrha ;

ODE VII.

A MÉGACLÈS D'ATHÈNES

VAINQUEUR AU QUADRIGE.

(Στροφή.)	(Strophe.)
Αἱ Ἀθᾶναι	Athènes
μεγαλοπόλιες	la-grande-ville
κάλλιστον προοίμιον	*est* le plus beau prélude
βαλέσθαι κρηπῖδα	pour jeter le fondement
ἀοιδᾶν	de chants
ἵπποις	pour les chevaux (la victoire éques-
γενεᾷ εὐρυσθενεῖ	pour la race aux-vastes-forces [tre)
Ἀλκμανιδᾶν.	des Alcméonides.
Ἐπεὶ τίνα πάτραν,	Car quelle patrie,
τίνα οἶκον	quelle maison
ὀνυμάξομαι ναίοντα	nommerai-je *quelqu'un* habitant
ἐπιφανέστερον Ἑλλάδι	plus illustre dans la Grèce
πυθέσθαι ;	à entendre-dire (par la renommée) ?
(Ἀντιστροφή.)	(Antistrophe.)
Πάσαισι γὰρ πολίεσι	Car dans toutes les villes
ὁμιλεῖ	converse (est répandu, se répète)
λόγος	le discours (l'éloge)
ἀστῶν Ἐρεχθέος,	des citoyens d'Érechthée,
οἳ δίᾳ Πυθῶνι	qui dans la divine Pytho
ἔτευξαν	ont fabriqué (construit)
τεόν γε δόμον θαητόν,	du moins ta demeure admirable,
Ἄπολλον.	ô Apollon.
Ἄγοντι δέ με	Or elles entraînent moi
πέντε μὲν νῖκαι Ἰσθμοῖ,	d'un côté cinq victoires à l'Isthme,
μία δὲ Ὀλυμπιὰς	et une victoire-aux-jeux-Olympiques
ἐκπρεπὴς	éminente
Διός,	de Jupiter,
δύο δὲ	et deux encore
ἀπὸ Κίρρας,	*rapportées* de Cirrha,

(Ἐπῳδός.)

ὦ Μεγάκλεες, ὑμαί τε καὶ προγόνων. 15
Νέᾳ δ' εὐπραγίᾳ χαίρω τι· τὸ δ' ἄχνυμαι,
φθόνον ἀμειβόμενον τὰ καλὰ ἔργα. 20
20 Φαντί γε μὰν οὕτω κεν ἀνδρὶ παρμονίμαν
θάλλοισαν εὐδαιμονίαν
τὰ καὶ τὰ φέρεσθαι [1].

(*Épode.*)

toutes sont à vous, Mégaclès, et à vos aïeux. Votre nouveau triomphe me comble de joie ; mais je m'afflige de voir que l'envie est la récompense des belles actions. Telle est, dit-on, la destinée : le bonheur dont l'éclat est durable apporte à la fois à l'homme la joie et la douleur.

(Ἐπῳδός.)   (*Épode.*)

ὦ Μεγάκλεες,   ô Mégaclès,
ὑμαί τε   *victoires* et de-vous
καὶ προγόνων.   et de *vos* aïeux.
Χαίρω δέ τι   Et je me réjouis en quelque chose
νέᾳ εὐπραγίᾳ ·   de *votre* nouveau succès ;
τὸ δὲ ἄχνυμαι,   mais en ceci je m'afflige,
φθόνον   de voir l'envie
ἀμειβόμενον τὰ καλὰ ἔργα.   rémunérant les belles actions.
Φαντί γε μὰν   On dit en vérité
οὕτω κεν εὐδαιμονίαν   ainsi *même* le bonheur
θάλλοισαν παρμονίμαν   florissant stable
φέρεσθαι ἀνδρὶ   apporter à l'homme
τὰ   ces choses
καὶ τά.   et celles-là (la joie et la douleur).

ΠΥΘΙΟΝΙΚΑΙ.

ΕΙΔΟΣ Η'.

ΑΡΙΣΤΟΜΕΝΕΙ ΑΙΓΙΝΗΤΗ

ΠΑΛΑΙΣΤΗ.

(Στροφὴ α'.)

Φιλόφρον Ἀσυχία, Δίκας
ὦ μεγιστόπολι θύγατερ,
βουλᾶν τε καὶ πολέμων
ἔχοισα κλαῖδας ὑπερτάτας,   5
5 Πυθιόνικον τιμὰν Ἀριστομένει δέκευ [1].
Τὺ γὰρ τὸ μαλθακὸν ἔρξαι τε καὶ παθεῖν ὁμῶς
ἐπίστασαι καιρῷ σὺν ἀτρεκεῖ [2].

(Ἀντιστροφὴ α'.)

τὺ δ', ὁπόταν τις ἀμείλιχον   10
καρδίᾳ κότον ἐνελάσῃ,
10 τραχεῖα δυςμενέων
ὑπαντιάξαισα κράτει τιθεῖς
ὕβριν ἐν ἄντλῳ [3]. Τὰν οὐδὲ Πορφυρίων μάθεν   15

(Strophe I.)

Aimable Hésychie, fille de la Justice, toi qui fais grandir les cités et qui tiens en tes mains puissantes les clefs de la guerre et des conseils, daigne agréer ces honneurs rendus à Aristomène pour sa victoire aux jeux de Pytho. Tu sais toujours à propos donner et recevoir la joie ;

(Antistrophe I.)

mais lorsqu'un mortel remplit son cœur d'un amer courroux, tu t'élances terrible au-devant des coups des ennemis, et tu plonges l'injure au fond de l'abîme. L'insensé Porphyrion n'a pas senti qu'il

LES PYTHIQUES.

ODE VIII.

A ARISTOMÈNE D'ÉGINE

VAINQUEUR A LA LUTTE.

(Στροφὴ α'.)   (*Strophe I.*)
Φιλόφρον Ἀσυχία,   Bienveillante Tranquillité,
ὦ θύγατερ Δίκας   ô fille de la Justice
μεγιστόπολι,   *toi* qui-rends-très-grandes-les-villes,
ἔχοισα   *toi* qui-possèdes
κλαῖδας ὑπερτάτας   les clés suprêmes
βουλᾶν τε καὶ πολέμων,   et des conseils et des guerres,
δέκευ   agrée
τιμὰν Πυθιόνικον   *cet* honneur de-la-victoire-Pythique
Ἀριστομένει.   *rendu* à Aristomène.
Τὺ γὰρ ἐπίστασαι   Car tu sais
ἔρξαι τε   et faire (donner)
καὶ παθεῖν ὁμῶς   et éprouver pareillement
τὸ μαλθακὸν   ce *qui est* doux (les bienfaits)
σὺν καιρῷ   avec (dans) une occasion
ἀτρεκεῖ·   exacte (précise, convenable);

(Ἀντιστροφὴ α')   (*Antistrophe I.*)
τὺ δέ,   et toi,
ὁπόταν τις   lorsque quelqu'un
ἐνελάσῃ καρδίᾳ   a fait-entrer dans *son* cœur
κότον ἀμείλιχον,   un courroux non-doux (intraitable),
τραχεῖα   rude (terrible)   [opposée à]
ὑπαντιάξαισα   étant venue-à-la-rencontre de (t'étant
κράτει δυσμενέων   la force (violence) des ennemis
τιθεῖς ὕβριν   tu places (enfonces) l'injure
ἐν ἄντλῳ   dans la profondeur-de-la-mer.
Τὰν   Laquelle (la Tranquillité)
οὐδὲ Πορφυρίων μάθεν   Porphyrion n'a pas appris (compris)
ἐξερεθίζων   piquant (qu'il la provoquait)

παρ' αἶσαν ἐξερεθίζων [1]. Κέρδος δὲ φίλτατον,
ἑκόντος εἴ τις ἐκ δόμων φέροι [2].

(Ἐπῳδὸς α'.)

15 Βία δὲ καὶ μεγάλαυχον ἔσφαλεν ἐν χρόνῳ.   20
Τυφὼς Κίλιξ ἑκατόγκρανος οὔ μιν ἄλυξεν [3],
οὐδὲ μὰν βασιλεὺς Γιγάντων [4]· δμᾶθεν δὲ κεραυνῷ
τόξοισί τ' Ἀπόλλωνος· ὃς εὐμενεῖ νόῳ   25
Ξεναρχειον ἔδεκτο Κίρραθεν ἐστεφανωμένον
20 υἱὸν ποίᾳ Παρνασίδι Δωριεῖ τε κώμῳ.

(Στροφὴ β'.)

Ἔπεσε δ' οὐ Χαρίτων ἑκὰς [5]   30
ἁ δικαιόπολις ἀρεταῖς
κλειναῖσιν Αἰακιδᾶν
θίγοισα νᾶσος· τελέαν δ' ἔχει
25 δόξαν ἀπ' ἀρχᾶς. Πολλοῖσι [6] μὲν γὰρ ἀείδεται   35

te provoquait pour son malheur. Le bien le plus cher est celui que l'on emporte de la demeure du maître et de son aveu.

(*Épode I.*)

Avec le temps la violence renverse le superbe même qui l'emploie. Typhon de Cilicie, monstre aux cent têtes, n'a pu échapper au prix de son audace, non plus que le roi des Géants : tous deux furent domptés par la foudre et par les traits d'Apollon ; d'Apollon qui a reçu avec bonté le fils de Xénarque rapportant de Cirrha une double couronne, le feuillage vert du Parnasse et un hymne dorien.

(*Strophe II.*)

Elle n'est point méprisée des Grâces, cette île amie de la justice, qui a vu fleurir les vertus des illustres Éacides ; dès son berceau sa gloire est accomplie. Partout on célèbre cette mère féconde en

παρὰ αἶσαν. contre *son* bonheur.
Κέρδος δὲ φίλτατον, Or *c'est* un gain très-cher,
εἴ τις si quelqu'un
φέροι vient-à-emporter *quelque chose*
ἐκ δόμων de la demeure *d'un autre*
ἑκόντος. qui-*le*-veut-bien.

    (Ἐπῳδὸς α΄.)   (*Épode I*.)
Βία δὲ   Mais la force
ἔσφαλεν a fait-butter (abat, renverse)
ἐν χρόνῳ dans (avec) le temps
καὶ μεγάλαυχον. même le superbe.
Τυφὼς Κίλιξ Typhon le Cilicien
ἑκατόγκρανος aux-cent-têtes
οὐκ ἄλυξέ μιν, n'a pas évité elle (ses effets),
οὐδὲ μὰν ni en vérité non plus
βασιλεὺς Γιγάντων le roi des Géants;
δμᾶθεν δὲ mais ils furent domptés
κεραυνῷ par la foudre
τόξοισί τε et par les arcs (flèches)
Ἀπόλλωνος· d'Apollon;
ὃς ἔδεκτο d'*Apollon* qui a reçu
νόῳ εὐμενεῖ avec un esprit bienveillant
υἱὸν Ξενάρκειον le fils de-Xénarque
Κίῤῥαθεν *revenant* de Cirrha
ἐστεφανωμένον couronné
ποίᾳ Παρνασίδι de la verdure du-Parnasse
κώμῳ τε Δωριεῖ. et d'un chant dorien.

    (Στροφὴ β΄.)   (*Strophe II*.)
Ἁ δὲ νᾶσος   Mais l'île
δικαιόπολις à-la-cité-juste
θίγοισα ayant touché (obtenu)
ἀρεταῖς κλειναῖσιν les vertus fameuses
Αἰακιδᾶν des Éacides
οὐκ ἔπεσεν n'est pas tombée (reléguée)
ἑκὰς Χαρίτων· loin des Grâces;
ἔχει δὲ ἀπὸ ἀρχᾶς mais elle a dès l'origine
δόξαν τελέαν. une gloire accomplie.
Ἀείδεται μὲν γὰρ Car elle est chantée
πολλοῖσι par beaucoup d'*hommes*
θρέψαισα ayant (pour avoir) nourri

νικαφόροις ἐν ἀέθλοις θρέψαισα καὶ θοαῖς
ὑπερτάτους ἥρωας ἐν μάχαις·

(Ἀντιστροφὴ β'.)

τὰ δὲ καὶ ἀνδράσιν ἐμπρέπει.
Εἰμὶ δ' ἄσχολος ἀναθέμεν 40
30 πᾶσαν μακραγορίαν
λύρᾳ τε καὶ φθέγματι μαλθακῷ,
μὴ κόρος ἐλθὼν κνίσῃ [1]. Τὸ δ' ἐν ποσί μοι τράχον
ἴτω τεὸν χρέος, ὦ παῖ, νεώτατον καλῶν, 45
ἐμᾷ ποτανὸν ἀμφὶ μαχανᾷ [2].

(Ἐπῳδὸς β'.)

35 Παλαισμάτεσσι γὰρ οἰχνέων ματραδελφεοὺς
Ὀλυμπίᾳ τε Θεόγνητον οὐ κατελέγχεις [3], 50
οὐδὲ Κλειτομάχοιο νίκαν Ἰσθμοῖ θρασύγυιον·
αὔξων δὲ πάτραν Μιδυλιδᾶν λόγον φέρεις [4],
τὸν ὅνπερ ποτ' Οἰκλέος παῖς [5] ἐν ἑπταπύλοις ἰδὼν 55
40 υἱοὺς Θήβαις αἰνίξατο παρμένοντας αἰχμᾷ [6],

héros victorieux dans les luttes et irrésistibles dans les combats;

(*Antistrophe II.*)

elle n'est pas moins fière de ses citoyens. Mais je ne saurais confier de nombreuses paroles à la lyre et au chant mélodieux; je ne veux pas, par de trop longs discours, fatiguer ceux qui m'écoutent. Ce qui me presse, c'est que les louanges qui te sont dues, noble jeune homme, c'est que le dernier de tes exploits vole et se répande sur les ailes de mon génie.

(*Épode II.*)

Suivant dans les luttes les traces de tes oncles maternels, tu ne déshonores point Théognète proclamé à Olympie, ni la victoire que la vigueur de son corps assura dans l'Isthme à Clitomaque; tu rehausses encore la gloire des Midylides, tes pères, et tu mérites les éloges que prononça jadis le fils d'Oeclée, dans son langage mystérieux, à la vue des fils debout devant Thèbes aux sept portes et attendant de pied ferme le combat,

LES PYTHIQUES. VIII.

ἥρωας ὑπερτάτους	des héros très-éminents
ἐν ἀέθλοις νικαφόροις	dans les luttes victorieuses
καὶ ἐν μάχαις	et dans les combats
ἰοαῖς·	rapides (impétueux);
(Ἀντιστροφὴ β'.)	(Antistrophe II)
τὰ δὲ καὶ	et d'un autre côté encore
ἐμπρέπει ἀνδράσιν.	elle brille par *ses* hommes (citoyens).
Εἰμὶ δὲ ἄσχολος	Mais je suis sans-loisir
ἀναθέμεν λύρᾳ τε	pour attribuer (confier) et à la lyre
καὶ φθέγματι μαλθακῷ	et à la parole douce (au doux chant)
πᾶσαν μακραγορίαν,	toute longueur-de-discours,
μὴ κόρος ἐλθὼν	de peur que le dégoût étant venu
κνίσῃ.	ne pique *l'âme de ceux qui m'écou-*
Τὸ δὲ ἐν ποσὶ	Mais *ce qui est* devant les pieds [*tent.*
μοί,	à moi (ce qui me presse),
τεὸν χρέος	que ta dette (la louange qui t'est due)
ἴτω τράχον,	aille courant (s'élance vite),
ὦ παῖ,	ô jeune-homme,
νεώτατον καλῶν,	la plus récente de *tes* belles *actions,*
ποτανὸν ἀμφὶ ἐμᾷ μαχανᾷ.	*devenue* ailée grâce à mon art.
(Ἐπῳδὸς β'.)	(*Épode II.*)
Παλαισμάτεσσι γὰρ	Car dans les luttes
ἰχνέων	suivant-les-traces
ματραδελφεοὺς	des frères-de-ta-mère
οὐ κατελέγχεις τε Θεόγνητον	et tu ne déshonores pas Théognète
Ὀλυμπίᾳ,	*proclamé* à Olympie,
οὐδὲ νίκαν	et *tu ne déshonores* pas la victoire
θρασύγυιον	due-à-des-membres-vigoureux
Κλειτομάχοιο	de Clitomaque
Ἰσθμοῖ·	*victoire remportée* à l'Isthme;
αὔξων δὲ	mais faisant-croître (rehaussant)
πάτραν Μιδυλιδᾶν	la tribu des Midylides
φέρεις λόγον,	tu remportes la parole,
τὸν ὅνπερ ποτὲ	cette *parole* que jadis
παῖς Οἰκλέος	le fils d'OEclée
αἰνίξατο	dit-mystérieusement
ἰδὼν υἱοὺς	ayant vu les fils
ἐν Θήβαις ἑπταπύλοις	à Thèbes aux-sept-portes
παρμένοντας	demeurant-auprès-de (attendant de
αἰχμᾷ,	la lance (le combat), [pied ferme)

(Στροφὴ γ'.)

ὁπότ' ἀπ' Ἄργεος ἤλυθον
δευτέραν ὁδὸν Ἐπίγονοι.   60
Ὧδ' εἶπε μαρναμένων ¹·
« Φυᾷ τὸ γενναῖον ἐπιπρέπει
45   ἐκ πατέρων παισὶν λῆμα. Θαέομαι σαφὲς   65
δράκοντα ποικίλον αἴθας Ἀλκμᾶν' ² ἐπ' ἀσπίδος
νωμῶντα πρῶτον ἐν Κάδμου πύλαις.

(Ἀντιστροφὴ γ'.)

Ὁ δὲ καμὼν προτέρᾳ πάθᾳ
νῦν ἀρείονος ἐνέχεται   70
50   ὄρνιχος ἀγγελίᾳ
Ἄδραστος ἥρως ³· τὸ δὲ οἴκοθεν
ἀντία πράξει ⁴. Μόνος γὰρ ἐκ Δαναῶν στρατοῦ
θανόντος ὀστέα λέξαις υἱοῦ, τύχᾳ θεῶν   75
ἀφίξεται λαῷ σὺν ἀβλαβεῖ

(Ἐπῳδὸς γ'.)

55   Ἄβαντος ⁵ εὐρυχόρους ἀγυιάς. » Τοιαῦτα μὲν

(Strophe III.)

quand les Épigones quittèrent Argos pour une seconde expédition. Ils combattaient, et le devin s'écria : « La nature fait éclater dans « les fils l'esprit généreux qui animait les pères. Je vois, oui, je vois « Alcméon agitant le dragon tacheté de son bouclier étincelant; Alc- « méon est le premier aux portes de Cadmos.

(Antistrophe III.)

« Cet autre, éprouvé par une première défaite, et que ranime main- « tenant la nouvelle de présages meilleurs, c'est le héros Adraste; « mais il trouvera le deuil à son foyer. Seul de l'armée des Grecs, « il recueillera les os de son fils égorgé; la faveur des dieux le ra- « mènera avec son armée tout entière

(Épode III.)

« dans la vaste cité d'Abas. » Telles furent les paroles d'Amphia-

(Στροφὴ γ΄.)	(*Strophe III.*)
ὁπότε Ἐπίγονοι	quand les Épigones
ἤλυθον ἀπὸ Ἄργεος	vinrent d'Argos
δευτέραν ὁδόν.	dans *leur* seconde route (expédition).
Εἶπεν ὧδε,	Il dit ainsi,
μαρναμένων·	*eux* combattant :
« Φυᾷ	« Par la nature
τὸ λῆμα γενναῖον	la bravoure généreuse
ἐκ πατέρων	*venant* des pères
ἐπιπρέπει παισί.	brille-dans les fils.
Θαέομαι σαφὲς	Je vois manifestement
Ἀλκμᾶνα	Alcméon
νωμῶντα	agitant
δράκοντα ποικίλον	le dragon diversifié (tacheté)
ἐπὶ ἀσπίδος αἴθας,	sur *son* bouclier brûlant (étincelant),
πρῶτον	Alcméon le premier
ἐν πύλαις Κάδμου.	aux portes de Cadmos.
(Ἀντιστροφὴ γ΄.)	(*Antistrophe III.*)
Ὁ δὲ	Et celui-ci
ἥρως Ἄδραστος	le héros Adraste
καμὼν	étant fatigué (abattu)
προτέρα πάθᾳ	d'une première défaite
νῦν ἐνέχεται	maintenant est compris-dans (est l'ob-
ἀγγελίᾳ	l'annonce [jet de]
ὄρνιχος ἀρείονος·	d'un oiseau (présage) meilleur ;
τὸ δὲ οἴκοθεν	mais du côté de *sa* maison
πράξει	il fera (éprouvera)
ἀντία.	des choses contraires (des revers).
Μόνος γὰρ	Car seul
ἐκ στρατοῦ Δαναῶν	de l'armée des Grecs
λέξαις ὀστέα	ayant recueilli les os
υἱοῦ θανόντος,	de *son* fils mort,
τύχᾳ θεῶν	par la faveur des dieux
ἀφίξεται	il arrivera
σὺν λαῷ	avec un peuple (une armée)
ἀβλαβεῖ	intacte
(Ἐπῳδὸς γ΄.)	(*Épode III.*)
ἀγυιὰς Ἄβαντος	dans les rues (la ville) d'Abas
εὐρυχόρους. »	aux-vastes-danses (à la vaste encein-
Ἀμφιάρηος μὲν	Amphiaraos donc [te). »

ἐφθέγξατ' Ἀμφιάρηος. Χαίρων δὲ καὶ αὐτὸς
Ἀλκμᾶνα στεφάνοισι βάλλω, ῥαίνω δὲ καὶ ὕμνῳ,   80
γείτων ὅτι μοι καὶ κτεάνων φύλαξ ἐμῶν
ὑπάντασέ τ' ἰόντι γᾶς ὀμφαλὸν παρ' ἀοίδιμον,   85
60 μαντευμάτων τ' ἐφάψατο συγγόνοισι τέχναις [1].

(Στροφὴ δ'.)

Τὺ δ', ἑκαταβόλε, πάνδοκον
ναὸν εὐκλέα διανέμων   90
Πυθῶνος ἐν γυάλοις,
τὸ μὲν μέγιστον τόθι χαρμάτων
65 ὤπασας [2]· οἴκοι δὲ πρόσθεν ἁρπαλέαν δόσιν
πενταθλίου σὺν ἑορταῖς ὑμαῖς ἐπάγαγες [3].   95
Ἄναξ, ἑκόντι δ' εὔχομαι νόῳ

(Ἀντιστροφὴ δ'.)

κατὰ τὶν ἁρμονίαν βλέπειν [4],
ἀμφ' ἕκαστον ὅσα νέομαι.

raos. Et moi aussi, je suis heureux de jeter des couronnes à Alcméon, de verser sur lui la rosée de mes hymnes ; il habite près de moi, il protége mes biens, il s'est présenté à moi lorsque j'allais vers l'auguste centre de la terre, et pour moi il a donné carrière au génie prophétique que lui ont transmis ses pères.

(Strophe IV.)

Et toi, dieu qui lances au loin les traits, et qui dans les vallons de Pytho gouvernes le temple glorieux ouvert à tous les mortels, tu viens d'accorder à Aristomène le plus grand des bonheurs; déjà dans sa patrie, où se célèbrent vos fêtes, tu lui avais décerné le prix du pentathle, objet de ses vœux. Dieu puissant, je t'en supplie, abaisse un regard de bonté

(Antistrophe IV.)

sur un hymne qui te chante et qui rappelle tant de triomphes. La

LES PYTHIQUES. VIII.

ἐφθέγξατο τοιαῦτα.	dit de telles paroles.
Καὶ αὐτὸς δὲ	Moi-même aussi donc
χαίρων	me réjouissant (avec joie)
βάλλω	je frappe-en-lançant (couvre)
Ἀλκμᾶνα	Alcméon
στεφάνοισι,	de couronnes,
ῥαίνω δὲ καὶ ὕμνῳ,	et je l'arrose aussi d'un hymne,
ὅτι γείτων μοι	parce qu'*il est* voisin à moi
καὶ φύλαξ ἐμῶν κτεάνων,	et gardien de mes biens,
ὑπάντασέ τε	et s'est trouvé-à-la-rencontre *à moi*
ἰόντι	qui allais
παρὰ ὀμφαλὸν ἀοίδιμον	vers le nombril digne-d'être-célébré
γᾶς,	de la terre,
ἐφάψατό τε	et a touché (s'est livré)
τέχναις συγγόνοις	aux arts innés (de sa famille)
μαντευμάτων.	des prophéties.
(Στροφὴ δ'.)	(Strophe IV.)
Τὺ δέ,	Et toi,
ἑκαταβόλε,	*dieu* qui-lances-loin *les traits*,
διανέμων	gouvernant
ναὸν εὐκλέα	e temple glorieux
πάνδοκον	qui-reçoit-tous-*les-hommes*
ἐν γυάλοις Πυθῶνος,	dans les vallons de Pytho,
ὤπασας μὲν τόθι	tu *lui* as accordé (donné) là
τὸ μέγιστον χαρμάτων·	la plus grande des joies;
πρόσθε δὲ	et auparavant
οἴκοι	à la maison (dans sa patrie)
ἐπάγαγες	tu as amené-vers *lui*
σὺν ὑμαῖς ἑορταῖς	avec (pendant) vos fêtes
δόσιν ἁρπαλέαν	le don (prix) désiré-avec-ardeur
πενταθλίου.	du pentathle
Ἄναξ,	Prince (puissant dieu),
εὔχομαι δὲ	eh bien je *te* prie
καταβλέπειν	de regarder-en-baissant-les-yeux
(Ἀντιστροφὴ δ'.)	(Antistrophe IV.)
νόῳ	d'un esprit
ἑκόντι	*le*-voulant-bien (propice)
ἁρμονίαν τίν,	l'harmonie (l'hymne) à (de) toi,
ὅσα νέομαι	en tout ce que je vais (m'arrête)
ἀμφὶ ἕκαστον.	autour de (sur) chaque *exploit*.

70 Κώμῳ μὲν ἁδυμελεῖ
Δίκα παρέστακε· θεῶν δ' ὄπιν   100
ἄφθιτον αἰτέω, Ξέναρκες, ὑμετέραις τύχαις.
Εἰ γάρ τις ἐσλὰ πέπαται μὴ σὺν μακρῷ πόνῳ,
πολλοῖς σοφὸς δοκεῖ πεδ' ἀφρόνων   105

(Ἐπῳδὸς δ'.)

75 βίον κορυσσέμεν ὀρθοβούλοισι μαχαναῖς·
τὰ δ' οὐκ ἐπ' ἀνδράσι κεῖται· δαίμων δὲ παρίσχει ¹,
ἄλλοτ' ἄλλον ὕπερθε βάλλων, ἄλλον δ' ὑπὸ χειρῶν   110
μέτρῳ καταβαίνει. Μεγάροις δ' ἔχεις γέρας,
μυχῷ τ' ἐν Μαραθῶνος ², Ἥρας τ' ἀγῶν' ἐπιχώριον
80 νίκαις τρισσαῖς, ὦ 'ριστόμενες, δάμασσας ἔργῳ ³. 115

(Στροφὴ ε'.)

Τέτρασι δ' ἔμπετες ὑψόθεν
σωμάτεσσι κακὰ φρονέων ⁴,
τοῖς οὔτε νόστος ὁμῶς

Justice préside à mes vers harmonieux; je prie les dieux, ô Xénarque, de veiller éternellement sur vos destinées. Qu'un homme ait amassé des biens sans de longs travaux, la foule des insensés croit reconnaître en lui la sagesse

(*Épode IV.*)

qui règle la vie par de prudents efforts; mais le bonheur ne dépend pas de l'homme : c'est dieu qui le donne, dieu qui tantôt élève l'un, tantôt abaisse l'autre sous le niveau de sa main. O Aristomène, tu t'es couvert de gloire, et à Mégare, et dans la plaine de Marathon; tu as enlevé trois victoires aux jeux de Junon, dans ta patrie.

(*Strophe V.*)

On t'a vu, plein de pensées menaçantes, tomber de toute ta hau-

LES PYTHIQUES. VIII.

Δίκα μὲν	La justice
παρέστακε	se tient-auprès-de (préside à)
κώμῳ	l'hymne
ἀδυμελεῖ·	aux-douces-mélodies ;
αἰτέω δέ, Ξέναρκες,	or je demande, ô Xénarque,
ὄπιν ἄφθιτον	un soin impérissable (éternel)
θεῶν	des dieux
ὑμετέραις τύχαις.	pour vos destinées.
Εἰ γάρ τις	Car si quelqu'un
πέπαται ἐσλὰ	a acquis des biens
μὴ σὺν μακρῷ πόνῳ,	non avec une longue peine,
δοκεῖ πολλοῖς	il paraît à beaucoup
πεδὰ ἀφρόνων	parmi les insensés
σοφός.	habile.
(Ἐπῳδὸς δ'.)	(Épode IV.)
κορυσσέμεν βίον	à équiper (régler) *sa* vie
μαχαναῖς	par des moyens (efforts)
ὀρθοβούλοις·	aux-conseils-droits (prudents) ;
τὰ δὲ οὐ κεῖται	mais ces choses ne sont pas établies
ἐπὶ ἀνδράσι·	au pouvoir des hommes ;
δαίμων δὲ παρίσχει,	mais une divinité *les* donne,
βάλλων ὕπερθε	lançant en haut
ἄλλοτε ἄλλον,	d'autres fois un autre,
καταβαίνει δὲ ἄλλον	et elle fait-descendre un autre
ὑπὸ μέτρῳ χειρῶν.	sous la mesure de *ses* mains.
Ἔχεις δὲ γέρας	Or tu as de l'honneur (tu t'es illustré)
Μεγάροις,	à Mégare,
ἔν τε μυχῷ Μαραθῶνος,	et dans l'enfoncement de Marathon,
δάμασσας δὲ ἔργῳ	et tu as dompté par l'action
τρισσαῖς νίκαις,	par de triples (trois) victoires,
ὦ Ἀριστόμενες,	ô Aristomène,
ἀγῶνα ἐπιχώριον	le combat (les jeux) de-ton-pays
Ἥρας.	de Junon.
(Στροφὴ ε.)	(Strophe V.)
Ἔμπετες δὲ	Et tu es tombé
ὑψόθεν,	d'en haut,
φρονέων κακά,	méditant de funestes *pensées*,
τέτρασι σωμάτεσσι,	sur quatre corps,
τοῖς οὔτε νόστος ἔπαλπνος	auxquels ni un retour agréable
κρίθη	n'a été décerné

ἔπαλπνος ἐν Πυθιάδι κρίθη, 120
85 οὐδὲ μολόντων πὰρ ματέρ' ἀμφὶ γέλως γλυκὺς
ὦρσεν χάριν· κατὰ λαύρας δ' ἐχθρῶν ἀπάοροι
πτώσσοντι, συμφορᾷ δεδαιγμένοι. 125

(Ἀντιστροφὴ ε'.)

Ὁ δὲ καλόν τι νέον λαχὼν
ἁβρότατος ἐπὶ μεγάλας [1]
90 ἐξ ἐλπίδος πέταται
ὑποπτέροις ἀνορέαις, ἔχων 130
κρέσσονα πλούτου μέριμναν [2]. Ἐν δ' ὀλίγῳ βροτῶν
τὸ τερπνὸν αὔξεται· οὕτω δὲ καὶ πιτνεῖ χαμαί,
ἀποτρόπῳ γνώμᾳ [3] σεσεισμένον.

(Ἐπῳδός .)

95 Ἐπάμεροι [4]· τί δέ τις; τί δ' οὔ τις; Σκιᾶς ὄναρ 135
ἄνθρωπος [5]. Ἀλλ' ὅταν αἴγλα διόσδοτος ἔλθῃ,

leur sur quatre adversaires; Pytho ne leur a point décerné comme à toi un agréable retour, et en revoyant une mère, un doux sourire n'a point fait naître la joie autour d'eux ; mais, fuyant leurs ennemis, ils se cachent loin des regards, rongés par le souvenir de leur malheur.

(Antistrophe V.)

Celui à qui la victoire vient de sourire encore, le cœur ému d'espérance et de bonheur, vole sur l'aile des pensées généreuses, et nourrit une ambition supérieure aux richesses. La fortune de l'homme grandit en un moment ; en un moment elle tombe par terre, renversée par une volonté ennemie.

(Epode V.)

Nous ne vivons qu'un jour. Que sommes-nous? Que ne sommes-nous pas? Le rêve d'une ombre, voilà l'homme. Mais quand vient

ὁμῶς	pareillement (comme à toi)
ἐν Πυθιάδι,	dans la Pythiade,
οὐδὲ μολόντων	ni eux étant revenus
παρὰ ματέρα	près de *leur* mère
γέλως γλυκὺς	un rire doux
ὦρσε χάριν	n'a excité la joie
ἀμφί·	autour d'*eux*;
ἀπάοροι δὲ	mais éloignés de (évitant)
ἐχθρῶν	*leurs* ennemis
πτώσσοντι	ils se blottissent
κατὰ λαύρας,	dans les ruelles,
δεδαιγμένοι	mordus (blessés, attristés)
συμφορᾷ.	par *leur* malheur.
(Ἀντιστροφὴ ε'.)	(Antistrophe V.)
Ὁ δὲ λαχὼν	Mais celui qui a obtenu
τὶ καλὸν νέον	quelque succès récent
ἐκ μεγάλας ἐλπίδος	par suite d'un grand espoir
ἐπὶ ἁβρότατος	*qui repose* sur *sa* magnificence (son bonheur
πέταται	vole
ἀνορέαις	sur des pensées-généreuses
ὑποπτέροις,	soutenues-par-des-ailes,
ἔχων μέριμναν	ayant un souci (une ambition)
κρέσσονα πλούτου.	supérieure à la richesse.
Τὸ δὲ τερπνὸν	Or le plaisir (bonheur)
βροτῶν	des mortels
αὔξεται ἐν ὀλίγῳ·	grandit en peu de *temps*;
οὕτω δὲ καὶ	et ainsi aussi (de même)
πιτνεῖ χαμαί,	il tombe à terre,
σεσεισμένον	secoué (ébranlé)
γνώμᾳ	par une volonté
ἀποτρόπῳ.	détournée (contraire, ennemie).
(Ἐπῳδὸς ε'.)	(Épode V.)
Ἐπάμεροι·	Nous sommes éphémères;
τί δέ τις;	quoi donc *est* quelqu'un?
τί δὲ οὔ τις;	et quoi n'*est* pas quelqu'un?
Ἄνθρωπος	L'homme
ὄναρ σκιᾶς.	*est* le rêve d'une ombre.
Ἀλλ' ὅταν αἴγλα	Mais quand l'éclat (la gloire)
διόςδοτος	donnée-par-Jupiter
ἔλθῃ,	est venue,

λαμπρὸν φέγγος ἔπεστιν ἀνδρῶν καὶ μείλιχος αἰών.
Αἴγινα, φίλα μᾶτερ, ἐλευθέρῳ στόλῳ 140
πόλιν τάνδε κόμιζε ¹ Δὶ καὶ κρέοντι σὺν Αἰακῷ
100 Πηλεῖ τε κἀγαθῷ Τελαμῶνι σύν τ' Ἀχιλλεῖ. 145

la gloire, quand Jupiter la donne, une vive lumière nous entoure, et notre existence n'est que douceur. Egine, mère chérie, que par toi cette cité vogue heureuse et libre, sous la faveur de Jupiter, du puissant Éaque, de Pélée, du valeureux Télamon et d'Achille.

φέγγος λαμπρὸν ἀνδρῶν	une lumière éclatante des hommes
ἔπεστι	survient
καὶ αἰὼν μείλιχος.	et une vie douce-comme-le-miel.
Αἴγινα, μᾶτερ φίλα,	Égine, mère chérie,
κόμιζε τάνδε πόλιν	conduis cette ville
στόλῳ ἐλευθέρῳ	par une navigation libre
σὺν Δὶ	avec Jupiter
καὶ κρέοντι Αἰακῷ	et le puissant Éaque
Πηλεῖ τε	et Pélée
καὶ ἀγαθῷ Τελαμῶνι	et le brave Télamon
σύν τε Ἀχιλλεῖ.	et avec Achille.

ΠΥΘΙΟΝΙΚΑΙ.

ΕΙΔΟΣ Θ'.

ΤΕΛΕΣΙΚΡΑΤΕΙ ΚΥΡΗΝΑΙῼ

ΟΠΛΙΤΟΔΡΟΜῼ.

(Στροφὴ α'.)
Ἐθέλω χαλκάσπιδα [1] Πυθιονίκαν
σὺν βαθυζώνοισιν ἀγγέλλων
Τελεσικράτη Χαρίτεσσι [2] γεγωνεῖν,
ὄλβιον ἄνδρα, διωξίππου στεφάνωμα Κυράνας [3].   5
5   τὰν ὁ χαιτάεις ἀνεμοσφαράγων ἐκ Παλίου κόλπων
          ποτὲ Λατοΐδας
ἅρπασ', ἔνεικέ τε χρυσέῳ παρθένον ἀγροτέραν [4] δί-
          φρῳ, τόθι νιν πολυμήλου   10
καὶ πολυκαρποτάτας θῆκε δέσποιναν χθονὸς
ῥίζαν ἀπείρου τρίταν εὐήρατον θάλλοισαν οἰκεῖν [5].   15

(*Strophe I.*)

Protégé par les Grâces au sein puissant, je veux publier la victoire remportée dans les jeux de Pytho par Télésicrate au bouclier d'airain; je veux chanter ce fortuné mortel, l'orgueil de Cyrène amie des coursiers; Cyrène, que le dieu à la longue chevelure, le fils de Latone, enleva jadis dans les vallées orageuses du Pélion, et qu'il emporta sur son char d'or, pour faire régner cette vierge chasseresse sur une terre riche en troupeaux et féconde en moissons, sur la belle et riante Libye, troisième partie d'un vaste continent.

ODE IX.

A TÉLÉSICRATE DE CYRÈNE

VAINQUEUR A LA COURSE ARMÉE.

(Στροφὴ α'.)	(Strophe I.)
Ἐθέλω	Je veux
σὺν Χαρίτεσσι	avec les Grâces
βαθυζώνοισιν	à-la-vaste-ceinture
ἀγγέλλων	annonçant (proclamant)
γεγωνεῖν	chanter
Τελεσικράτη	Télésicrate
χαλκάσπιδα	au-bouclier-d'airain
Πυθιονίκαν,	vainqueur-aux-jeux-Pythiques,
ἄνδρα ὄλβιον,	homme fortuné,
στεφάνωμα	couronne (gloire, orgueil)
Κυράνας διωξίππου ·	de Cyrène qui-presse-des-coursiers ;
τάν ποτε	*Cyrène* que jadis
ὁ χαιτάεις Λατοΐδας	le *dieu* chevelu fils-de-Latone
ἅρπασεν	enleva
ἐκ κόλπων Παλίου	des gorges (vallons) du Pélion
ἀνεμοσφαράγων,	qui-retentissent-du-bruit-des-vents,
ἔνεικέ τε	et il *l'*emporta
παρθένον ἀγροτέραν	vierge sauvage (chasseresse)
δίφρῳ χρυσέῳ,	sur *son* char d'-or,
θῆκέ νιν τόθι	*et* il établit elle là
δέσποιναν χθονὸς	maîtresse d'une terre
πολυμήλου	abondante-en-troupeaux
καὶ πολυκαρποτάτας	et très-abondante-en-fruits
οἰκεῖν	pour habiter
τρίταν ῥίζαν	la troisième racine (partie)
ἀπείρου	du continent
θάλλοισαν εὐήρατον.	*racine* qui fleurit très-aimable.

(Ἀντιστροφὴ α'.)

Ὑπέδεκτο δ' ἀργυρόπεζ' Ἀφροδίτα
10 Δάλιον ξεῖνον θεοδμάτων
ὀχέων ἐφαπτομένα χερὶ κούφᾳ ¹·
καί σφιν ἐπὶ γλυκεραῖς εὐναῖς ἐρατὰν βάλεν αἰδῶ ², 20
ξυνὸν ἁρμόζοισα θεῷ τε γάμον μιχθέντα κούρᾳ θ'
Ὑψέος εὐρυβία·
ὃς Λαπιθᾶν ὑπερόπλων τούτακις ἦν βασιλεύς, ἐξ
Ὠκεανοῦ γένος ἥρως 25
15 δεύτερος· ὅν ποτε Πίνδου κλεενναῖς ἐν πτυχαῖς
Ναῒς εὐφρανθεῖσα Πηνειοῦ λέγει Κρείοισ' ἔτικτεν, 30

(Ἐπῳδὸς α'.)

Γαίας θυγάτηρ. Ὁ δὲ τὰν εὐώλενον
θρέψατο παῖδα Κυράναν· ἅ μὲν οὔθ' ἱστῶν παλιμ-
βάμους ἐφίλασεν ὁδούς,

(*Antistrophe I.*)

Vénus aux pieds d'albâtre accueillit elle-même l'hôte de Délos, et d'une main légère arrêta le char divin ; à leurs douces caresses, elle associa l'aimable pudeur, et accomplit l'hymen du dieu et de la fille du puissant Hypsée, roi des valeureux Lapithes, noble petit-fils de l'Océan, qu'enfanta jadis dans les fameux vallons du Pinde une Naïade joyeuse des embrassements du Pénée, Créuse,

(*Épode I.*)

fille de la Terre. Il vit grandir sous ses yeux son enfant, la belle Cyrène : jamais la jeune fille ne se plut à faire courir sur la toile la

(Ἀντιστροφὴ α'.)	(Antistrophe I.)
Ἀφροδίτα δὲ	Et Vénus
ἀργυρόπεζα	aux-pieds-d'argent
ὑπέδεκτο ξεῖνον Δάλιον	accueillit l'hôte de-Délos
ἐφαπτομένα	touchant
χερὶ κούφᾳ	d'une main légère
ὀχέων	le char
θεοδμάτων·	construit-par-les-dieux ;
καὶ ἐπέβαλέ σφιν	et elle ajouta à eux
αἰδῶ ἐρατὰν	la pudeur aimable
γλυκεραῖς εὐναῖς,	à *leurs* doux accouplements,
ἁρμόζοισα	arrangeant
γάμον ξυνὸν	un hymen commun
μιχθέντα θεῷ τε	mêlé (contracté) et par le dieu
κούρᾳ τε Ὑψέος	et par la fille d'Hypsée
εὐρυβία·	aux-vastes-forces ;
ὃς ἦν τούτακις	d'*Hypsée* qui était alors
βασιλεὺς Λαπιθᾶν	roi des Lapithes
ὑπερόπλων,	fiers-de-leurs-armes (belliqueux),
ἥρως	héros
δεύτερος γένος	second par la naissance (petit-fils)
ἐξ Ὠκεανοῦ·	*issu* de l'Océan ;
ὅν ποτε	*Hypsée* que jadis
ἐν πτυχαῖς	dans les enfoncements (gorges)
κλεενναῖς	célèbres
Πίνδου	du Pinde
Ναΐς	une Naïade
εὐφρανθεῖσα	réjouie (charmée)
λέχει Πηνειοῦ	par la couche du Pénée
ἔτικτε,	enfanta,
Κρέοισα,	*Naïade qui était* Créuse,
(Ἐπῳδὸς α'.)	(Epode I.)
θυγάτηρ Γαίας.	fille de la Terre.
Ὁ δὲ θρέψατο	Et celui-ci (Hypsée) nourrit (éleva)
παῖδα	sa fille
τὰν Κυράναν εὐώλενον	Cyrène aux-beaux-bras ;
ἁ μὲν ἐφίλασεν	celle-ci n'aima
οὐδὲ ὁδοὺς	ni les marches
παλιμβάμους	allant-en-sens-contraire
ἱστῶν,	des toiles (de la navette),

οὔτε δείπνων οἰκοριᾶν μεθ' ἑταιρᾶν [1] τέρψιας, 35
20 ἀλλ' ἀκόντεσσίν τε χαλκέοις
φασγάνῳ τε μαρναμένα κεράϊζεν ἀγρίους
θῆρας, ἢ πολλάν τε καὶ ἀσύχιον 40
βουσὶν εἰράναν παρέχοισα πατρῴαις, τὸν δὲ σύγκοι-
τον γλυκὺν
παῦρον ἐπὶ γλεφάροις
25 ὕπνον ἀναλίσκοισα ῥέποντα πρὸς ἀῶ [2].

(Στροφὴ β'.)

Κίχε νιν λέοντί ποτ' εὐρυφαρέτρας 45
ὀμβρίμῳ μούναν παλαίοισαν
ἄτερ ἐγχέων ἑκάεργος Ἀπόλλων.
Αὐτίκα δ' ἐκ μεγάρων Χείρωνα προσέννεπε φωνᾷ [3]·
30 « Σεμνὸν ἄντρον, Φιλυρίδα, προλιπὼν θυμὸν γυναι- 50
κὸς καὶ μεγάλαν δύνασιν
θαύμασον, οἷον ἀταρβεῖ νεῖκος ἄγει κεφαλᾷ, μόχθου
καθύπερθε νεᾶνις 55

navette légère, ou à prendre part aux joyeux festins avec des compagnes plus fidèles au foyer; mais, armant sa main du glaive et du javelot d'airain, elle détruisait les monstres sauvages, assurait aux troupeaux paternels une paix profonde et tranquille, et ne laissait guère le sommeil, ce doux compagnon de notre couche, reposer jusqu'à l'aurore sur sa paupière.

(*Strophe II.*)

Un jour le dieu qui lance au loin les traits, Apollon au vaste carquois, la vit lutter seule et sans armes contre un lion furieux. Aussitôt il appelle le Centaure, et le fait sortir de sa demeure : « Fils de Phi-
« lyre, quitte ton antre sacré, admire le courage et la force éton-
« nante d'une femme, vois de quel front intrépide, de quel cœur in-

οὔτε τέρψιας δείπνων	ni les plaisirs des banquets
μετὰ ἑταιρᾶν	avec des compagnes
οἰκοριᾶν,	qui-gardent-la-maison,
ἀλλὰ μαρναμένα	mais combattant
ἀκόντεσσί τε χαλκέοις	et avec des javelots d'-airain
φασγάνῳ τε	et avec le glaive
κεράϊζε	elle détruisait
θῆρας ἀγρίους,	les monstres sauvages,
ἦ παρέχοισα	assurément procurant
βουσὶ πατρῴαις	aux bœufs paternels
εἰράναν	une paix
πολλάν τε καὶ ἀσύχιον,	et grande et paisible,
ἀναλίσκοισα δὲ	et dépensant
παῦρον	faible (en petite quantité)
ἐπὶ γλεφάροις	sur *ses* paupières
τὸν ὕπνον	le sommeil
ῥέποντα	qui se glisse (se prolonge)
πρὸς ἀῶ,	jusqu'à l'aurore,
γλυκὺν σύγκοιτον.	doux compagnon-de-couche.
(Στροφὴ β'.)	(*Strophe II.*)
Ἀπόλλων	Apollon
εὐρυφαρέτρας	au-vaste-carquois
ἑκάεργος	qui-lance-au-loin-des-traits
κίχε νίν ποτε	trouva elle un jour
παλαίοισαν μούναν	luttant seule
ἄτερ ἐγχέων	sans traits (sans armes)
λέοντι ὀμβρίμῳ.	contre un lion impétueux.
Αὐτίκα δὲ	Et aussitôt
προςέννεπε φωνᾷ	il s'adressa avec *sa* voix (appela)
Χείρωνα	Chiron
ἐκ μεγάρων·	*pour le faire sortir* de *sa* demeure :
« Φιλυρίδα,	« Fils-de-Philyre,
προλιπὼν	ayant quitté
ἄντρον σεμνὸν	*ton* antre auguste
θαύμασον θυμὸν	admire le cœur (courage)
καὶ μεγάλαν δύνασιν	et la grande force
γυναικός,	d'une femme,
οἷον νεῖκος	quelle lutte
ἄγει	elle mène (soutient)
κεφαλᾷ ἀταρβεῖ,	d'une tête exempte-d'effroi,

ἦτορ ἔχοισα· φόβῳ δ' οὐ κεχείμανται φρένες.
Τίς νιν ἀνθρώπων τέκεν; ποίας δ' ἀποσπασθεῖσα
φύτλας

(Ἀντιστροφὴ β'.)

ὀρέων κευθμῶνας ἔχει σκιοέντων;   60
35 γεύεται δ' ἀλκᾶς ἀπειράντου.
Ὁσία κλυτὰν χέρα οἱ προςενεγκεῖν,
ἤ ῥα καὶ ἐκ λεχέων κεῖραι μελιηδέα ποίαν ¹; »
Τὸν δὲ Κένταυρος ζαμενής, ἀγανᾷ χλαρὸν γελάσσαις
ὀφρύϊ, μῆτιν ἑὰν   65
εὐθὺς ἀμείβετο· « Κρυπταὶ κλαΐδες ἐντὶ σοφᾶς Πει-
θοῦς ἱερᾶν φιλοτάτων ²,   70
40 Φοῖβε, καὶ ἔν τε θεοῖς τοῦτο κἀνθρώποις ὁμῶς
αἰδέοντ', ἀμφανδὸν ³ ἀδείας τυχεῖν τοπρῶτον εὐνᾶς.

« domptable une jeune fille soutient ce rude combat; la peur ne
« trouble point son âme. Quel mortel lui a donné le jour? de quelle
« tige est sorti ce rejeton

(*Antistrophe II.*)

« qui habite les retraites ombragées de ces montagnes? Combien
« sont puissantes les forces qu'elle déploie! Ne puis-je lui faire
« sentir ma divine main, ou cueillir dans de tendres embrassements
« cette fleur plus douce que le miel? » Le courageux Centaure déride
son front par un aimable sourire, et son avis ne se fait pas attendre :
« La sage Persuasion tient en ses mains les clefs mystérieuses des
« saintes amours; les dieux aussi bien que les hommes craignent de
« goûter au grand jour la douceur des premières caresses.

›εᾶνις,	jeune-fille
›χοισα ἦτορ	ayant un cœur
›αθύπερθε μόχθου·	au-dessus de la fatigue;
›ρένες δὲ	et *ses* esprits
›ὐ κεχείμανται φόβῳ.	ne sont pas agités par la peur.
›ίς ἀνθρώπων	Lequel des hommes
›έχε νιν;	a enfanté elle?
›οίας δὲ φύτλας	et de quelle race (tige)
›ποσπασθεῖσα	détachée
(Ἀντιστροφὴ β′.)	(*Antistrophe II.*)
ἔχει	a-t-elle (habite-t-elle)
›ευθμῶνας,	les cachettes (retraites)
›ρέων σκιοέντων;	de montagnes ombragées?
›εύεται δὲ	et elle goûte (fait preuve de, déploie)
›λκᾶς ἀπειράντου	une force infinie.
Ὁσία	*Est-il* légitime
›ροςενεγκεῖν οἱ	d'approcher d'elle
›έρα κλυτάν,	*ma* main illustre,
ἦ ῥα καὶ κεῖραι	ou donc aussi de cueillir
ἐκ	d'après (dans)
›εχέων	*sa* couche (*ses* embrassements)
›οίαν	*sa* verdure (fleur)
›ελιηδέα; »	douce-comme-le-miel? »
Κένταυρος δὲ ζαμενής,	Et le Centaure courageux,
γελάσσαις χλαρὸν	ayant ri agréablement
ὀφρύϊ ἀγανᾷ,	avec un sourcil doux,
ἀμείβετο τὸν εὐθὺς	répondit à lui aussitôt
ἑὰν μῆτιν·	*en donnant* son avis:
« Κλαΐδες	« Les clés
ἱερᾶν φιλοτάτων	des saintes tendresses
›οφᾶς Πειθοῦς	de (que tient) la sage Persuasion
ἐντὶ κρυπταί, Φοῖβε,	sont cachées (secrètes), ô Phébos,
καὶ ἔν τε θεοῖς	et parmi les dieux aussi
καὶ ἀνθρώποις	et parmi les hommes
αἰδέοντι ὁμῶς	on a-pudeur également
τοῦτο,	de ceci,
τυχεῖν	d'obtenir
ἀμφανδὸν	ouvertement (au grand jour)
τοπρῶτον	pour la première fois
ἀδείας εὐνᾶς.	une agréable couche.

ΠΥΘΙΟΝΙΚΑΙ Θ'.

(Ἐπῳδὸς β'.)

Καὶ γὰρ σέ, τὸν οὐ θεμιτὸν ψεύδει θιγεῖν [1], 75
ἔτραπε μείλιχος ὀργὰ παρφάμεν τοῦτον [2] λόγον. Κού-
    ρας δ', ὁπόθεν, γενεὰν
ἐξερωτᾷς, ὦ ἄνα; κύριον ὃς πάντων τέλος 80
45 οἶσθα καὶ πάσας κελεύθους·
ὅσσα τε χθὼν ἠρινὰ φύλλ' ἀναπέμπει, χὠπόσαι
ἐν θαλάσσᾳ καὶ ποταμοῖς ψάμαθοι
κύμασιν ῥιπαῖς τ' ἀνέμων κλονέονται, χὤ τι μέλλει,
    χὠπόθεν 85
ἔσσεται, εὖ καθορᾷς [3].
50 Εἰ δὲ χρὴ καὶ πὰρ σοφὸν ἀντιφερίξαι [4],

(Στροφὴ γ'.)

ἐρέω. Ταύτᾳ πόσις ἵκεο βᾶσσαν
τάνδε, καὶ μέλλεις ὑπὲρ πόντου 90
Διὸς ἔξοχον ποτὶ κᾶπον [5] ἐνεῖκαι·
ἔνθα νιν ἀρχέπολιν θήσεις, ἐπὶ λαὸν ἀγείραις

(*Épode II.*)

« Mais toi, qui ne devrais point connaître le mensonge, une hu-
« meur enjouée t'a inspiré des paroles peu sincères. Tu me demandes
« l'origine de cette jeune fille, toi, dieu puissant, qui sais la fin su-
« prême et les voies de toutes choses, toi qui comptes les feuilles que
« le printemps fait éclore sur la terre, et les grains de sable que les
« flots et le souffle impétueux des vents font rouler dans la mer et
« dans le lit des fleuves, toi dont l'œil découvre tout ce qui doit être
« et tout ce qui sera. Mais s'il m'est permis de lutter contre tant
« de sagesse,

(*Strophe III.*)

« je parlerai. Tu es venu dans cette vallée pour être l'époux de cette
« jeune vierge; tu dois la transporter au delà des eaux, dans les dé-
« licieux jardins de Jupiter; là, tu la feras reine d'une cité nouvelle,
« d'un peuple d'insulaires amené par toi sur une colline environnée

LES PYTHIQUES. IX.

(Ἐπῳδὸς β'.)	(Épode II.)
Καὶ γὰρ	Et en effet
ὀργὰ μείλιχος	*ton* caractère doux
ἔτραπε	a tourné (engagé)
παρφάμεν τοῦτον λόγον	à dire-en-dissimulant ce discours
σέ, τὸν οὐ θεμιτὸν	toi, à qui *il n'est* pas légitime
ψιγεῖν ψεύδει.	de toucher (pratiquer) le mensonge.
Ἐξερωτᾷς δὲ	Et tu *me* demandes
γενεὰν κούρας,	la race de la jeune-fille,
ὁπόθεν,	d'où *elle est*,
ὦ ἄνα;	ô dieu-puissant?
ὃς οἶσθα	*toi* qui sais
τέλος κύριον	la fin maîtresse (suprême)
καὶ πάσας κελεύθους	et toutes les voies
πάντων·	de toutes choses ;
ὅσσα τε φύλλα	et combien-de feuilles
ἀναπέμπει χθὼν ἠρινά,	pousse la terre au-printemps,
καὶ ὁπόσαι ψάμαθοι	et combien-de grains-de-sable
ἐν θαλάσσᾳ	dans la mer
καὶ ποταμοῖς	et dans les fleuves
κλονέονται κύμασι	sont roulés par les flots
ῥιπαῖς τε ἀνέμων,	et par les impulsions des vents,
καὶ καθορᾷς εὖ	et *qui* vois-en-entier bien
ὅ τι μέλλει,	ce qui doit-être,
καὶ ὁπόθεν ἔσσεται.	et d'où *cela* sera (viendra).
Εἰ δὲ χρὴ	Mais s'il faut (s'il est permis de)
ἀντιφερίξαι	rivaliser
καὶ πὰρ σοφόν,	même auprès d'un sage *comme toi*,
(Στροφή γ'.)	(Strophe III.)
ἐρέω.	je parlerai.
Ἵκεο τάνδε βᾶσσαν	Tu es venu dans cette vallée
πόσις ταύτᾳ,	*comme* époux pour celle-ci (Cyrène),
καὶ μέλλεις ἐνεῖκαι	et tu dois *l'*emporter
ὑπὲρ πόντου	au delà de la mer
ποτὶ κᾶπον ἔξοχον	vers le jardin distingué (superbe)
Διός·	de Jupiter ;
ἔνθα θήσεις νιν	là tu établiras elle
ἀρχέπολιν,	souveraine-d'une-ville,
ἐπαγείραις	ayant amené-en-foule
λαὸν νασιώταν	*le* peuple insulaire

55 νασιώταν ὄχθον ἐς ἀμφίπεδον [1] · νῦν δ' εὐρυλείμων
πότνιά σοι Λιβύα   95
δέξεται εὐκλέα νύμφαν δώμασιν ἐν χρυσέοις πρό-
φρων· ἵνα οἱ χθονὸς αἶσαν
αὐτίκα συντελέθειν ἔννομον δωρήσεται [2],   100
οὔτε παγκάρπων φυτῶν νήποινον, οὔτ' ἀγνῶτα θηρῶν.
(Ἀντιστροφὴ γ'.)
Τόθι παῖδα [3] τέξεται, ὃν κλυτὸς Ἑρμᾶς
60 εὐθρόνοις Ὥραισι καὶ Γαίᾳ [4]   105
ἀνελὼν φίλας ὑπὸ ματέρος οἴσει.
Ταὶ δ' ἐπιγουνίδιον κατθηκάμεναι βρέφος αὐταῖς,
νέκταρ ἐν χείλεσσι καὶ ἀμβροσίαν στάξοισι, θήσον-
ταί τέ νιν ἀθάνατον   110
Ζῆνα καὶ ἁγνὸν Ἀπόλλων' [5], ἀνδράσι χάρμα φίλοις
ἄγχιστον, ὀπάονα μήλων,
65 Ἀγρέα καὶ Νόμιον [6], τοῖς δ' Ἀρισταῖον καλεῖν [7]." 115

« de plaines; la divine Libye, riche en vastes prairies, accueillera
« avec joie dans ses palais dorés cette Nymphe glorieuse; elle lui don-
« nera des droits légitimes sur une contrée féconde en moissons et en
« fruits, et peuplée de bêtes sauvages.

(*Antistrophe III.*)

« Elle y mettra au jour un fils que l'illustre Mercure enlèvera à sa
« mère pour le confier à la Terre et aux Heures assises sur des trônes
« éclatants. Les déesses recevront l'enfant sur leurs genoux, feront
« couler sur ses lèvres le nectar et l'ambroisie, et le rendront im-
« mortel comme Jupiter et le chaste Apollon; protecteur assidu des
« mortels qu'il chérira, il veillera sur les troupeaux; ici on le nom-
« mera Agrée, Nomios, là il recevra le nom d'Aristée. » Ainsi parla

ἐς ὄχθον	vers une hauteur
ἀμφίπεδον·	environnée-de-plaines ;
νῦν δὲ πότνια Λιβύα	et maintenant l'auguste Libye
εὐρυλείμων	aux-vastes-prairies
πρόφρων δέξεταί σοι	bienveillante recevra pour toi
ἐν δώμασι χρυσέοις	dans un palais d'-or
νύμφαν εὐκλέα·	la nymphe glorieuse ;
ἵνα αὐτίκα	où (là) aussitôt
δωρήσεταί οἱ	elle donnera à elle
αἶσαν χθονὸς	un lot de terre
συντελέθειν	pour *lui* appartenir
ἔννομον,	légitime (légitimement),
οὔτε νήποινον	*terre qui ne sera* ni privée
φυτῶν	de plantes
παγκάρπων,	donnant-toute-sorte-de-fruits,
οὔτε ἀγνῶτα	ni sans-connaissance (dépourvue)
θηρῶν.	de bêtes-fauves.
(Ἀντιστροφὴ γ'.)	(*Antistrophe III.*)
Τόθι τέξεται παῖδα,	Là elle enfantera un fils,
ὃν κλυτὸς Ἑρμᾶς	que l'illustre Mercure
ἀνελὼν	ayant enlevé
οἴσει ὑπὸ φίλας ματέρος	portera d'auprès de sa mère
Ὥραισιν εὐθρόνοις	aux Heures au-beau-trône
καὶ Γαίᾳ.	et à la Terre.
Ταὶ δὲ	Et celles-ci
κατθηκάμεναι ἐπιγουνίδιον αὐταῖς	ayant placé-sur-les-genoux à elles
βρέφος,	le nourrisson,
στάξοισιν ἐν χείλεσσι	distilleront sur *ses* lèvres
νέκταρ καὶ ἀμβροσίαν,	le nectar et l'ambroisie,
θήσονταί τέ νιν	et établiront (rendront) lui
ἀθάνατον	immortel
Ζῆνα	un Jupiter
καὶ ἁγνὸν Ἀπώλλωνα,	et un chaste Apollon,
χάρμα	sujet-de-joie
ἄγχιστον	très-proche (dieu secourable)
ἀνδράσι φίλοις,	aux hommes chers *à lui*,
ὀπάονα μήλων,	serviteur (pasteur) de brebis,
Ἀγρέα καὶ Νόμιον,	Agrée et Nomios,
τοῖς δὲ Ἀρισταῖον	et pour ceux-ci (d'autres) Aristée
καλεῖν. »	à appeler (de son nom) »

Ὣς ἄρ' εἰπὼν ἔντυεν τερπνὰν γάμου κραίνειν τελευτάν ¹.
(Ἐπῳδὸς γ'.)
Ὠκεῖα δ' ἐπειγομένων ἤδη θεῶν ²
πρᾶξις ὁδοί τε βραχεῖαι. Κεῖνο κεῖν' ἆμαρ διαίτασεν ³·
Θαλάμῳ δὲ μίγεν 120
ἐν πολυχρύσῳ Λιβύας· ἵνα καλλίσταν πόλιν
70 ἀμφέπει κλεινάν τ' ἀέθλοις ⁴. 125
Καί νυν ἐν Πυθῶνί νιν ἀγαθέᾳ Καρνειάδα
υἱὸς εὐθαλεῖ συνέμιξε τύχᾳ·
ἔνθα νικάσαις ἀνέφανε Κυράναν, ἅ νιν εὔφρων δέ-
ξεται, 130
καλλιγύναικι πάτρᾳ
75 δόξαν ἱμερτὰν ἀγαγόντ' ἀπὸ Δελφῶν.
(Στροφὴ δ'.)
Ἀρεταὶ δ' αἰεὶ μεγάλαι πολύμυθοι ⁵·
βαιὰ δ' ἐν μακροῖσι ποικίλλειν,
ἀκοὰ σοφοῖς· ὁ δὲ καιρὸς ὁμοίως 135

le Centaure, et il pressa le dieu d'accomplir cette heureuse union.

(*Épode III.*)

Les voies des dieux sont promptes, et leur impatience ne connaît point de retard. Ce jour vit achever l'hymen ; ils s'unirent dans un palais d'or de la Libye, au lieu même où Cyrène gouverne une cité superbe, célèbre par les jeux. Ainsi, dans la divine Pytho, le fils de Carnéade l'associe à sa brillante fortune ; vainqueur, il couvre Cyrène de gloire, et Cyrène le recevra avec allégresse, lorsqu'il rapportera de Delphes dans sa patrie aux belles vierges une gloire objet de tous les vœux.

(*Strophe IV.*)

Les grandes vertus sont toujours une ample matière aux louanges ; mais dans un vaste sujet, il faut peu de paroles pour charmer l'oreille du sage ; saisir l'à-propos est en tout le plus grand mérite. Jadis Thèbes

Εἰπὼν ἄρα ὣς	Ayant donc dit ainsi
ἔντυε κραίνειν	il pressa *Apollon* d'accomplir
τελευτὰν τερπνὰν	la fin délicieuse
γάμου.	de *cet* hymen.
(Ἐπῳδὸς γ'.)	(*Epode III.*)
Πρᾶξις δὲ θεῶν	Or l'œuvre des dieux
ἐπειγομένων ἤδη	se hâtant déjà
ὠκεῖα,	*est* prompte,
ὁδοί τε βραχεῖαι.	et *leurs* voies *sont* courtes.
Κεῖνο ἆμαρ	Ce jour *même*
διαίτασε κεῖνο·	régla (accomplit) cela (l'hymen);
μίγεν δὲ	et ils se mêlèrent (s'unirent)
ἐν θαλάμῳ	dans une chambre-nuptiale
πολυχρύσῳ	abondante-en-or
Λιβύας·	de (en) Libye;
ἵνα ἀμφέπει	là où elle gouverne
πόλιν καλλίσταν	une ville très-belle
κλεινάν τε ἀέθλοις.	et célèbre par les luttes (jeux).
Καί νυν	Et aussi donc
ἐν Πυθῶνι ἀγαθέᾳ	dans Pytho très-divine
υἱὸς Καρνειάδα	le fils de Carnéade
συνέμιξέ νιν	a mêlé (associé) elle
τύχᾳ εὐθαλεῖ·	à une fortune bien-florissante;
ἔνθα νικάσαις	à *Pytho* où ayant vaincu
ἀνέφανε Κυράναν,	il a fait-briller Cyrène,
ἃ εὔφρων	qui bienveillante
δέξεταί νιν,	accueillera lui,
ἀγαγόντα ἀπὸ Δελφῶν	ayant amené de Delphes
πάτρᾳ καλλιγύναικι	à *sa* patrie aux-belles-femmes
δόξαν ἱμερτάν.	une gloire désirable.
(Στροφὴ δ'.)	(*Strophe IV.*)
Μεγάλαι δὲ ἀρεταὶ	Or les grandes vertus
αἰεὶ	*sont* toujours
πολύμυθοι·	fournissant-de-longs-récits;
ποικίλλειν δὲ	mais dire-avec-variété
βαιὰ	peu de choses
ἐν μακροῖσιν,	dans (sur) de longs *sujets*,
ἀκοὰ	*est* une audition *agréable*
σοφοῖς·	pour les sages;
ὁ δὲ καιρὸς	et l'opportunité

παντὸς ἔχει κορυφάν. Ἔγνον ποτὲ καὶ Ἰόλαον
80 οὐκ ἀτιμάσαντά νιν ἑπτάπυλοι Θῆβαι ¹· τόν, Εὐρυ-
σθέος ἐπεὶ κεφαλὰν
ἔπραθε φασγάνου ἀκμᾷ, κρύψαν ἔνερθ' ὑπὸ γᾶν δι-
φρηλάτα Ἀμφιτρύωνος
σάματι, πατροπάτωρ ἔνθα οἱ Σπαρτῶν ξένος ²
κεῖτο, λευκίπποισι Καδμείων μετοικήσαις ἀγυιαῖς.

(Ἀντιστροφὴ δ'.)

Τέκε οἱ καὶ Ζηνὶ μιγεῖσα δαΐφρων
85 ἐν μόναις ὠδῖσιν Ἀλκμήνα
διδύμων κρατησίμαχον σθένος υἱῶν.
Κωφὸς ἀνήρ τις, ὃς Ἡρακλεῖ στόμα μὴ παραβάλλει,
μηδὲ Διρκαίων ὑδάτων ἀὲ μέμναται ³, τά νιν θρέψαντο
καὶ Ἰφικλέα·
τοῖσι τέλειον ἐπ' εὐχᾷ κωμάσομαί τι παθὼν ἐσλόν ⁴.
Χαρίτων κελαδεννᾶν

aux sept portes vit de quel prix était l'occasion pour Iolas, et lorsqu'il eut abattu sous le tranchant du fer la tête d'Eurysthée, elle l'ensevelit au sein de la terre, dans le tombeau d'Amphitryon, conducteur de chars, à l'endroit même où reposait son aïeul paternel, hôte des Spartes, qui vint établir sa demeure dans les bourgades des Cadméens aux blancs coursiers.

(*Antistrophe IV.*)

La sage Alcmène s'unit à Amphitryon et à Jupiter, et d'un seul enfantement mit au jour deux fils fameux par leur force et par leurs victoires. La stupidité seule peut refuser d'ouvrir sa bouche aux louanges d'Hercule, et perdre le souvenir des eaux de Dircé, près desquelles furent élevés Hercule et Iphiclès ; pour moi, je chanterai ces héros toutes les fois que le succès couronnera mes vœux. Puissent

ἔχει κορυφὰν	a le sommet (est le principal)
παντὸς ὁμοίως.	de toute chose pareillement.
Θῆβαι ἑπτάπυλοι	Thèbes aux-sept-portes
ἔγνον ποτὲ	reconnut jadis
καὶ Ἰόλαον	aussi Iolas
οὐκ ἀτιμάσαντα	n'ayant pas dédaigné
νίν·	elle (l'opportunité);
τόν,	*Iolas* que,
ἐπεὶ ἔπραθεν	après qu'il eût ravagé (coupé)
ἀκμᾷ φασγάνου	avec le tranchant du glaive
κεφαλὰν Εὐρυσθῆος,	la tête d'Eurysthée,
κρύψαν ἔνερθε	elle (Thèbes) cacha en bas (ensevelit)
ὑπὸ γᾶν	sous la terre
σάματι Ἀμφιτρύωνος	dans le tombeau d'Amphitryon
διφρηλάτα,	conducteur-de-chars,
ἔνθα πατροπάτωρ οἱ	où le père-du-père (l'aïeul) à (de) lui
ξένος Σπαρτῶν	hôte des Spartes
κεῖτο,	était couché (gisait),
μετοικήσαις	étant venu-habiter
ἀγυιαῖς λευκίπποισι	dans les rues aux-blancs-coursiers
Καδμείων.	des Cadméens.
(Ἀντιστροφὴ δ'.)	(*Antistrophe IV.*)
Δαΐφρων Ἀλκμήνα	La prudente Alcmène
μιγεῖσά οἱ	s'étant mêlée (unie) à lui
καὶ Ζηνὶ	et à Jupiter
τέκεν ἐν μόναις ὠδῖσι	enfanta dans une seule couche
σθένος κρατησίμαχον	la force victorieuse-dans-les-combats
υἱῶν διδύμων.	de fils jumeaux.
Ἀνήρ τις κωφός,	Un homme *est* stupide,
ὃς μὴ παραβάλλει στόμα	qui n'applique pas *sa* bouche
Ἡρακλεῖ,	à *l'éloge d'*Hercule,
μηδὲ μέμναται ἀὲ	et ne se souvient pas toujours
ὑδάτων Διρκαίων,	des eaux Dircéennes,
τὰ θρέψαντό νιν	qui nourrirent lui
καὶ Ἰφικλέα·	et Iphiclès;
τοῖσι	*Hercule et Iphiclès* pour qui
κωμάσομαι	je chanterai
παθὼν	ayant éprouvé (toutes les fois que
ἐσλόν τι	quelque chose de bon [j'éprouverai]
τέλειον ἐπὶ εὐχᾷ.	accompli selon *mon* souhait.

90 μή με λίποι καθαρὸν φέγγος. Αἴγινα τε γὰρ
φαμὶ Νίσου τ' ἐν λόφῳ τρὶς δὴ πόλιν τάνδ' εὐκλεΐξαι,

(Ἐπῳδὸς δ'.)

σιγαλὸν ἀμαχανίαν ἔργῳ φυγών ¹ ·
οὕνεκεν, εἰ φίλος ἀστῶν, εἴ τις ἀντάεις, τό γ' ἐν ξυνῷ
πεπονάμενον εὖ
μὴ λόγον βλάπτων ἁλίοιο γέροντος ² κρυπτέτω.
95 Κεῖνος αἰνεῖν καὶ τὸν ἐχθρὸν
παντὶ θυμῷ σύν γε δίκᾳ καλὰ ῥέζοντ' ἔννεπεν.
Πλεῖστα νικάσαντά σε καὶ τελεταῖς
ὡρίαις ἐν Παλλάδος εἶδον ἄφωνοί θ' ὡς ἑκάστα φίλ-
τατον
παρθενικαὶ πόσιν ἢ
100 υἱὸν εὔχοντ' ³, ὦ Τελεσίκρατες, ἔμμεν,

les Grâces à la voix harmonieuse ne jamais me refuser leur pure lumière. Oui, je proclame que Télésicrate, et à Egine et sur la colline de Nisos, a trois fois illustré sa patrie,

(*Épode IV.*)

et que son courage l'a sauvé d'un honteux oubli; aussi, que nul des citoyens, ami ou ennemi, n'ensevelisse dans le silence un triomphe qui honore la cité tout entière, et ne méprise le précepte du vieillard des mers : il ordonnait de louer avec franchise même un ennemi, lorsqu'il avait fait des choses belles et justes. Les jeunes vierges ont vu plus d'une fois ta victoire dans les fêtes solennelles de Pallas, où toutes les femmes, ô Télésicrate, souhaitaient en silence de t'avoir pour fils ou pour époux,

Φέγγος καθαρὸν	Que la lumière pure
Χαρίτων κελαδεννᾶν	des Grâces harmonieuses
μὴ λίποι με.	n'abandonne pas moi.
Φαμὶ γὰρ	Car je dis *Télésicrate*
Αἰγίνᾳ τε	et à Égine
ἔν τε λόφῳ Νίσου	et sur la colline de Nisos
εὐκλεΐξαι	avoir couvert-de-gloire
τρὶς δὴ	trois fois donc
τάνδε πόλιν,	cette ville,
(Ἐπῳδὸς δ'.)	(*Épode IV.*)
φυγὼν ἔργῳ	ayant fui par *son œuvre*
ἀμαχανίαν σιγαλόν·	l'impuissance du-silence (de l'oubli);
οὔνεκεν,	c'est pourquoi,
εἴ τις ἀστῶν	si quelqu'un des citoyens
φίλος,	*est* ami,
εἰ ἀντάεις,	si *quelqu'un est* adversaire,
μὴ κρυπτέτω γε	qu'il ne cache pas du moins
τὸ εὖ πεπονᾱμένον	*l'action* bien faite-avec-travail
ἐν ξυνῷ,	dans *l'intérêt* commun,
βλάπτων	lésant (enfreignant) *ainsi*
λόγον	la parole (le précepte)
γέροντος ἁλίοιο.	du vieillard des-mers.
Κεῖνος ἔννεπεν	Celui-ci enjoignait
αἰνεῖν παντὶ θυμῷ	de louer de tout cœur
καὶ τὸν ἐχθρόν,	même son ennemi,
ῥέζοντά γε καλὰ	faisant du moins des choses belles
σὺν δίκᾳ.	avec justice.
Παρθενικαὶ	Les jeunes filles
εἶδόν σε	ont vu toi
νικάσαντα πλεῖστα	ayant vaincu très-souvent
καὶ ἐν τελεταῖς	et dans les fêtes
Παλλάδος	de Pallas
ὡρίαις,	*célébrées*-à-une-époque-fixe-de-l'an –
ἄφωνοί τε,	et sans-parler (en silence), [née,
ὡς	selon que
ἑκάστα	chacune *était vierge ou épouse*,
εὔχοντο ἔμμεν,	elles souhaitaient *toi* être,
ὦ Τελεσίκρατες,	ô Télésicrate,
φίλτατον πόσιν	*leur* très-cher époux
ἢ υἱόν,	ou *leur* fils,

(Στροφὴ ε'.)

ἐν Ὀλυμπίοισί τε καὶ βαθυκόλπου
Γᾶς ἀέθλοις ἔν τε καὶ πᾶσιν
ἐπιχωρίοις ¹. Ἐμὲ δ' ὦν τις ἀοιδᾶν
δίψαν ἀκειόμενον πράσσει χρέος αὖτις ἐγεῖραι   180
105 καὶ παλαιὰ δόξα τεῶν προγόνων ². οἷοι Λιβύσσας ἀμφὶ
γυναικὸς ἔβαν
Ἴρασα πρὸς πόλιν ³, Ἀνταίου μετὰ καλλίκομον μνα-
στῆρες ἀγακλέα κούραν ⁴.   185
τὰν μάλα πολλοὶ ἀριστῆες ἀνδρῶν αἴτεον
σύγγονοι, πολλοὶ δὲ καὶ ξείνων. Ἐπεὶ θαητὸν εἶδος   190

(Ἀντιστροφὴ ε'.)

ἔπλετο· χρυσοστεφάνου δέ οἱ Ἥβας
110 καρπὸν ἀνθήσαντ' ἀποδρέψαι
ἔθελον. Πατὴρ δὲ θυγατρὶ φυτεύων

(*Strophe V.*)

et dans les luttes d'Olympie, et dans les jeux de la Terre aux fécondes mamelles, et dans toutes les fêtes de ta patrie. Mais tandis que j'apaise ma soif poétique, une gloire antique me presse, et me rappelle encore une dette; c'est la gloire de tes aïeux, qui vinrent jadis vers la cité d'Irase pour disputer la main d'une jeune Libyenne, la fille d'Antée, illustre vierge aux beaux cheveux; des princes puissants de sa famille, des étrangers la recherchaient en foule. Sa beauté était merveilleuse,

(*Antistrophe V.*)

et tous désiraient lui ravir la fleur épanouie de la jeunesse à la couronne d'or. Mais Antée préparait à sa fille une plus glorieuse union;

LES PYTHIQUES. IX.

(Στροφὴ ε'.)	(Strophe V.)
ἐν Ὀλυμπίοισί τε	et dans les *jeux* Olympiques
καὶ ἀέθλοις	et dans les luttes
Γᾶς	de la Terre
βαθυκόλπου	au-sein-profond
ἔν τε καὶ πᾶσιν	et aussi dans toutes *celles*
ἐπιχωρίοις.	de-ta-patrie.
Τὶς δὲ δόξα ὧν	Et donc une certaine gloire
καὶ παλαιὰ	et une *gloire* antique
τεῶν προγόνων	de tes ancêtres
πράσσει με	exige moi
ἀκειόμενον	guérissant (apaisant)
δίψαν ἀοιδᾶν	une soif de chants
ἐγεῖραι αὖτις	réveiller (rappeler) de nouveau
χρέος·	une dette (une louange due);
οἷοι ἔβαν	quels ils allèrent
ἀμφὶ γυναικὸς Λιβύσσας	pour une femme de-Libye
πρὸς πόλιν Ἴρασα,	vers la ville d'Irase,
μναστῆρες	prétendants
μετὰ	*allant* à la poursuite
κούραν Ἀνταίου	de la fille d'Antée
ἀγακλέα	*vierge* très-illustre
καλλίκομον·	aux-beaux-cheveux;
τὰν ἀριστῆες ἀνδρῶν	que des chefs d'hommes
σύγγονοι	ses parents
μάλα πολλοί,	tout à fait nombreux,
πολλοὶ δὲ καὶ	et beaucoup aussi
ξείνων	des étrangers
αἴτεον.	demandaient *en mariage*.
Ἐπεὶ εἶδος	Car une forme (beauté)
θαητὸν	admirable
(Ἀντιστροφὴ ε'.)	(Antistrophe V.)
ἔπλετο·	était *à elle*;
ἔθελον δὲ	et ils voulaient
ἀποδρέψαι οἱ	cueillir à elle
καρπὸν ἀνθήσαντα Ἥβας	le fruit fleuri de la Jeunesse
χρυσοστεφάνου.	à-la-couronne-d'or.
Πατὴρ δὲ	Mais *son* père
φυτεύων θυγατρὶ	machinant (préparant) à *sa* fille
γάμον κλεινότερον,	un hymen plus illustre,

κλεινότερον γάμον, ἄκουσεν Δαναόν ποτ' ἐν Ἄργει   195
οἷον εὗρεν τεσσαράκοντα καὶ ὀκτὼ παρθένοισι ¹, πρὶν
    μέσον ἆμαρ ἑλεῖν,
ὠκύτατον γάμον. Ἔστασεν γὰρ ἅπαντα χορὸν ² ἐν τέρ-
    μασιν αὐτίκ' ἀγῶνος·   200
115 σὺν δ' ἀέθλοις ἐκέλευσεν διακρῖναι ποδῶν,
ἄντινα σχήσει τις ἡρώων, ὅσοι γαμβροί ³ σφιν ἦλθον. 205

(Ἐπῳδὸς ε'.)

Οὕτω δ' ἐδίδου Λίβυς ⁴ ἁρμόζων κόρᾳ
νυμφίον ἄνδρα· ποτὶ γραμμᾷ μὲν αὐτὰν στᾶσε κο-
    σμήσαις τέλος ἔμμεν ἄκρον,   210
εἶπε δ' ἐν μέσσοις ἀπάγεσθαι, ὃς ἂν πρῶτος θορὼν
120 ἀμφί οἱ ψαύσειε πέπλοις.
Ἔνθ' Ἀλεξίδαμος, ἐπεὶ φύγε ⁵ λαιψηρὸν δρόμον,   215
παρθένον κεδνὰν χερὶ χειρὸς ἑλὼν

il avait appris comment autrefois dans Argos Danaos avait trouvé pour ses quarante-huit filles un prompt hymen avant le milieu du jour. Il les avait placées toutes ensemble à l'extrémité de la lice, et avait ordonné que l'agilité à la course fit connaître celle que posséderait chacun des héros qui étaient venus briguer son alliance.

(*Épode V.*)

Ainsi le Libyen choisit un époux à sa fille; il la pare de riches vêtements, et la place pour but à l'extrémité de la carrière; puis il déclare au milieu des prétendants que celui qui le premier aura touché son voile, l'emmènera dans sa maison. Alexidame s'élance d'une course rapide, prend dans sa main la main de l'aimable vierge, et la conduit

ἄκουσε Δαναόν	entendit *raconter* Danaos
οἷον γάμον ὠκύτατον	quel hymen très-prompt
εὗρέ ποτε	il trouva autrefois
ἐν Ἄργει	dans Argos
τεσσαράκοντα	pour *ses* quarante
καὶ ὀκτὼ παρθένοισι,	et huit vierges,
πρὶν ἐλεῖν	avant d'avoir saisi (atteint)
μέσον ἆμαρ.	le milieu du jour
Αὐτίκα γὰρ	Car aussitôt
ἔστασεν ἅπαντα χορὸν	il plaça toute la troupe
ἐν τέρμασιν	aux bornes (à la fin)
ἀγῶνος·	de la lutte (carrière);
ἐκέλευσε δὲ	et il ordonna
διακρῖναι	de décider
σὺν ἀέθλοις ποδῶν,	avec des luttes de pieds (à la course),
ἄντινα σχήσοι	laquelle aurait
τὶς ἡρώων,	quelqu'un (chacun) des héros,
ὅσοι ἦλθον	de *tous* ceux qui étaient venus
γαμβροί σφιν.	gendres *futurs* à lui.
(Ἐπῳδὸς εʹ.)	(Épode V.)
Οὕτω δὲ	Ainsi donc
ἁρμόζων	adaptant (disposant)
Λίβυς ἐδίδου κόρᾳ	le Libyen donna à *sa* fille
ἄνδρα νυμφίον·	un homme époux;
κοσμήσαις μὲν	l'ayant parée
στᾶσεν αὐτὰν	il plaça elle
ποτὶ γραμμᾷ	près de la ligne (au bout de la lice,
ἔμμεν τέλος ἄκρον,	pour être la fin (le but) extrême,
ἐν δὲ μέσσοις	et au milieu des *prétendants*
εἶπεν	il dit *celui-là*
ἀπάγεσθαι,	devoir l'emmener,
ὃς ἂν θορὼν πρῶτος	qui s'étant élancé le premier
ψαύσειέν οἱ	aurait touché elle
ἀμφὶ πέπλοις.	autour de *ses* voiles.
Ἔνθα Ἀλεξίδαμος,	Alors Alexidame,
ἐπεὶ φύγε	après qu'il eut accompli-avec-vitesse
δρόμον λαιψηρόν,	une course rapide,
ἑλὼν χερὸς	ayant pris par la main
χερὶ	avec *sa* main
παρθένον κεδνὰν	la vierge aimable

ἆγεν ἱππευτᾶν Νομάδων δι' ὅμιλον. Πολλὰ μὲν κεῖ-
νοι δίκον
φύλλ' ἔπι καὶ στεφάνους ¹·
125 πολλὰ δὲ πρόσθεν πτερὰ δέξατο νικᾶν ². 220

à travers la foule des cavaliers Numides. Ceux-ci le couvrent de fleurs et de couronnes ; plus d'une fois jusqu'alors il avait été porté sur les ailes de la victoire.

ἄγεν	l'emmena
διὰ ὅμιλον	à travers la foule (l'assemblée)
Νομάδων ἱππευτᾶν.	des Numides cavaliers.
Κεῖνοι μὲν ἐπίδικον	Ceux-ci jetaient sur lui
πολλὰ φύλλα	de nombreuses feuilles
καὶ στεφάνους·	et des couronnes ;
πρόσθεν δὲ δέξατο	et auparavant il avait acquis
πολλὰ πτερὰ	beaucoup d'ailes
νικᾶν.	de victoires (de nombreuses victoires).

ΠΥΘΙΟΝΙΚΑΙ.

ΕΙΔΟΣ Γ'.

ΙΠΠΟΚΛΕᾼ ΘΕΣΣΑΛῼ

ΠΑΙΔΙ ΔΙΑΥΛΟΔΡΟΜῼ.

(Στροφὴ α'.)

Ὀλβία Λακεδαίμων·
μάκαιρα Θεσσαλία· πατρὸς δ' ἀμφοτέραις ἐξ ἑνὸς
ἀριστομάχου γένος Ἡρακλεῦς βασιλεύει [1].
Τί κομπέω παρὰ καιρόν [2]; ἀλλά με Πυθώ τε καὶ τὸ
  Πελινναῖον ἀπύει   5
5 Ἀλεύα τε παῖδες, Ἱπποκλέα ἐθέλοντες
ἀγαγεῖν ἐπικωμίαν ἀνδρῶν κλυτὰν ὄπα.   10

(Ἀντιστροφὴ α'.)

Γεύεται γὰρ ἀέθλων·
στρατῷ περικτιόνων θ' ὁ Παρνάσιος αὐτὸν μυχὸς
διαυλοδρομᾶν ὕπατον παίδων ἀνέειπεν.

(Strophe I.)

Heureuse est Lacédémone, fortunée la Thessalie; sur toutes deux règnent, issus d'un même père, les descendants du valeureux Hercule. Mais que veulent maintenant ces éloges? C'est Pytho, c'est Pélinnée qui m'appelle, et les fils d'Aleuas, impatients de conduire vers Hippoclès le chœur glorieux qui doit charmer le festin.

(Antistrophe I.)

A peine il essaye ses forces dans la lice, et déjà, dans l'assemblée des peuples voisins, le vallon du Parnasse l'a proclamé vainqueur des jeunes athlètes qui parcourent le double stade. O Apollon, qu'un

ODE X.

A HIPPOCLÈS DE THESSALIE,

VAINQUEUR AU DOUBLE STADE.

(Στροφὴ αʹ.)   (*Strophe I.*)
Ὀλβία Λακεδαίμων·   Heureuse *est* Lacédémone ;
μάκαιρα Θεσσαλία·   fortunée *est* la Thessalie ;
γένος δὲ   car une race
ἐξ ἑνὸς πατρός,   *issue* d'un seul père,
Ἡρακλεῦς   d'Hercule
ἀριστομάχου,   très-illustre-dans-les-combats,
βασιλεύει ἀμφοτέραις.   règne sur toutes les deux.
Τί κομπέω   Que dis-je-avec-jactance
παρὰ καιρόν;   contre l'opportunité ?
ἀλλὰ Πυθώ τε   mais *c'est que* et Pytho
καὶ τὸ Πελινναῖον   et Pélinnée
ἀπύει με,   appellent moi,
παῖδές τε Ἀλεύα,   et les fils d'Aleuas *m'appellent*,
ἐθέλοντες   voulant
ἀγαγεῖν Ἱπποκλέα   amener à Hippoclès
ὄπα κλυτὰν ἀνδρῶν   la voix célèbre des hommes
ἐπικωμίαν.   *comme* compagne-du-festin.

(Ἀντιστροφὴ αʹ.)   (*Antistrophe I.*)
Γεύεται γὰρ   Car il goûte (essaye)
ἀέθλων·   les luttes ;
στρατῷ τε   et dans l'assemblée
περικτιόνων   des *peuples* qui-habitent-alentour
ὁ μυχὸς Παρνάσιος   l'enfoncement (vallon) du-Parnasse
ἀνέειπεν αὐτὸν   a proclamé lui
ὕπατον   *comme* le plus haut (le premier)
παίδων   des jeunes gens
διαυλοδρομᾶν.   qui-parcourent-le-double-stade.
Ἄπολλον,   *O* Apollon,

10 Ἄπολλον, γλυκὺ δ' ἀνθρώπων τέλος ἀρχά τε δαίμο-
νος ὀρνύντος αὔξεται ¹·
ὁ μέν που τεοῖς γε μήδεσι τοῦτ' ² ἔπραξεν·
τὸ δὲ συγγενὲς ἐμβέβακεν ἴχνεσιν πατρὸς
(Ἐπῳδὸς α'.)
Ὀλυμπιονίκα δὶς ἐν πολεμαδόκοις
Ἄρεος ὅπλοις·
15 θῆκεν δὲ καὶ βαθυλείμων' ὑπὸ Κίρρας ἀγὼν
πέτραν κρατησίποδα Φρικίαν ³.
Ἕσποιτο μοῖρα καὶ ὑστέραισιν
ἐν ἀμέραις ἀγάνορα πλοῦτον ἀνθεῖν σφίσιν ⁴.
(Στροφὴ β'.)
Τῶν δ' ἐν Ἑλλάδι τερπνῶν
20 λαχόντες οὐκ ὀλίγαν δόσιν, μὴ φθονεραῖς ἐκ θεῶν
μετατροπίαις ἐπικύρσαιεν. Θεὸς εἴη
ἀπήμων κέαρ ⁵. Εὐδαίμων δὲ καὶ ὑμνητὸς οὗτος ἀνὴρ
γίγνεται σοφοῖς,

dessein naisse ou s'achève, c'est à la faveur d'un dieu que les mortels doivent le succès ; tes conseils ont assuré sa victoire, mais sa noble nature l'a guidé sur les traces d'un père

(*Épode I.*)

deux fois vainqueur aux luttes olympiques, chargé des armes du belliqueux Mars ; et sous la roche de Cirrha aux vastes prairies, Phricias a remporté la palme de la course. Puisse un heureux destin leur demeurer toujours fidèle et faire fleurir chez eux une superbe opulence !

(*Strophe II.*)

S'ils ont une large part aux gloires de la Grèce, que les dieux jaloux ne changent point leur fortune ! Que les immortels les protégent et les aiment ! Oui, il est heureux et digne des louanges du sage, cet athlète qui, par la vigueur de son bras et la légèreté de ses

τέλος δὲ	en effet l'accomplissement
ἀρχά τε	et le commencement *des desseins*
ἀνθρώπων	des hommes
αὔξεται γλυκὺ	grandit (devient) doux (réussit)
θεοῦ ὀρνύντος ·	un dieu poussant ;
ὁ μέν που	celui-ci assurément
ἔπραξε τοῦτο	a accompli cela (vaincu)
τεοῖς γε μήδεσι ·	par tes conseils du moins ;
τὸ δὲ συγγενὲς	et le *caractère* inné *en lui*
ἐμβέβακεν	a fait-marcher *lui*
ἴχνεσι πατρὸς	sur les traces d'un père
(Ἐπῳδὸς α'.)	(*Épode I*.)
δὶς	deux fois
Ὀλυμπιονίκα	vainqueur-aux-jeux-Olympiques
ἐν ὅπλοις Ἄρεος	dans (avec) les armes de Mars
πολεμαδόκοις ·	qui-soutiennent-*le-choc-des*-combats;
ἀγὼν δὲ καὶ	et le combat aussi
θῆκε Φρικίαν	a établi Phricias
κρατησίποδα	vainqueur-par-les-pieds (à la course)
ὑπὸ πέτραν	sous la roche (colline)
βαθυλείμωνα	aux-profondes-prairies
Κίρρας.	de Cirrha.
Μοῖρα	Qu'un *heureux* destin
ἕσποιτο	suive (accompagne) *eux*
καὶ ἐν ἀμέραις ὑστέραισιν	aussi dans les jours postérieurs
πλοῦτον	*de manière que* une richesse
ἀγάνορα	magnifique
ἀνθεῖν σφίσι.	fleurir (fleurisse) pour eux.
(Στροφὴ β'.)	(*Strophe II.*)
Λαχόντες δὲ	Et ayant eu-en-partage
δόσιν οὐκ ὀλίγαν	un don (une part) non petite
τερπνῶν	des choses agréables (des gloires)
ἐν Ἑλλάδι,	*qui sont* dans la Grèce,
μὴ ἐπικύρσαιεν	qu'ils ne rencontrent point
μετατροπίαις φθονεραῖς	des retours jaloux
ἐκ θεῶν	*venant* des dieux.
Θεὸς εἴη	Que dieu soit *pour eux*
ἀπήμων κέαρ	ne-nuisant-pas (propice) de cœur.
Οὗτος δὲ ἀνὴρ	Or cet homme
γίγνεται εὐδαίμων	devient heureux

ὅς ἂν χερσὶν ἢ ποδῶν ἀρετᾷ κρατήσαις
τὰ μέγιστ' ἀέθλων ἕλῃ τόλμᾳ τε καὶ σθένει,

(Ἀντιστροφὴ β'.)

25 καὶ ζώων ἔτι νεαρὸν
κατ' αἶσαν υἱὸν ἴδῃ τυχόντα στεφάνων Πυθίων.   40
Ὁ χάλκεος οὐρανὸς οὔ ποτ' ἀμβατὸς αὐτῷ·
ὅσαις δὲ βρότεον ἔθνος ἀγλαΐαις ἁπτόμεσθα [1], περαίνει
    πρὸς ἔσχατον   45
πλόον [2]. Ναυσὶ δ' οὔτε πεζὸς ἰὼν ἂν εὕροις
30 ἐς Ὑπερβορέων ἀγῶνα [3] θαυματὰν ὁδόν.

(Ἐπῳδὸς β'.)

Παρ' οἷς ποτε Περσεὺς [4] ἐδαίσατο λαγέτας,   50
δώματ' ἐςελθών,
κλειτὰς ὄνων ἑκατόμβας ἐπιτόσσαις θεῷ
ῥέζοντας· ὧν θαλίαις ἔμπεδον

pieds, par son courage et par sa force, a conquis les plus glorieuses couronnes,

(*Antistrophe II.*)

et qui a vécu assez pour voir son jeune fils mériter et obtenir les palmes de Pytho. Le ciel d'airain ne s'ouvrira point pour lui; mais toutes les joies réservées à la race mortelle, il en touchera le dernier terme. Nul ne saurait, nautonnier ou voyageur, trouver la route merveilleuse qui conduit aux joyeuses fêtes des Hyperboréens.

(*Épode II.*)

Jadis Persée, roi des peuples, admis dans leurs palais, s'assit à leur table; il les trouva immolant à leur dieu de magnifiques hécatombes d'ânes; leurs banquets sans fin, leurs louanges charment par dessus

καὶ ὑμνητὸς	et digne-d'être-chanté
σοφοῖς,	par les sages (les poëtes),
ὃς ἂν κρατήσαις	qui l'ayant emporté
χερσὶν	par *ses* mains
ἢ ἀρετᾷ	ou par la valeur (vitesse)
ποδῶν	de *ses* pieds
ἕλῃ	a enlevé
τὰ μέγιστα ἀέθλων	les plus grands des prix
τόλμᾳ τε	et par *son* courage
καὶ σθένει,	et par *sa* force,
(Ἀντιστροφὴ β'.)	(*Antistrophe II.*)
καὶ ζώων ἔτι	et *qui* vivant encore
ἴδῃ νεαρὸν υἱὸν	a vu *son* jeune fils
τυχόντα	ayant obtenu
κατὰ αἶσαν	selon la justice
στεφάνων Πυθίων.	les couronnes Pythiques.
Ὁ οὐρανὸς χάλκεος	Le ciel d'-airain
οὔ ποτε ἀμβατὸς αὐτῷ·	ne *sera* jamais accessible à lui;
ὅσαις δὲ ἀγλαΐαις	mais toutes les joies que
ἁπτόμεσθα	nous touchons (atteignons)
ἔθνος βρότεον,	*nous* race mortelle,
περαίνει	il va-au-terme *d'elles*
πρὸς ἔσχατον πλόον.	jusqu'à l'extrême navigation.
Ἂν εὕροις δὲ	Mais tu ne trouverais
ἰὼν ναυσὶν	ni *étant allé* avec des vaisseaux
οὔτε πεζὸς	ni *étant allé* à-pied
ὁδὸν θαυματὰν	la route merveilleuse
ἐς ἀγῶνα	*qui mène* à l'assemblée-de-fête
Ὑπερβορέων.	des Hyperboréens.
(Ἐπῳδὸς β'.)	(*Épode II.*)
Παρά οἷς ποτε	Chez lesquels jadis
Περσεὺς λαγέτας	Persée chef-de-peuples
ἐδαίσατο,	dina,
ἐξελθὼν δῶμα,	étant entré dans *leur* palais,
ἐπιτόσσαις	ayant trouvé *eux*
ῥέζοντας θεῷ	immolant à *leur* dieu
κλειτὰς ἑκατόμβας	d'illustres (magnifiques) hécatombes
ὄνων·	d'ânes;
θαλίαις	des festins
ὧν	desquels (des Hyperboréens)

35 εὐφαμίαις ¹ τε μάλιστ' Ἀπόλλων
χαίρει, γελᾷ θ' ὁρῶν ὕβριν ὀρθίαν ² κνωδάλων.   55

(Στροφὴ γ'.)

Μοῖσα δ' οὐκ ἀποδαμεῖ
τρόποις ἐπὶ σφετέροισι · παντᾶ δὲ χοροὶ παρθένων
λυρᾶν τε βοαὶ καναχαί τ' αὐλῶν δονέονται ·   60
40 δάφνᾳ τε χρυσέᾳ κόμας ἀναδήσαντες εἰλαπινάζοισιν
εὐφρόνως.
Νόσοι δ' οὔτε γῆρας οὐλόμενον κέκραται   65
ἱερᾷ γενεᾷ · πόνων δὲ καὶ μαχᾶν ἄτερ

(Ἀντιστροφὴ γ'.)

οἰκέοισι φυγόντες
ὑπέρδικον Νέμεσιν ³. Θρασείᾳ δὲ πνέων καρδίᾳ
45 μόλεν Δανάας ποτὲ παῖς, ἁγεῖτο δ' Ἀθάνα,   70
ἐς ἀνδρῶν μακάρων ὅμιλον · ἔπεφνέν τε Γοργόνα, καὶ
ποικίλον κάρα

tout le cœur d'Apollon ; le dieu sourit en voyant la fougue des lubri
ques animaux.

(Strophe III.)

Chez eux pourtant la Muse n'est point proscrite ; de toutes parts s'agitent les chœurs des jeunes vierges, aux sons de la lyre, aux accents des flûtes ; les cheveux ceints du laurier d'or, ils s'abandonnent à la joie des festins. Ni les maladies ni la triste vieillesse n'atteignent cette nation sainte ; ils ne connaissent ni les travaux, ni les combats,

(Antistrophe III.)

ni les vengeances de Némésis. Respirant une noble audace, le fils de Danaé, conduit par Minerve, arriva jadis dans l'assemblée de ces mortels heureux ; il tua la Gorgone, et, tenant à la main sa tête hé-

ἔμπεδον	*durant* continuellement
εὐφαμίαις τε	et des louanges *desquels*
Ἀπόλλων χαίρει μάλιστα,	Apollon se réjouit le plus,
γελᾷ τε	et il rit
ὁρῶν	en voyant
ὕβριν ὀρθίαν	la lubricité qui-se-dresse
κνωδάλων.	de ces animaux (les ânes).
(Στροφὴ γ'.)	(Strophe III.)
Μοῖσα δὲ	Mais la Muse
οὐκ ἀποδαμεῖ	n'est-pas-absente (exilée)
ἐπὶ σφετέροισι τρόποις·	à cause de leurs mœurs;
παντᾷ δὲ	mais de-tous-côtés
χοροὶ παρθένων	les chœurs de jeunes-filles
βοαί τε λυρᾶν	et les sons des lyres
καναχαί τε αὐλῶν	et les accents des flûtes
δονέονται·	sont-en-mouvement;
ἀναδήσαντές τε κόμας	et ayant attaché *leurs* cheveux
δάφνᾳ χρυσέᾳ	avec le laurier d'-or
εἰλαπινάζοισιν	ils s'abandonnent-aux-festins
εὐφρόνως.	avec-gaieté.
Νόσοι δὲ	Et *ni* les maladies
οὔτε γῆρας οὐλόμενον	ni la vieillesse funeste
κέκραται	ne se mêlent à (n'approchent de)
γενεᾷ ἱερᾷ·	*cette* race sainte;
ἄτερ δὲ πόνων	mais sans fatigues
καὶ μαχᾶν	et *sans* combats
(Ἀντιστροφὴ γ.,	(Antistrophe III.)
οἰκέοισι	ils habitent (vivent)
φυγόντες Νέμεσιν	ayant échappé à Némésis
ὑπέρδικον.	dont-la-justice-domine *les mortels*.
Πνέων δὲ	Or respirant
καρδίᾳ θρασείᾳ	d'un cœur hardi
παῖς Δανάας	le fils de Danaé
μόλε ποτέ,	vint jadis,
Ἀθάνα δὲ ἀγεῖτο,	car Minerve *le* conduisait,
ἐς ὅμιλον	dans l'assemblée
ἀνδρῶν μακάρων·	de *ces* hommes heureux;
ἔπεφνέ τε Γοργόνα,	et il tua la Gorgone,
καὶ ἤλυθε	et il vint
φέρων νασιώταις	apportant aux insulaires

δρακόντων φόβαισιν ἦλυθε νασιώταις 75
λίθινον θάνατον φέρων ¹. Ἐμοὶ δὲ θαυμάσαι

(Ἐπῳδὸς γ´.)

Θεῶν τελεσάντων οὐδέν ποτε φαίνεται
50 ἔμμεν ἄπιστον.
Κώπαν σχάσον, ταχὺ δ' ἄγκυραν ἔρεισον χθονὶ 80
πρώραθε, χοιράδος ἄλκαρ πέτρας.
Ἐγκωμίων γὰρ ἄωτος ὕμνων ²
ἐπ' ἄλλοτ' ἄλλον ὦτε μέλισσα θύνει λόγον.

(Στροφὴ δ´.)

55 Ἔλπομαι δ' Ἐφυραίων 85
ὄπ' ἀμφὶ Πηνειὸν γλυκεῖαν προχεόντων ἐμὰν
τὸν Ἱπποκλέα σ' ἔτι καὶ μᾶλλον σὺν ἀοιδαῖς
ἕκατι στεφάνων θαητὸν ἐν ἅλιξι θησέμεν ἐν καὶ πα-
λαιτέροις, 90
νέαισίν τε παρθένοισι μέλημα³. Καὶ γὰρ
60 ἑτέροις ἑτέρων ἔρως ὑπέκνισε φρένας·

rissée d'une crinière de serpents, il revint apporter la mort aux insulaires qu'elle changeait en pierres. Pour moi,

(*Épode III.*)

quand les dieux agissent, rien ne m'émeut, rien ne m'étonne. Arrête la rame, vite, que l'ancre lancée de la proue morde le rivage et nous dérobe aux écueils des eaux. Semblable à l'abeille, ma Muse vole de fleur en fleur, d'éloge en éloge.

(*Strophe IV.*)

Oui, j'en ai l'espoir, les Éphyréens feront retentir de mes douces poésies les rives du Pénée; grâce à toi, grâce à mes vers, le victorieux Hippoclès sera plus que jamais l'admiration de ses compagnons et des vieillards, et le rêve des jeunes vierges. Le même amour n'agite pas tous les cœurs;

κάρα	sa tête
ποικίλον	variée (ornée, hérissée)
φόβαισι δρακόντων,	d'une crinière de serpents,
θάνατον	mort (tête qui donnait la mort)
λίθινον.	de-pierre (en pétrifiant).
Ἐμοὶ δέ,	Mais à moi,
(Ἐπῳδὸς γ'.)	(Épode III.)
θεῶν τελεσάντων,	les dieux l'ayant accompli,
οὐδέν ποτε φαίνεται	rien jamais ne paraît
ἔμμεν ἄπιστον	être incroyable
θαυμάσαι.	de manière à m'en étonner.
Σχάσον κώπαν,	Arrête la rame,
ἔρεισον δὲ ταχὺ	et appuie promptement
ἄγκυραν χθονὶ	l'ancre contre la terre
πρώραθε,	en la jetant de la proue,
ἄλκαρ	l'ancre qui est un secours
πέτρας χοιράδος.	contre la roche à-fleur-d'eau
Ἄωτος γὰρ	Car la fleur
ὕμνων ἐγκωμίων,	de mes hymnes de-fête,
ὦτε μέλισσα,	comme l'abeille,
θύνει ἄλλοτε	s'élance d'autres fois
ἐπὶ ἄλλον λόγον.	vers un autre discours.
(Στροφὴ δ'.)	(Strophe IV.)
Ἔλπομαι δέ,	Mais j'espère,
Ἐφυραίων προχεόντων	les Éphyréens répandant
ἀμφὶ Πηνειὸν	autour (près) du Pénée
ἐμὰν γλυκεῖαν ὄπα,	ma douce voix,
σὲ θησέμεν	toi devoir établir (rendre)
ἔτι καὶ μᾶλλον	encore même davantage
σὺν ἀοιδαῖς	avec ces chants
τὸν Ἱπποκλέα θαητὸν	Hippoclès admiré
ἕκατι στεφάνων	pour ses couronnes
ἐν ἅλιξι	parmi ceux de-son-âge
καὶ ἐν παλαιτέροις,	et parmi ceux plus âgés que lui,
μέλημά τε	et objet-de-souci
νέαισι παρθένοισι	pour les jeunes-vierges.
Καὶ γὰρ	Et en effet
ἔρως ἑτέρων	l'amour d'autres choses
ὑπέκνισε φρένας	aiguillonne le cœur
ἑτέροις·	à d'autres;

ΠΥΘΙΟΝΙΚΑΙ Γ.

(Ἀντιστροφὴ δ´.)

τῶν δ᾽ ἕκαστος ὀρούει, 95
τυχών κεν ἁρπαλέαν σχέθοι φροντίδα τὰν πὰρ ποδός **1**.
τὰ δ᾽ εἰς ἐνιαυτὸν ἀτέκμαρτον προνοῆσαι.
Πέποιθα ξενίᾳ προσανεῖ Θώρακος, ὅσπερ ἐμὰν ποι-
πνύων χάριν 100
65 τόδ᾽ ἔζευξεν ἅρμα Πιερίδων τετράορον,
φιλέων φιλέοντ᾽, ἄγων ἄγοντα προφρόνως **2**.

(Ἐπῳδὸς δ´.)

Πειρῶντι δὲ καὶ χρυσὸς ἐν βασάνῳ πρέπει 105
καὶ νόος ὀρθός **3**.
Κἀδελφεοὺς μὲν ἐπαινήσομεν ἐσλούς, ὅτι
70 ὑψοῦ φέροντι νόμον Θεσσαλῶν
αὔξοντες **4** · ἐν δ᾽ ἀγαθοῖσι κεῖται 110
πατρώϊαι κεδναὶ πολίων κυβερνάσιες **5**.

(*Antistrophe IV.*)

mais que chacun, une fois maître de ce qu'il désire, s'attache au présent; nul ne peut prévoir ce qu'amènera la prochaine année. J'ai confiance en l'hospitalité bienveillante de Thorax ; il a recherché mon aide pour atteler les quatre coursiers du char des Piérides ; il aime un cœur qui l'aime, et rend bienfait pour bienfait.

(*Épode IV.*)

L'épreuve fait briller l'or, elle fait briller aussi une âme droite. Louons des frères vertueux, qui élèvent et agrandissent la terre des Thessaliens; le noble gouvernement des cités, que leur ont transmis leurs pères, repose sur des hommes de bien.

(Ἀντιστροφὴ δ'.)	(Antistrophe IV.)
Ἕκαστος δὲ τυχὼν	mais que chacun ayant obtenu
τῶν ὁρούει,	les choses qu'il poursuit (désire),
σχέθοι κεν	tienne (conserve)
φροντίδα	l'objet-de-ses-pensées
τὰν πὰρ ποδός	celui devant son pied (présent)
ἁρπαλέαν ·	saisi-rapidement ;
ἀτέκμαρτον δὲ	car il est en-dehors-des-conjectures
προνοῆσαι	de prévoir
τὰ	les choses qui doivent être
εἰς ἐνιαυτόν.	jusqu'à (pendant) un an.
Πέποιθα	J'ai confiance
ξενίᾳ προςανεῖ	en l'hospitalité bienveillante
Θώρακος,	de Thorax,
ὅςπερ ποιπνύων	qui recherchant-avec-empressement
ἐμὰν χάριν,	ma faveur (mon aide),
ἔζευξε	a attelé
τόδε ἅρμα τετράορον	ce char quadrige
Πιερίδων,	des Piérides,
φιλέων φιλέοντα,	aimant qui l'aime,
ἄγων προφρόνως	conduisant amicalement
ἄγοντα.	qui le conduit amicalement.
(Ἐπῳδὸς δ'.)	(Épode IV.)
Πειρῶντι δὲ	Car à celui qui fait-l'épreuve
καὶ χρυσὸς πρέπει	et l'or brille
ἐν βασάνῳ	dans l'examen
καὶ νόος ὀρθός.	et aussi un esprit (cœur) droit.
Καὶ ἐπαινήσομεν μὲν	Et nous louerons en vérité
ἀδελφεοὺς ἐσλούς,	des frères vertueux,
ὅτι αὔξοντες	parce que la grandissant
φέροντι ὑψοῦ	ils portent haut
νόμον	la loi (la constitution, l'État)
Θεσσαλῶν ·	des Thessaliens ;
κυβερνάσιες δὲ	car le gouvernement
κεδναὶ	noble
πατρώϊαι	transmis-par-les-pères
πολίων	des villes de Thessalie
κεῖται ἐν ἀγαθοῖσιν.	repose sur des hommes de-bien.

ΕΙΔΟΣ ΙΑ΄.

ΘΡΑΣΥΔΑΙΩ ΘΗΒΑΙΩ

ΠΑΙΔΙ ΣΤΑΔΙΕΙ.

(Στροφὴ α΄.)

Κάδμου κόραι ¹, Σεμέλα μὲν Ὀλυμπιάδων ἀγυιᾶτις ²,
Ἰνώ τε Λευκοθέα ποντιᾶν ὁμοθάλαμε Νηρηΐδων,   5
ἴτε σὺν Ἡρακλέος ἀριστογόνῳ
ματρὶ πὰρ Μελίαν ³ χρυσέων ἐς ἄδυτον τριπόδων
5 θησαυρόν ⁴, ὃν περίαλλ᾽ ἐτίμασε Λοξίας,

(Ἀντιστροφὴ α΄.)

Ἰσμήνιον δ᾽ ὀνύμαξεν, ἀλαθέα μαντίων θῶκον ⁵,   10
ὦ παῖδες Ἁρμονίας· ἔνθα καί νυν ἐπίνομον ἡρωΐδων
στρατὸν ὁμαγυρέα καλεῖ συνίμεν ⁶,

(Strophe I.)

Filles de Cadmos, Sémélé, compagne des déesses de l'Olympe, et toi, Ino Leucothée, qui partages la couche des humides Néréides, venez avec l'illustre mère d'Hercule près de Mélia, dans l'auguste sanctuaire des trépieds d'or, que Loxias honore plus que tous les autres temples,

(Antistrophe I.)

et qu'il appelle Isménien, demeure habitée par d'infaillibles prophètes ; c'est là que dans ce jour, ô filles de l'Harmonie, il convoque l'heureuse assemblée des héroïnes, afin qu'aux approches du soir

ODE XI.

A THRASYDÉE DE THÈBES,

VAINQUEUR AU STADE

Στροφὴ α'.)	(Strophe I.)
Κόραι Κάδμου,	Filles de Cadmos,
Σεμέλα μὲν	Sémélé
ἀγυιᾶτις	voisine-de-rue (compagne)
Ὀλυμπιάδων,	des Olympiennes,
Ἰνώ τε Λευκοθέα	et Ino Leucothée
ὁμοθάλαμε	qui-partages-la-couche
Νηρηΐδων ποντιᾶν,	des Néréides marines,
ἴτε	allez (venez)
σὺν ματρὶ	avec la mère
ἀριστογόνῳ	aux-glorieux-rejetons
Ἡρακλέος	d'Hercule
πὰρ Μελίαν	chez Mélia
ἐς θησαυρὸν ἄδυτον	dans le trésor impénétrable
τριπόδων χρυσέων,	des trépieds d'-or,
ὃν Λοξίας	que Loxias
ἐτίμασε	a honoré (honore)
περίαλλα,	par-dessus-les-autres,
(Ἀντιστροφὴ α'.)	(Antistrophe I.)
ὀνύμαξε δὲ	et qu'il a nommé
Ἰσμήνιον,	Isménien,
θῶκον ἀλαθέα	siége véridique
μαντίων,	de prophètes,
ἔνθα, ὦ παῖδες Ἁρμονίας,	où, ô filles de l'Harmonie,
καί νυν καλεῖ	aussi donc il appelle
συνίμεν ὁμαγυρέα	pour se réunir assemblée
στρατὸν ἐπίνομον	la troupe égale
ἡρωΐδων,	des héroïnes,

ὄφρα Θέμιν ἱερὰν Πυθῶνά τε καὶ ὀρθοδίκαν 15
10 γᾶς ὀμφαλὸν κελαδήσετ' ἄκρᾳ σὺν ἑσπέρᾳ,
(Ἐπῳδὸς α'.)
ἑπταπύλοισι Θήβαις
χάριν ¹ ἀγῶνί τε Κίρρας, 20
ἐν τῷ Θρασυδαῖος ἔμνασέ μ.' ἑστίαν
τρίτον ἐπὶ στέφανον πατρῴαν βαλών ²,
15 ἐν ἀφνεαῖς ἀρούραισι Πυλάδα ³
νικῶν ξένου Λάκωνος Ὀρέστα.
(Στροφὴ β'.)
Τὸν δὴ φονευομένου πατρὸς Ἀρσινόα⁴ Κλυταιμνήστρας 25
χειρῶν ὕπο κρατερᾶν ἐκ δόλου τροφὸς ἄνελε δυςπενθέος,
ὁπότε Δαρδανίδα κόραν ⁵ Πριάμου
20 Κασσάνδραν πολιῷ χαλκῷ σὺν Ἀγαμεμνονίᾳ 30
ψυχᾷ πόρευσ' Ἀχέροντος ἀκτὰν παρ' εὔσκιον

vous chantiez et la sainte Thémis, et Pytho, et le centre de la terre, siége de la justice,

(*Épode I.*)

rendant hommage par vos hymnes à Thèbes aux sept portes et aux luttes de Cirrha, où Thrasydée a rappelé à ma mémoire le foyer de ses pères qu'il honorait d'une troisième couronne dans les opulentes campagnes de Pylade, l'hôte d'Oreste le Lacédémonien.

(*Strophe II.*)

Tandis qu'on égorgeait son père, Arsinoé sa nourrice déroba Oreste aux cruelles embûches, aux mains violentes d'une mère, quand Clytemnestre, armée d'un glaive étincelant, fit descendre aux sombres bords de l'Achéron la Troyenne Cassandre, fille de Priam, avec l'âme d'Agamemnon,

ὄφρα κελαδήσετε	afin que vous chantiez
ἱερὰν Θέμιν Πυθῶνά τε	la sainte Thémis et Pytho
καὶ ὀμφαλὸν	et le nombril (centre)
ὀρθοδίκαν	qui-juge-avec-justice (véridique)
γᾶς	de la terre
σὺν ἑσπέρᾳ	avec (dès) le soir
ἄκρᾳ,	à-son-commencement,
(Ἐπῳδὸς α'.)	(Épode 1.)
χάριν	honneur *rendu*
Θήβαις ἑπταπύλοις	à Thèbes aux-sept-portes
ἀγῶνί τε Κίῤῥας,	et à la lutte de Cirrha,
ἐν τῷ Θρασυδαῖος	dans laquelle Thrasydée
ἔμνασέ με	a rappelé à moi
ἑστίαν πατρῴαν	le foyer paternel
ἐπιβαλὼν	ayant jeté-sur *lui*
τρίτον στέφανον,	une troisième couronne,
νικῶν	étant-victorieux
ἐν ἀρούραισιν ἀφνεαῖς	dans les campagnes opulentes
Πυλάδα	de Pylade
ξένου Ὀρέστα Λάκωνος.	hôte d'Oreste le Lacédémonien.
(Στροφὴ β'.)	(Strophe II.)
Τὸν δή,	Oreste que donc,
πατρὸς	son père
φονευομένου,	étant tué (tandis qu'on le tuait),
Ἀρσινόα τροφὸς	Arsinoé sa nourrice
ἄνελεν	retira (sauva)
ἐκ δόλου	d'une perfidie
δυςπενθέος	cause-d'un-grand-deuil
ὑπὸ	*qui aurait été accomplie* par
χειρῶν κρατερᾶν	les mains violentes
Κλυταιμνήστρας,	de Clytemnestre,
ὁπότε	quand *Clytemnestre*
πόρευσε παρὰ ἀκτὰν	fit-aller vers la rive
εὔσκιον	très-ombragée (sombre)
Ἀχέροντος	de l'Achéron
χαλκῷ	par l'airain (le glaive)
πολιῷ	blanc (brillant)
Δαρδανίδα Κασσάνδραν	la Dardanienne Cassandre
κόραν Πριάμου	fille de Priam
σὺν ψυχᾷ Ἀγαμεμνονίᾳ,	avec l'âme d'-Agamemnon,

(Ἀντιστροφὴ β'.)

νηλὴς γυνά. Πότερόν νιν ἄρ' Ἰφιγένει' [1] ἐπ' Εὐρίπῳ   35
σφαχθεῖσα τῆλε πάτρας ἔκνισεν βαρυπάλαμον ὄρσαι
χόλον;
ἢ ἑτέρῳ λέχεϊ δαμαζομέναν
ἔννυχοι πάραγον κοῖται; τὸ δὲ νέαις ἀλόχοις   40
ἔχθιστον ἀμπλάκιον καλύψαι τ' ἀμάχανον

(Ἐπῳδὸς β'.)

ἀλλοτρίαισι γλώσσαις [2]·
κακολόγοι δὲ πολῖται.
Ἴσχει τε γὰρ ὄλβος οὐ μείονα φθόνον·   45
ὁ δὲ χαμηλὰ πνέων ἄφαντον βρέμει [3].
Θάνεν μὲν αὐτὸς ἥρως Ἀτρείδας
ἵκων χρόνῳ κλυταῖς ἐν Ἀμύκλαις [4],

(Στροφὴ γ'.)

μάντιν τ' ὄλεσσε κόραν, ἐπεὶ ἀμφ' Ἑλένᾳ πυρωθέντων   50

(*Antistrophe II.*)

Clytemnestre, cette femme sans pitié. Est-ce Iphigénie, immolée sur l'Euripe, loin de la patrie, qui excita son cœur et éveilla ce terrible courroux? ou bien les caresses de la nuit avaient-elles conseillé ce forfait à la femme séduite par un lit adultère? Crime odieux chez de jeunes épouses, et qui ne peut échapper

(*Épode II.*)

aux publiques rumeurs; car les hommes sont médisants. Plus grand est le bonheur, plus grande aussi l'envie; celui dont la fortune est modeste murmure dans l'ombre. Ainsi le héros fils d'Atrée, ramené par le temps, périt dans la célèbre Amyclée,

(*Strophe III.*)

et fit périr avec lui la vierge prophétesse, après avoir renversé et

(Ἀντιστροφὴ β'.)	(*Antistrophe II.*)
γυνὰ νηλής.	*Clytemnestre*, femme sans-pitié.
Πότερον ἄρα	Est-ce que donc
Ἰφιγένεια	Iphigénie
σφαχθεῖσα ἐπὶ Εὐρίπῳ	immolée sur l'Euripe
τῆλε πάτρας,	loin de *sa* patrie
ἔκνισέ νιν	aiguillonna elle
ὄρσαι χόλον	au point d'éveiller un courroux
βαρυπάλαμον;	aux-mains-pesantes ?
ἢ κοῖται ἔννυχοι	ou des couches (caresses) nocturnes
πάραγον	ont-elles détourné (tourné au crime)
δαμαζομέναν	*elle* domptée (séduite)
ἑτέρῳ λεχέϊ;	par un autre lit ?
τὸ δὲ ἀμπλάκιον	or cette faute
ἔχθιστον	*est* très-odieuse
νέαις ἀλόχοις	à (chez) de jeunes épouses
ἀμάχανόν τε καλύψαι	et impossible à cacher
(Ἐπῳδὸς β'.)	(*Épode II.*)
γλώσσαις ἀλλοτρίαισι·	aux langues d'-autrui ;
πολῖται δὲ	et les citoyens
κακολόγοι.	*sont* médisants.
Ὄλβος τε γὰρ	Car et le bonheur
ἴσχει φθόνον	a (attire) une envie
οὐ μείονα·	non moindre *que ce bonheur*;
ὁ δὲ πνέων	mais celui qui respire (aspire à)
χαμηλὰ	des choses terre-à-terre (humbles)
βρέμει	frémit (murmure, calomnie)
ἄφαντον.	d'une-manière-obscure.
Ἥρως μὲν Ἀτρείδας αὐτὸς	Le héros Atride lui-même
ἵκων χρόνῳ	étant venu (revenu) avec le temps
θάνεν	périt
ἐν κλυταῖς Ἀμύκλαις,	dans l'illustre Amyclée,
(Στροφὴ γ'.)	(*Strophe III.*)
ὄλεσσέ τε	et fit-périr (causa la mort de)
κόραν μάντιν,	la jeune-fille prophétesse,
ἐπεὶ	après que
ἀμφὶ Ἑλένᾳ	au sujet d'Hélène
ἔλυσεν	il eut détaché (dépouillé)
ἁβρότατος	de *leur* opulence
δόμους	les demeures

Τρώων ἔλυσε δόμους ἁβρότατος [1]. Ὁ δ' ἄρα γέροντα ξένον
35 Στρόφιον ἐξίκετο, νέα κεφαλᾷ [2],
Παρνασοῦ πόδα ναίοντ'· ἀλλὰ χρονίῳ σὺν Ἄρει
πέφνεν τε ματέρα θῆκέ τ' Αἴγισθον ἐν φοναῖς [3].

(Ἀντιστροφὴ γ'.)

Ἦ ῥ', ὦ φίλοι, κατ' ἀμευσιπόρους τριόδους ἐδινάθην,
ὀρθὰν κέλευθον ἰὼν τοπρίν· ἤ μέ τις ἄνεμος ἔξω
πλόου
40 ἔβαλεν, ὡς ὅτ' ἄκατον εἰναλίαν.
Μοῖσα, τὸ δὲ τεόν, εἰ μισθῷ συνετίθευ παρέχειν
φωνὰν ὑπάργυρον, ἄλλοτ' ἄλλᾳ ταρασσέμεν [4]

(Ἐπῳδὸς γ'.)

ἢ πατρὶ Πυθονίκῳ
τό γέ νυν ἢ Θρασυδαίῳ·
45 τῶν εὐφροσύνα τε καὶ δόξ' ἐπιφλέγει.

55

60

65

livré aux flammes pour la cause d'Hélène les riches palais des Troyens. Cependant le jeune Oreste reçut l'hospitalité chez un vieillard, Strophios, qui habitait au pied du Parnasse; plus tard, le fer à la main, il égorgea sa mère, et renversa Égisthe dans le sang.

(*Antistrophe III.*)

O mes amis, des carrefours trompeurs ont égaré mes pas et m'ont jeté loin du droit chemin, ou quelque vent m'a écarté de ma route comme le vaisseau qui vogue sur les mers. Tu dois, ô ma Muse, s'il est vrai que tu as promis ta voix pour un salaire, varier tes accords,

(*Épode III.*)

et célébrer ou le père qui a triomphé dans Pytho ou Thrasydée lui-même; tous deux resplendissent de bonheur et de gloire. Jadis

LES PYTHIQUES. XI.

Τρώων πυρωθέντων.	des Troyens incendiés.
Ὁ δὲ ἄρα,	Mais celui-ci donc (Oreste),
νέα κεφαλά,	jeune tête,
ἐξίκετο	arriva
γέροντα ξένον	chez un vieil hôte
Στρόφιον,	Strophios,
ναίοντα πόδα	qui habitait le pied
Παρνασοῦ·	du Parnasse ;
ἀλλὰ σὺν Ἄρει	mais (puis) avec un Mars (meurtre)
χρονίῳ	tardif
πέφνε τε ματέρα	et il tua *sa* mère
θῆκέ τε Αἴγισθον	et il posa (abattit) Égisthe
ἐν φοναῖς.	dans le lieu-du-meurtre.

(Ἀντιστροφὴ γ'.) (*Antistrophe III.*)

Ἦ ῥα,	Ou bien donc,
ὦ φίλοι,	ô *mes* amis,
ἐδινάθην	je me suis égaré
κατὰ τριόδους	dans un embranchement-de-trois-rou-
ἀμευσιπόρους,	qui-change-la-route, ſtes (carrefour)
ἰὼν τοπρίν	allant auparavant
ὀρθὰν κέλευθον·	un droit chemin ;
ἤ τις ἄνεμος	ou quelque vent
ἔβαλέ με	a jeté moi
ἔξω πλόου,	hors de *ma* navigation (route),
ὡς ὅτε	comme quand *il en éloigne*
ἄκατον εἰναλίαν.	une barque maritime.
Μοῖσα,	Muse,
τὸ δὲ τεόν,	eh bien *c'est* ton *devoir*,
εἰ συνετίθευ μισθῷ	si tu es convenue pour un salaire
παρέχειν φωνὰν	de fournir une voix
ὑπάργυρον,	salariée-par-de-l'argent,
ταράσσειν	de remuer (faire entendre tes accents
ἄλλοτε ἄλλᾳ	tantôt d'une autre *manière*

(Ἐπῳδὸς γ'.) (*Épode III.*)

ἢ πατρὶ	ou pour le père *de Thrasydée*
Πυθονίκῳ	vainqueur-Pythique
τό γέ νυν	en ceci du moins donc
ἢ Θρασυδαίῳ·	ou pour Thrasydée ;
τῶν εὐφροσύνα τε	desquels *deux* et la joie (le bonheur)
καὶ δόξα ἐπιφλέγει.	et la gloire brille.

ΠΥΘΙΟΝΙΚΑΙ ΙΑ'.

Τὰ μὲν ἐν ἅρμασι καλλίνικοι πάλαι 70
Ὀλυμπίαν ἀγώνων πολυφάτων
ἔσχον θοὰν ἀκτῖνα ¹ σὺν ἵπποις·
(Στροφὴ δ'.)
Πυθοῖ τε γυμνὸν ἐπὶ στάδιον ² καταβάντες ἤλεγξαν
50 Ἑλλανίδα στρατιὰν ὠκύτατι. Θεόθεν ἐραίμαν καλῶν, 75
δυνατὰ μαιόμενος ἐν ἁλικίᾳ.
Τῶν γὰρ ἂμ πόλιν εὑρίσκων τὰ μέσα μακροτέρῳ
ὄλβῳ τεθαλότα ³, μέμφομ' αἶσαν τυραννίδων· 80
(Ἀντιστροφὴ δ'.)
ξυναῖσι δ' ἀμφ' ἀρεταῖς· τέταμαι· φθονεροὶ δ' ἀμύ-
νονται
55 ἆται ⁴, εἴ τις ἄκρον ἑλὼν ⁵ ἀσυχᾷ τε νεμόμενος αἰνὰν
ὕβριν 85
ἀπέφυγεν· μέλανα δ' ἂν' ἐσχατιὰν

victorieux à la course des chars, ils ont par la vitesse de leurs coursiers remporté une éclatante couronne dans les luttes fameuses d'Olympie ;

(Strophe IV.)

on les a vus descendre sans armes dans le stade de Pytho, et vaincre par leur agilité la foule accourue de la Grèce. J'aimerais des biens envoyés par les dieux, et dans la force de l'âge mes désirs ne seraient pas au-dessus de mon pouvoir. Je vois que dans les cités une humble fortune est le bien le plus durable, et je méprise le sort des tyrans ;

(Antistrophe IV.)

j'aspire à des vertus modestes ; car l'envie est impuissante, quand le mortel parvenu au faîte jouit en paix de son bonheur, et repousse loin de son cœur un orgueil funeste ; au terme de la vie la sombre

Τὰ μὲν	D'un côté (déjà)
καλλίνικοι πάλαι	vainqueurs jadis
ἐν ἅρμασιν	dans *la course des* chars
ἔσχον	ils ont eu (gagné)
σὺν ἵπποις	avec *leurs* chevaux
ἀκτῖνα Ὀλυμπίαν	un rayon (éclat) Olympique
θοὰν	rapide (vif)
ἀγώνων πολυφάτων·	de luttes très-renommées;
(Στροφὴ δ'.)	(*Strophe IV.*)
Πυθοῖ τε	et à Pytho
καταβάντες	étant descendus
ἐπὶ στάδιον γυμνὸν	dans le stade nu (sans armes)
ἤλεγξαν	ils ont convaincu (surpassé)
ὠκύτατι	par *leur* agilité
στρατιὰν Ἑλλανίδα.	la foule des-Grecs.
Ἐραίμαν	Je souhaiterais
καλῶν	de belles choses (des biens)
θεόθεν,	*venant* des dieux,
μαιόμενος ἐν ἁλικίᾳ	désirant dans la force-de-l'âge
δυνατά.	des choses possibles.
Εὑρίσκων γὰρ	Car trouvant
τὰ μέσα	les *biens* modérés
τῶν	d'entre les *biens qui sont*
ἀνὰ πόλιν	dans une ville
τεθαλότα	florissant
ὄλβῳ μακροτέρῳ,	avec un bonheur plus-long,
μέμφομαι αἶσαν	je blâme (méprise) le sort
τυραννίδων·	des tyrannies (des tyrans);
(Ἀντιστροφὴ δ'.)	(*Antistrophe IV.*)
τέταμαι δὲ	et je me tends (m'attache)
ἀμφὶ ἀρεταῖς ξυναῖσιν·	autour de (à) des vertus communes;
ἆται δὲ φθονεραὶ	et les fautes (atteintes) de-l'envie
ἀμύνονται,	sont écartées,
εἴ τις	si quelqu'un
ἑλὼν ἄκρον	ayant saisi le faîte *de ces vertus*
νεμόμενός τε	et jouissant *de ses biens*
ἀσυχᾷ	paisiblement
ἀπέφυγεν	a fui (éloigné de lui)
ὕβριν αἰνάν·	l'insolence terrible (funeste);
ἀνὰ δὲ ἐσχατιὰς	et à l'extrémité

καλλίονα θάνατον σχήσει, γλυκυτάτᾳ γενεᾷ
εὐώνυμον κτεάνων κρατίσταν χάριν πορών. 90
        (Ἐπῳδὸς δ'.)
Ἅ τε τὸν Ἰφικλείδαν
διαφέρει ¹ Ἰόλαον
ὑμνητὸν ἐόντα, καὶ Κάστορος βίαν,
σέ τε, ἄναξ Πολύδευκες, υἱοὶ θεῶν,
τὸ μὲν παρ' ἆμαρ ἕδραισι Θεράπνας, 95
τὸ δ' οἰκέοντας ἔνδον Ὀλύμπου ².

mort lui apparaît plus belle, et il transmet à des enfants chéris un nom sans tache, le plus précieux des héritages.

(*Épode IV.*)

Aussi on célèbre au loin Iolas fils d'Iphiclès, et le robuste Castor et toi, noble Pollux, tous deux enfants des dieux, qui tour à tour habitez les demeures de Thérapné et les palais de l'Olympe.

σχήσει μέλανα θάνατον	il aura la noire mort
καλλίονα,	plus belle,
πορὼν	ayant procuré (transmettant)
γενεᾷ	à *sa* postérité
γλυκυτάτᾳ	très-douce (très-chérie)
χάριν εὐώνυμον	le bienfait d'un beau-nom
κρατίσταν κτεάνων.	le plus excellent des biens.
(Ἐπῳδὸς δ'.)	(*Epode IV*.)
Ἆτε	*Ce bienfait* qui
διαφέρει	porte-de-tous-côtés
ἐόντα ὑμνητὸν	étant chanté-par-des-hymnes
Ἰόλαον τὸν Ἰφικλείδα·	Iolas le fils-d'Iphiclès,
καὶ βίαν Κάστορος,	et la force de Castor (le robuste Castor),
σέ τε,	et toi,
ἄναξ Πολύδευκες,	prince Pollux,
υἱοὶ θεῶν,	*tous deux* fils des dieux,
οἰκέοντας	*vous* qui habitez
παρὰ ἦμαρ	pendant un jour
τὸ μὲν	pendant l'un
ἕδραις Θεράπνας,	dans les demeures de Thérapné,
τὸ δὲ	pendant l'autre
ἔνδον Ὀλύμπου.	dans l'Olympe.

ΠΥΘΙΟΝΙΚΑΙ.

ΕΙΔΟΣ ΙΒ΄.

ΜΙΔΑ ΑΚΡΑΓΑΝΤΙΝΩ

ΑΥΛΗΤΗ.

(Στροφὴ α΄.)
Αἰτέω σε, φιλάγλαε, καλλίστα βροτεᾶν πολίων,
Φερσεφόνας ἕδος, ἅ τ' ὄχθαις ἔπι μηλοβότου
ναίεις Ἀκράγαντος εὔδματον κολώναν, ὦ ἄνα,   5
ἵλαος ἀθανάτων ἀνδρῶν τε σὺν εὐμενίᾳ
5 δέξαι στεφάνωμα τόδ' ἐκ Πυθῶνος εὐδόξῳ Μίδᾳ [1],   10
αὐτόν τέ νιν Ἑλλάδα [2] νικάσαντα τέχνᾳ, τάν ποτε
Παλλὰς ἐφεῦρε θρασειᾶν Γοργόνων
οὔλιον θρῆνον διαπλέξαισ' Ἀθάνα·

(Στροφὴ β΄.)
τὸν παρθενίοις ὑπό τ' ἀπλάτοις ὀφίων κεφαλαῖς [3]   15

(Strophe I.)

Écoute ma prière, ô toi, amie de la gloire, toi la plus belle entre les cités des hommes, séjour de Proserpine, toi qui occupes sur les bords fertiles de l'Acragas une colline ornée de palais; puissante reine, accueille avec bonté, avec la faveur des dieux et des mortels, cette couronne conquise dans Pytho et que t'offre l'illustre Midas; accueille le héros lui-même qui vient de triompher de la Grèce dans un art inventé jadis par Pallas Athéné pour imiter les gémissements lamentables des audacieuses Gorgones;

(Strophe II.)

ces cris d'affreuse douleur qu'elle entendit sortir de la bouche des

ODE XII.

A MIDAS D'AGRIGENTE,

JOUEUR DE FLUTE.

(Στροφὴ α'.)   (Strophe I.)
Αἰτέω σε   J'implore toi,
φιλάγλαε,   amie-de-l'éclat (de la gloire),
καλλίστά   ô la plus belle
πολίων βροτεᾶν,   des villes des-hommes,
ἅ τε ναίεις   et qui habites
ἐπὶ ὄχθαις Ἀκράγαντος   sur les rives de l'Acragas
μηλοβότου   où-paissent-les-troupeaux
κολώναν εὔδματον,   une colline bien-bâtie,
ὦ ἄνα,   ô princesse,
ἵλαος   *étant* propice
δέξαι   reçois
εὐδόξῳ Μίδᾳ,   du glorieux Midas,
σὺν εὐμενίᾳ   avec la bienveillance
ἀθανάτων ἀνδρῶν τε,   des immortels et des hommes,
τόδε στεφάνωμα   cette couronne
ἐκ Πυθῶνος,   *remportée* de Pytho,
ἥν τε αὐτὸν   et *reçois*-le lui-même
νικάσαντα Ἑλλάδα   ayant vaincu la Grèce
τέχνᾳ,   par *cet* art,
τάν ποτε Παλλὰς Ἀθάνα   que autrefois Pallas Athéné
ἐφεῦρε   trouva (inventa)
διαπλέξαισα   ayant tissé (composé, imité)
θρῆνον οὔλιον   les lamentations funèbres
Γοργόνων θρασειᾶν   des Gorgones audacieuses ;
(Στροφὴ β'.)   (Strophe II.)
τὸν ἆιε   *lamentations* qu'elle entendit
λειβόμενον   découlant (sortant)
ὑπὸ κεφαλαῖς παρθενίοις   des têtes des-vierges

10 ἄϊε λειβόμενον δυςπενθέϊ σὺν καμάτῳ,
   Περσεὺς ὁπότε τρίτον ἄνυσσεν κασιγνητᾶν μέρος [1],   20
   εἰναλίᾳ τε Σερίφῳ λαοῖσί τε μοῖραν ἄγων [2].
   Ἤτοι τό τε θεσπέσιον Φόρκοιο [3] μαύρωσεν γένος,
   λυγρόν τ' ἔρανον Πολυδέκτᾳ θῆκε [4] ματρός τ' ἔμπεδον   25
15 δουλοσύναν τό τ' ἀναγκαῖον λέχος [5],
   εὐπαράου κρᾶτα συλάσαις Μεδοίσας

   (Στροφὴ γ΄.)

   υἱὸς Δανάας· τὸν ἀπὸ χρυσοῦ φαμεν αὐτορύτου   30
   ἔμμεναι. Ἀλλ' ἐπεὶ ἐκ τούτων φίλον ἄνδρα πόνων
   ἐρρύσατο, παρθένος αὐλῶν τεῦχε πάμφωνον μέλος,
20 ὄφρα τὸν Εὐρυάλας [6] ἐκ καρπαλιμᾶν γενύων   35
   χριμφθέντα σὺν ἔντεσι μιμήσαιτ' ἐρικλάγκταν γόον [7].

vierges et de l'horrible gueule des serpents, alors que Persée fit périr l'une des trois sœurs et rapporta la mort aux habitants de la maritime Sériphe. Il priva de la lumière la divine race de Phorcos, et tira vengeance du festin de Polydecte, du long esclavage et de l'hymen forcé de sa mère, après avoir tranché la tête de la belle Méduse,

(*Strophe III.*)

lui, fils de Danaé, qui dut le jour, dit-on, à une pluie d'or. Lorsqu'elle eut délivré de ces travaux le héros cher à son cœur, la vierge immortelle essaya sur la flûte une mélodie aux sons variés, pour rendre sur cet instrument les gémissements effroyables sortis de la

ἀπλάτοις τε	et des *têtes* inaccessibles (affreuses)
ὀφίων	des serpents
σὺν καμάτῳ	avec une souffrance
δυςπενθεῖ,	aux-terribles-douleurs,
ὁπότε Περσεὺς	lorsque Persée
ἄνυσσε	acheva (extermina)
τρίτον μέρος	la troisième partie (l'une des trois)
κασιγνητᾶν,	sœurs,
ἄγων μοῖραν	amenant la destinée (la mort)
Σερίφῳ τε εἰναλίᾳ	et à Sériphe la maritime
λαοῖσί τε.	et aux peuples *de Sériphe*.
Ἤτοι μαύρωσέ τε	En effet et il aveugla
τὸ γένος θεσπέσιον	la race divine
Φόρκοιο,	de Phorcos,
θῆκέ τε	et établit (rendit)
λυγρὸν Πολυδέκτᾳ	affligeant (funeste) à Polydecte
ἔρανον	le festin *qu'il avait donné*
δουλοσύναν τε ἔμπεδον	et l'esclavage ferme (long)
τό τε λέχος ἀναγκαῖον	et le lit (hymen) forcé
ματρός,	de *sa* mère,
συλάσαις κρᾶτα	ayant pillé (enlevé) la tête
Μεδοίσας εὐπαράου,	de Méduse aux-belles-joues,
(Στροφὴ γ´.)	(Strophe *III*.)
υἱὸς Δανάας·	*lui* le fils de Danaé ;
τόν φαμεν ἔμμεναι	lequel nous disons être *né*
ἀπὸ χρυσοῦ	d'un or
αὐτορύτου.	tombé-de-lui-même (en pluie).
Ἀλλὰ ἐπεὶ ἐρρύσατο	Mais après qu'elle eut retiré (délivré)
ἐκ τούτων πόνων	de ces travaux
ἄνδρα φίλον,	le héros chéri,
παρθένος	la vierge (Minerve)
τεῦχε	fabriqua (composa)
μέλος αὐλῶν	un air de flûtes
πάμφωνον,	aux-sons-de-toutes-sortes,
ὄφρα μιμήσαιτο	afin qu'elle imitât
σὺν ἔντεσι	avec l'instrument
τὸν γόον ἐρικλάγκταν	le gémissement très-retentissant
χριμφθέντα	échappé
ἐκ γενύων καρπαλιμᾶν	des mâchoires rapides
Εὐρυάλας.	d'Euryale.

Εὗρεν θεός· ἀλλά νιν εὑροῖσ' ἀνδράσι θνατοῖς ἔχειν [1], 40
ὠνόμασεν κεφαλᾶν πολλᾶν νόμον [2],
εὐκλεᾶ λαοσσόων μναστῆρ' ἀγώνων [3],

(Στροφὴ δ'.)

25 λεπτοῦ διανισσόμενον χαλκοῦ θαμὰ καὶ δονάκων [4],
τοὶ παρὰ καλλίχορον ναίοισι πόλιν Χαρίτων [5], 45
Καφισίδος ἐν τεμένει [6], πιστοὶ χορευτᾶν μάρτυρες.
Εἰ δέ τις ὄλβος ἐν ἀνθρώποισιν, ἄνευ καμάτου 50
οὐ φαίνεται· ἐκ δὲ τελευτάσει νιν [7] ἤτοι σάμερον
30 δαίμων. Τὸ δὲ μόρσιμον οὐ παρφυκτόν· ἀλλ' ἔσται χρόνος
οὗτος, ὃ καί τιν' ἀελπτίᾳ βαλὼν [8] 55
ἔμπαλιν γνώμας τὸ μὲν δώσει, τὸ δ' οὔπω.

bouche dévorante d'Euryale. La déesse réussit ; elle donna aux mortels ce chant qu'elle appela le nome des mille têtes, ce nome glorieux qui appelle le peuple aux luttes,

(Strophe IV.)

lorsqu'il s'échappe de l'airain aminci et des roseaux qui naissent près de la vaste cité des Grâces, dans l'enceinte sacrée du Céphise, témoins fidèles des danses. S'il est parmi les hommes quelque félicité, elle ne s'acquiert point sans peine ; mais Dieu peut aujourd'hui la porter au comble. L'homme ne saurait échapper au destin : un jour viendra qui, frappant un coup imprévu, lui donnera ce qu'il n'attend point en lui refusant ce qu'il désire.

Θεὸς εὗρεν·	La déesse trouva *l'air*;
ἀλλὰ εὑροῖσά νιν	mais ayant trouvé lui
ἀνδράσι θνατοῖς	pour les hommes mortels
ἔχειν,	*de manière que eux le* posséder,
ὠνόμασε νόμον	elle *l'*appela le nome
πολλᾶν κεφαλᾶν,	des nombreuses têtes,
εὐκλεᾶ	*air* glorieux
μναστῆρα	qui-rappelle-le-souvenir
ἀγώνων	des luttes
λαοσόων,	qui-attirent-le-peuple,
(Στροφὴ δ'.)	(*Strophe IV.*)
διανισσόμενον	s'échappant-à-travers
χαλκοῦ λεπτοῦ	l'airain mince
καὶ θαμὰ	et en même temps
δονάκων,	*à travers* les roseaux,
τοὶ ναίοισι	qui habitent (croissent)
παρὰ πόλιν καλλίχορον	près de la ville aux-beaux-chœurs
Χαρίτων,	des Grâces,
ἐν τεμένει	dans l'enceinte-sacrée
Καφισίδος,	du Céphise,
μάρτυρες πιστοὶ	témoins fidèles
χορευτᾶν.	des danseurs (des danses).
Εἰ δέ τις ὄλβος	Mais si quelque bonheur
ἐν ἀνθρώποισιν,	*est* parmi les hommes,
οὐ φαίνεται	il ne se montre pas
ἄνευ καμάτου·	sans fatigue;
ἤτοι δὲ δαίμων	mais assurément un dieu
ἐκτελευτάσει	accomplira (pourra accomplir)
νιν	lui (le bonheur)
σάμερον.	*même* aujourd'hui.
Τὸ δὲ μόρσιμον	Or ce *qui est* établi-par-le-destin
οὐ παρφυκτόν·	n'*est* pas possible-à-fuir;
ἀλλὰ οὗτος χρόνος ἔσται,	mais ce temps sera (viendra),
ὃ καὶ βαλών τινα	qui aussi ayant frappé quelqu'un
ἀελπτίᾳ	d'un coup-imprévu
δώσει τὸ μὲν	*lui* donnera une chose
ἔμπαλιν γνώμας,	au rebours de *sa* pensée,
τὸ δὲ οὔπω.	et l'autre pas encore.

NOTES.

Ces notes, comme celles des Olympiques, sont tirées, pour la plus grande partie, du commentaire de Bœckh; un très-petit nombre m'appartient. J'ai cherché à résumer les observations les plus importantes de ce savant éditeur de Pindare; je me suis efforcé, en donnant à ses remarques plus de concision, de leur donner quelquefois plus de clarté. J'ai aussi beaucoup emprunté à Heyne, beaucoup plus que pour les Néméennes et les Isthmiques; car Bœckh m'a paru en général moins complet que Dissen pour les remarques qui ont un rapport plus particulier avec la philologie.

Page 6. — 1. Χρυσέα φόρμιγξ. Comparez, pour ces invocations à la lyre, et cette puissance des effets de l'harmonie, Horace, *Odes*, III, 11. Dissen ne croit pas que χρυσέα φόρμιγξ soit *aurea lyra*, mais plutôt *lyra auro dignitate par*. Il se trompe.

— 2. Σύνδικον Μοισᾶν κτέανον. L'adjectif σύνδικος a plus ordinairement un sens actif, et signifie *qui a* ou *qui possède un droit égal* ou *avec un droit égal*. Ici, il prend plutôt la nuance du passif, *possédé avec un droit égal*. Il en est de même pour ἔνδικος. Voyez *Pythiques*, V, 104.

— 3. Βάσις désigne les danses qu'exécutait le chœur, et qui commençaient la fête; ou peut-être vaut-il mieux entendre les évolutions cadencées auxquelles le chœur se livrait en chantant. Il nous semble que telle serait plutôt la nuance du mot βάσις. Platon, *Premier Alcibiade* : Ἀλλὰ μὴν καὶ ᾄδοντα δεῖ κιθαρίζειν ποτὲ πρὸς τὴν ᾠδὴν καὶ βαίνειν.

— 4. Προοιμίων ἀμβολάς. On appelait προοίμια les hymnes qui se chantaient avec l'accompagnement de la danse.—Ἀναβολαί, *les préludes*, non pas tout à fait dans le sens que nous donnons au mot français, mais les premiers sons de la lyre ou de la flûte, lorsqu'elle commençait à se faire entendre seulement avec le chant.

— 5. Αἰχματάν signifie ici *armé d'une pointe*, plutôt que *violent*, *impétueux*, *terrible*, comme l'expliquait le scholiaste d'Eschyle.

NOTES.

Page 8. — 1. Ὑγρὸν νῶτον αἰωρεῖ. Dissen explique parfaitement les diverses nuances de l'adjectif ὑγρός. Le sens primitif est *humide, liquide, qui se balance comme les flots*, et c'est ainsi qu'il faudrait l'expliquer ici, si l'on fait attention au balancement de l'oiseau qui s'endort sur une branche, et agite alors mollement ses plumes. De cette première signification, on arrive facilement à celle de *mobile, flexible, courbé, qui est dans une position inclinée ou recourbée*; de là, κέρας ὑγρόν, dans Théocrite, etc. Enfin, ὑγρός s'applique à tout ce qui est *mou, languissant, débile*: ὑγρὰ ὄμματα, ὑγρὸς πόθος, ὑγρὰ χείρ, etc.

— 2. Remarquez que κατασχόμενος, ainsi que d'autres composés d'ἔχω, a la forme moyenne avec une signification passive.

— 3. Κῆλα sont les traits de la lyre, et non du dieu. Δέ pour γάρ. Plus loin, ἀμφὶ σοφίᾳ, pour διὰ σοφίας, de même que nous trouverons plus bas encore ἀμφὶ ἀρετᾷ pour διὰ ἀρετᾶς.

— 4. Toute cette première partie de l'ode s'applique parfaitement à Hiéron. La poésie charme le dieu de la guerre lui-même; comment ne charmerait-elle pas aussi le héros qui vient de triompher des Étrusques?

— 5. Ἐν αἰνᾷ Ταρτάρῳ. Remarquez l'emploi assez rare de Τάρταρος au féminin. — Deux vers plus haut, ὅσσα pour ὅσσους.

Page 10. — 1. Ὑπὲρ Κύμας ἁλιερκέες ὄχθαι. Le scholiaste s'est imaginé à tort qu'il s'agit ici d'une petite île de Cymé, voisine de la Sicile. Il faut entendre que la Sicile et l'Italie, désignée par ὄχθαι ὑπὲρ Κύμας, pèsent sur la poitrine de Typhon. Ὄχθαι ὑπὲρ Κύμας sera donc pour nous la contrée littorale qui est au-dessus de Cumes lorsqu'on se dirige de la mer vers l'intérieur des terres. Ὄχθαι ne désigne pas le rivage même, mais la chaîne de ces collines qui en partie dominent Cumes (Juvénal, IX, 57, *Suspectumque Cumis jugum*), et en partie, vues de la mer, comme le Vésuve, semblent aussi la dominer, quoique plus éloignées que les premières, ce qui s'explique par la position de Cumes sur le rivage. Ἁλιερκέες s'explique aussi fort bien; ces collines sont à peu de distance de la mer, et paraissent à ceux qui abordent être entourées par les flots.

— 2. Χιὼν ὀξεῖα, rappelle le *gelu acutum* d'Horace, *Odes*, I, 9, 3.

— 3. Τᾶς ἐρεύγονται, etc. Ici commence la description de l'éruption de l'Etna; cette description ne manquait pas d'à-propos, puisque l'on place au temps d'Hiéron l'un de ces phénomènes. Comparez Eschyle, *Prométhée*, où l'Océan raconte le supplice de Typhon; Virgile, *Énéide*, III, 571 et suiv.; Claudien, *De Raptu Proserpinæ*, I, 151.

— 4. Πυρὸς ἁγνόταται παγαί. Il faut se rappeler que le feu et le soufre étaient fréquemment employés dans les purifications. — Πυρὸς παγαί désigne probablement les courants de matière liquéfiée ou de lave; plus bas, ποταμοί s'applique aux fleuves qui coulent dans l'Etna même.

— 5. Σὺν πατάγῳ. Un annotateur remarque la même fin de période dans Virgile, *Géorgiques*, 1, 327 :

.. Implentur fossæ, et cava flumina crescunt
Cum sonitu.

— 6. Παριόντων ἀκοῦσαι. Devant παριόντων, sous-entendez ἐκ. — Au vers suivant, οἷον est pour ὡς.

Page 12. — 1. Δέδεται κορυφαῖς καὶ πέδῳ. Comparez Eschyle, *Prométhée*, 362 et suiv.

— 2. Εἴη, Ζεῦ, τὶν εἴη ἁνδάνειν. La transition est sous-entendue, mais facile à rétablir. Typhon avait outragé le maître des dieux, la colère de Jupiter s'est appesantie sur lui : mais moi, s'écrie le poëte, puissé-je te plaire, puisse te plaire Hiéron, et les habitants de cette cité nouvelle qu'il vient de fonder !

— 3. Ἅρμασι dépend de καλλινίκου.

Page 14. — 1. Ὁ λόγος, ἡ ἀναλογία, *hæc ratio*, ou plutôt *hæc comparatio*.— Ταύταις ἐπὶ συντυχίαις, *in hac congruentia victoriæ tuæ*. En effet, cette victoire d'Hiéron, qui venait à peine de fonder Etna, était d'un heureux augure pour l'avenir, de même qu'un bon vent au départ est pour les matelots le présage d'un fortuné retour.

— 2. Ἐκ θεῶν μαχαναὶ πᾶσαι βροτέαις ἀρεταῖς... ἔφυν, c'est-à-dire, πάντα ἃ μηχανῶνται βρότειαι ἀρεταί. — Pindare cite ici trois vertus que donnent les dieux aux cités qu'ils destinent à la grandeur : la sagesse, la force ou la valeur, l'éloquence. La première appartient plus particulièrement à Pindare et aux poëtes qui chanteront Etna ; les deux autres sont communes à Hiéron et aux habitants de la ville nouvelle. Il ne faut pas s'étonner de voir la Sicile déjà fameuse pour l'éloquence de ses habitants; nous avons le témoignage d'Aristote, reproduit par Cicéron, *Brutus*, 12 : *Itaque ait Aristoteles, quum, sublatis in Sicilia tyrannis* (ces tyrans sont Hiéron lui-même et Thrasybule), *res privatæ longo intervallo judiciis repeterentur, tum primum quod esset acuta illa gens et controversa natura, artem et præcepta Siculos Coracem et Tisiam conscripsisse. Nam antea neminem solitum via nec arte, sed accurate tamen et de scripto plerosque dicere.*

— 3. Ἄνδρα δ' ἐγὼ κεῖνον.... ἀμεύσασθ' ἀντίους. Le sens de cette phrase est J'espère ne pas dépasser le but dans les louanges que je donnerai à Hiéron, mais j'espère aussi le louer de manière à vaincre tous mes rivaux. Ἔξω ἀγῶνος est à peu près la même chose que παρὰ σκοπόν, *Olympiques*, XIII, 94. Comparez *Néméennes*, VII, 70, et voyez notre note sur ces deux passages.

Page 16. — 1. Εἰ γάρ a la même valeur que εἴθε. Voyez Homère, *Iliade*, VII, 132; Eschyle, *Prométhée*, 152; Sophocle, *Électre*, 1416. — Οὕτω, *ut precor*.

— 2. Καμάτων. Hiéron souffrait d'une maladie de vessie. C'est pourquoi Pindare le compare plus bas à Philoctète.

— 3. Εὑρίσκοντο... τιμάν. Εὑρίσκοντο a pour sujet μάχαι, à moins que l'on ne préfère la leçon de Dissen, εὑρίσκοιτο, qui se rapporterait à Hiéron. Τιμάν, c'est la gloire ou l'honneur du commandement, l'empire. Hiéron avait mis sous ses lois la Sicile et les Catanéens ; il avait battu les Carthaginois, et venait de triompher des Étrusques.

— 4. Τὰν Φιλοκτήταο δίκαν ἐφέπων, *Philoctetæ modum secutus*, τρόπον μετερχόμενος, *à l'exemple de Philoctète*.

— 5. Σὺν δ' ἀναγκαίᾳ... μεγαλάνωρ ἔσανεν. La nécessité avait forcé les Atrides à rechercher le secours de Philoctète qui leur était odieux ; de même, un peuple ou un prince superbe avait été réduit à solliciter l'appui d'Hiéron. Il est à peu près certain, comme le pense Bœckh, que Pindare avait ici en vue quelque événement récent ; l'on ne peut guère douter qu'il ne s'agisse des secours que Cumes avait demandés à Hiéron l'année même où fut composée cette ode, et Pindare ferait ici déjà allusion à cette guerre de Cumes, dont il parlera plus longuement quelques vers plus bas. Il ne faut donc pas songer, comme l'ont fait beaucoup de traducteurs et de commentateurs, à Anaxilaos, ni aux Locriens, ni aux Sybarites

Page 18. — 1. Οὕτω n'a pas la même valeur que plus haut, au vers 46. Il est ici le second terme d'une comparaison dont le premier terme n'est pas exprimé : *Ut Philocteta Trojam cepit.... sic Hieroni deus det*, etc.

— 2. Δεινομένει. Dinomène, fils d'Hiéron. — Ποινάν, *præmium*.

— 3. Αἴτνας βασιλεῖ. Ce roi d'Etna, c'est Dinomène, et le poëte n'a pas pensé à Jupiter, comme l'ont cru quelques interprètes. Hiéron avait fondé Etna, et lui avait donné une constitution semblable à celle de Sparte, c'est-à-dire la liberté avec un et peut-être même deux rois ; l'un de ces rois était certainement Dinomène, et peut-être Hiéron était-il le second, si toutefois l'on peut induire des vers 68-70 qu'il y avait deux rois à Etna.

— 4. Τῷ πόλιν κείναν... κλέος ἄνθησεν αἰχμᾶς. Je donne ici presque en entier une note très-importante de Dissen concernant toute la partie historique de ce passage. Pindare appelle les institutions Doriennes Νόμοι Ὑλλίδος στάθμας, et τεθμοὶ Αἰγιμιοῦ Δώριοι. Hyllos, fils d'Hercule, est la tige des Héraclides ; Égimios est le chef de la race dorienne. Dans les villes soumises à la constitution dorienne, il y avait un sénat et un roi choisi parmi les grands ; le peuple était libre et se composait de nobles et de plébéiens (à Sparte, les Spartiates et les Laconiens), ou de citoyens égaux de condition ; la forme du gouvernement était aristocratique. En comptant les esclaves publics, il y avait en tout trois tribus. Ainsi, avant l'établissement de la démocratie, qui fut renversée par Gélon, Syracuse comprenait trois tribus : les nobles (γάμοροι), le peuple (δῆμος), et les esclaves publics (κυλλύριοι) ; voyez Hérodote, VII, 155. Sous le nom de *descendants de Pamphyle et des Héraclides*, Pindare désigne deux des tribus doriennes (φυλαί), reconnues surtout à Sparte et dans le Péloponèse, les tribus Παμφύλων et Ὑλλέων ; il ne parle pas de la troisième, la tribu Δυμάνων ou Δυμανατῶν. Ces tribus existaient aussi à Corinthe et à Corcyre, d'où elles passèrent à Syracuse avec Archias l'Héraclide (voy *Olymp*. VI). On les retrouve également à Argos, qui les donna à Rhodes, Rhodes à Géla, et Géla à Agrigente. Thucydide, VI, 4, parlant de la fondation de Géla par les Rhodiens, dit : Νόμιμα δὲ Δωρικὰ ἐτέθη αὐτοῖς, et en parlant des fondateurs d'Agrigente, qui étaient citoyens de Géla, il dit : Νόμιμα τὰ Γελώων ὄντες. Les Mégariens avaient emprunté cette même division à Corinthe, leur voisine. La nouvelle cité d'Etna était donc composée de Doriens, puisqu'elle renfermait des citoyens de Géla, des Syracusains, des Mégariens, des Péloponésiens, et Hiéron lui avait donné, pour cette raison, la division dorienne par tribus. Pindare, dans les derniers vers, fait allusion aux migrations doriennes. Les Doriens, chassés de l'Histiéotide, se retirèrent vers le Pinde, dans le pays des Perrhèbes, où ils habitèrent sous le nom de Macédoniens ; de là ils passèrent dans la Dryopide, où ils fondèrent une ville du nom de Pinde, puis dans le Péloponèse. Voyez Hérodote, I, 56. Pindare ne veut pas faire l'histoire de ces migrations ; il indique seulement le point de départ, le Pinde, le point d'arrivée, Amyclée, voisine de Sparte. Enfin, Pindare appelle les Doriens *voisins des Tyndarides*, parce que le tombeau des Tyndarides était à Thérapné, située non loin d'Amyclée. Voyez *Pythiques*, XI, à la fin ; *Néméennes*, X, 56 ; *Isthmiques*, I, 31. — Le Taygète, montagne de la Laconie.

Page 20. — 1. L'Amène, rivière voisine d'Etna. — Au vers suivant, entendez par βασιλεῦσιν Hiéron, Dinomène et leurs successeurs. — Cette phrase peut se construire de quatre manières différentes; nous nous sommes arrêté à la suivante : (Δὸς) λόγον ἔτυμον ἀνθρώπων διακρίνειν αἰεὶ τοιαύταν οἶσαν ἀστοῖς, etc.

— 2. Ὁ Φοῖνιξ, le Carthaginois. Τυρσανῶν ἀλαλατός, *le cri de guerre*, pour *l'armée* des Tyrrhéniens. La bataille navale de Cumes avait eu lieu très-peu de temps avant la composition de cette ode. Joignez la tmèse κατέχῃ.

Page 22. — 1. Ἑλλάδ' ἐξέλκων βαρείας δουλίας. C'était l'époque de l'invasion des Perses en Grèce. Sparte et Athènes avaient demandé du secours à Hiéron; mais Xerxès, pour paralyser les efforts de ce prince, engagea les Carthaginois à faire une descente en Sicile. Ils furent défaits et obligés de conclure une paix honteuse. — Ἑλλάς est ici la grande Grèce, en Italie.

— 2. Πὰρ Σαλαμῖνος, de Salamine, c'est-à-dire en chantant la victoire de Salamine. Thémistocle commandait à Salamine, Pausanias à Platée (πρὸ Κιθαιρῶνος μάχαν). Le seul sens possible de la phrase est celui-ci : En chantant la victoire de Salamine, j'obtiendrai pour salaire la reconnaissance des Athéniens. Heyne lit αἱρέομαι, et il explique : *Atheniensium laudem præfero, decus ex pugna ad Salaminem, præmium virtutis ad Salaminem*.

— 3. Παρὰ δὲ τὰν εὔυδρον ἀκτὰν Ἱμέρα. Les fils de Dinomène, Gélon, Hiéron, Polyzèle, Thrasybule, vainquirent les Carthaginois près d'Himère, ville de la Sicile septentrionale, la première année de la 75e Olympiade, et, dit-on, le jour de la bataille de Salamine. — Ce Dinomène était le père d'Hiéron; il ne faut pas le confondre avec le fils d'Hiéron, qui avait reçu le nom de son aïeul.

— 4. Ἀστῶν ἀκοά, *fama apud cives audita*. Comparez *Pythiques*, IX, 78. — Κρύπιον θυμόν, *hominum invidorum tectos animos*.

Page 24. — 1. Κρέσσων οἰκτιρμοῦ φθόνος. Hérodote, III, 52 : Μαθὼν ὅσῳ φθονέεσθαι κρέσσον ἐστὶ ἢ οἰκτείρεσθαι. — Au vers suivant, στρατόν, pour δῆμον, comme on le rencontre aussi dans Eschyle. — Πηδαλίῳ. Les rois sont souvent comparés à des pilotes. Voyez, entre autres passages, Eschyle, *les Sept contre Thèbes*, vers 1-4. Remarquez d'ailleurs l'élévation de ce passage; jamais conseils plus généreux n'ont été donnés à un prince.

— 2. Ἀψευδεῖ πρὸς ἄκμονι χάλκευε γλῶσσαν, *forge ta langue sur une enclume véridique*, c'est-à-dire, *conforme ton langage à la vérité*. Bœckh cite en latin plusieurs exemples d'images semblables, quoique moins hardies. Cicéron, *De Oratore*, 30 : *Non enim solum acuenda nobis neque procudenda lingua est, sed*, etc. Tacite, *De Claris Oratoribus*, 20 : *Juvenes in ipsa studiorum incude positi.* Horace, *Art poétique*, 441 :

Et male tornatos incudi reddere versus.

— 3. Παραιθύσσει. Pindare compare encore aux étincelles qui s'échappent du fer battu sur l'enclume les paroles qui peuvent sortir de la bouche d'Hiéron.

— 4. Ἀμφοτέροις a été entendu à tort d'Hiéron et de Dinomène, ou du roi et du peuple ; il faut traduire : de sûrs témoins pour le bien comme pour le mal, ἀμφοτέροις.

— 5. Εὐτραπέλοις κέρδεσσι, *artibus facetis, et astutiis adulatorum aulicorum*.

Page 26. — 1. Bœckh : Φόρμιγγες ὑπωρόφιαι, *quae ὑπ' ὀροφήν sunt in cœnaculo* (ἀνδρῶνι), *ubi comissationes cum carmine aguntur... Dativus* ὄαροισι παίδων *non a verbo δέχεσθαι pendet, sed a substantivo κοινωνίαν*. Ὄαροι, *cantus*.

— 2. Καὶ ἔλη. Sous-entendez ἀμφότερα.

Page 28. — 1. Μεγαλοπόλιες ὦ Συράκοσαι. La ville de Syracuse était formée de la réunion de cinq grands bourgs : Ortygie, Achradine, Tycha, Néopolis et Épipole.

— 2. Τέμενος Ἄρεος. Le poëte, en appelant ici Syracuse *enceinte sacrée de Mars*, ne veut pas dire que cette ville fût sous la protection du dieu de la guerre ; il fait allusion à la bravoure des Syracusains, et aux préparatifs qui se faisaient alors contre Théron (voy. *Olympiques*, II).

— 3. Ὀρτυγίαν... ποταμίας ἕδος Ἀρτέμιδος. Ortygie, quartier de Syracuse consacré à Diane, qui y avait un temple (voy. *Néméennes*, I, 3, et nos notes 1, 2 et 3 de la page 6). — Ποταμίας. Diane Alphéenne était honorée en Élide (voyez, pour la fable de l'Alphée, *Néméennes*, note 1 de la page 6).

Page 30. — 1. Ἐπὶ γάρ... αἰγλᾶντα τίθησι κόσμον. Nous voyons ici Diane et Mercure aider à Hiéron à atteler ses coursiers. Ces fonctions de Diane ne doivent pas étonner ; Pindare, *Olympiques*, XIII, 27, l'appelle ἱπποσόα, et Homère χρυσήνιος. Quant à Mercure, on sait assez qu'il présidait aux jeux. Plus loin encore, il est question de Neptune, qui intervient aussi naturellement ; Neptune est le dieu qui dompte les coursiers.

— 2. Δίφρον... ἅρματα πεισιχάλινα. Il faut distinguer δίφρον et ἅρματα : par δίφρον, il faut entendre le siége, et par ἅρματα les autres parties qui composent le char. — Πεισιχάλινα, *obéissant au frein*, est pris dans un sens passif, comme dans Eschyle, *Agamemnon*, 1631 : πειθάνορα πῶλον.

— 3. Κελαδέοντι μὲν ἀμφὶ Κινύραν. Cinyras était fils d'Apollon, et régna à Chypre ; il fut, dit-on, l'inventeur des tuiles, du levier, de l'enclume, etc. Hiéron, selon quelques-uns, prétendait faire remonter sa généalogie jusqu'à ce prince. — Ἀμφὶ Κινύραν. La préposition ἀμφί est souvent employée ainsi dans les hymnes. Homère, *Hymne à Bacchus* : Ἀμφὶ Διώνυσον, Σεμέλης ἐρικυδέος υἱόν, Μνήσομαι.

— 4. Ἄγει δὲ χάρις κ. τ. λ. Au lieu de ποίνιμος, excellente leçon que l'on doit à Spigel, et qui a été adoptée par Schmid et Bœckh, Heyne donne ποί τινος, qui nous semble à peu près inexplicable. Un autre éditeur, ne comprenant pas la valeur du verbe ἄγει, propose de substituer ἀχεῖ. Le sens de ἄγειν est ici *inducere, invitare.*

— 5. Ζεφυρία πρὸ δόμων Λοκρὶς παρθένος ἀπύει. Locres Épizéphyrienne, ville d'Italie, dans le Brutium méridional, près du promontoire Zéphyrium, avait été fondée par une colonie de Locriens grecs. Hiéron avait délivré Locres des entreprises d'Anaxilaos, tyran de Rhégium.

— 6. Δρακεῖσα ἀσφαλές, *ayant un regard sûr*, c'est-à-dire, *délivrée de ses craintes*.

Page 32. — 1. Τὸν εὐεργέταν... τίνεσθαι. Virgile, *Énéide*, VI, 621, met un précepte à peu près semblable dans la bouche de Phlégyas, père d'Ixion :

Discite justitiam moniti, et non temnere divos.

— 2. Ἔμαθε δὲ σαφές. Des commentateurs se sont étonnés que le poëte ait rattaché ici l'histoire d'Ixion, qu'il développe pendant une vingtaine de vers. Bœckh répond à ce reproche avec un plein succès. Il regarde toute la partie de l'ode comprise entre les vers 12-52 comme une leçon indirecte, mais d'une application facile, que Pindare adresse à Hiéron ; et en effet, la victoire d'Hiéron aux jeux tient si peu de place dans cette ode, que l'on peut en toute vraisemblance y reconnaître un but politique. Hiéron, inquiet de la popularité de son frère Polyzèle, qui lui avait pourtant rendu d'immenses services à la tête de ses armées, avait essayé de le faire périr ; il voulait aussi, après la mort de Polyzèle, s'unir à la femme de son frère, fille de Théron ; car une alliance avec ce prince devait avoir pour lui les plus grands avantages. Polyzèle s'était réfugié auprès de Théron, et Hiéron venait de leur déclarer la guerre. Eh bien, ce que fait ou plutôt ce que veut faire Hiéron aujourd'hui, Ixion l'avait fait autrefois, et en avait été cruellement puni : il avait répandu le sang d'un parent et convoité la femme d'un autre. Voici donc, en résumé, selon l'avis de Bœckh, qui est tout à fait le nôtre, quel est l'enchaînement de ce passage : Il faut être reconnaissant ; les Cypriens le sont envers Cinyras, les Locriens envers toi ; sois reconnaissant aussi envers Polyzèle, et renonce à tes projets, les dieux punissent les superbes.

— 3. Παρὰ Κρονίδαις. Bœckh fait encore remarquer ici avec raison qu'il ne faut pas voir dans Κρονίδαις un pluriel pour un singulier, les fils de Saturne pour Jupiter seul. Chez les Grecs, et surtout dans les premiers temps, les liens de la famille étaient si resserrés, qu'il ne venait pas souvent à l'esprit de séparer par la parole une personne de celles qui lui étaient unies par le sang. De là encore les expressions οἱ ἀμφί, etc.

— 4. Μακρὸν οὐχ ὑπέμεινεν ὄλβον. Comparez, *Olympiques*, I, 55, où Pindare, parlant de Tantale, dit : Ἀλλὰ γὰρ καταπέψαι μέγαν ὄλβον οὐκ ἐδυνάσθη.

— 5. Ἀυάτη n'est pas ici *malheur*, mais *crime*, *faute*. — Ἐξαίρετον, *insignem*, c'est-à-dire, imaginé, inventé pour lui seul. Le verbe ἕλε a ici le sens de *trouver*, *obtenir*, *rencontrer*, avec une nuance de passif.

— 6. Τὸ μὲν ἥρως ὅτι... ὅτι τε. Remarquez que l'exactitude grammaticale exigerait au second membre : τὸ δὲ ὅτι. — Ixion avait fait périr Dionée, son beau-père. Un pareil crime étant inconnu jusqu'alors, on n'avait pas de formule d'expiation. Tous les princes de la Grèce repoussèrent Ixion, qui s'adressa enfin à Jupiter ; le dieu eut pitié de lui, et l'admit dans l'Olympe. — Οὐκ ἄτερ τέχνας, non sans artifice, c'est-à-dire à l'aide d'embûches.

Page 34. — 1. Ἐπειρᾶτο. L'actif, dans ce sens de *tenter*, essayer de *séduire*, serait plus usité.

— 2. Χρὴ δὲ κατ' αὐτὸν αἰεὶ παντὸς ὁρᾶν μέτρον. Αὐτόν (avec l'esprit doux), usage épique. — Comparez Eschyle, *Prométhée*, 890 :

Ὡς τὸ κηδεῦσαι καθ' ἑαυτὸν ἀριστεύει μακρῷ.

— 3. Ἐς κακότατ' ἁθρόαν ἔβαλόν ποτε καὶ τὸν ἑλόντα. Κακότατ' ἁθρόαν, *infortunium ingens*. — Au lieu de ποτε καὶ τὸν ἑλόντα, Bœckh lit ποτὶ κοῖτον ἰκόντα, et Bothe ποτε καὶ τὸν ἐκόντα ; la leçon de Bœckh est contraire au mètre ; d'ailleurs ἵκω n'a pas d'aoriste. Bœckh s'est aperçu plus tard de cette double erreur, et a adopté le texte de Bothe. Nous préférons de beaucoup la leçon de Schneidewin, qui permet de donner à cette phrase un sens plus général : un amour coupable jette dans le malheur celui même qui en a joui ; les vers suivants ἐπεὶ νεφέλᾳ κ. τ. λ. deviennent une confirmation de cette sentence. Rappelons-nous que Pindare aime à procéder ainsi ; chez lui, une sentence générale précède presque toujours le récit.

— 4. Εἶδος πρέπεν θυγατέρι Κρόνου. Le verbe πρέπειν a ici le sens de *ressembler*, *être semblable*. De même, Euripide, *Alceste*, 1121 : Εἴ τι σοὶ δοκεῖ πρέπειν γυναικί.

— 5. Θέσαν Ζηνὸς παλάμαι. Euripide, *Phéniciennes*, 1105, attribue cette ruse à Junon elle-même.

— 6. Τὸν δὲ τετράκναμον ἔπραξε δεσμόν. Δέ est ici pour γάρ. — Τετράκναμον δεσμὸν ἔπραξε, *il gagna un lien à quatre jantes*, c. à d. il gagna d'être attaché à une roue à quatre jantes. Voy. *Pythiques*, IV, 214.

— 7. Τὰν πολύκοινον ἀνδέξατ' ἀγγελίαν. Voyez plus haut, v. 24. — Πολύκοινος, *qui s'adresse également à tous.*

— 8. Ἄνευ Χαρίτων. Bœckh : *Sine gratiis, gratiis absentibus, peperit nubes Ixioni prolem ; ita ut qui genitus ex eo concubitu sit, is fuerit* γόνος ἄχαρις. Quelques interprètes ont entendu, mais bien à tort, ἄνευ Χαρίτων, *sine concubitu ;* ils s'appuyaient sur un passage de Plutarque, *Amatorius*, V, qui n'est probablement qu'une erreur.

— 9. Ἐν θεῶν νόμοις, comme s'il y avait simplement ἐν θεοῖς. Virgile, *Églogues*, IV :

Nec deus hunc mensa, dea nec dignata cubili est.

Page 36. — 1. Ce Centaure n'est pas encore l'Hippocentaure, que l'on appelle aussi communément Centaure; monstre affreux, détesté chez les hommes et chez les dieux, il ne peut s'unir qu'à des cavales ; de là cette race singulière, etc.

— 2. Ἐν Παλίου σφυροῖς. Eustath. ad Dionys., 809 : Τὸ δὲ πόδας Ἴδης ἐξ Ὁμήρου ληφθὲν Πινδάρῳ μὲν δέδωκεν ἀφορμὴν σφυρὰ ὄρους εἰπεῖν, τῷ δὲ Λυκόφρονι πτέρναν πύργου καὶ ἄλλοις κνημοὺς ὄρους.

— 3. Θεός... ἀνύεται. Remarquez le sens assez rare de ἐλπίς, *arbitrium*, *nutus*, *voluntas*. Τέκμαρ, *eventus*. Aristote, *Rhétorique*, 1, 2 : Τὸ γὰρ τέκμαρ καὶ πέρας ταὐτόν ἐστι κατὰ τὴν ἀρχαίαν γλῶτταν.

— 4. Φεύγειν δάκος ἀδινὸν κακαγοριᾶν. Il ne faut pas entendre : me dérober à la morsure de la calomnie ; mais, comme la suite l'indique assez : ne pas avoir recours à la calomnie.

— 5. Ἑκὰς ἐών. Archiloque avait précédé Pindare de deux siècles environ.

— 6. Τὸ πλουτεῖν δέ... ἄριστον. La richesse qu'accompagne la faveur du destin, voilà le plus beau prix de la sagesse.

Page 38.— 1. Τὺ δὲ σάφα νιν ἔχεις. Νίν, c'est-à-dire τὸν πλοῦτον, qu'il faut tirer du verbe πλουτεῖν, au vers précédent. — Πεπαρεῖν, infinitif aoriste, qui semble venir d'un présent inusité πεπαίρω ; quelques manuscrits donnent πεπορεῖν. D'après le schol. et Hésych., le sens de πεπαρεῖν est *dare* ou *ostendere* : *Tu opes habes manifeste, quas liberali mente largiaris*, ou *quas liberali mente ostentes* (*quod fit largitione*).

— 2. Εὐστέφανος, synonyme de εὔπυργος.

— 3. Εὖ δέ τις, κ. τ. λ. Comparez, pour cet éloge d'Hiéron, *Olympiques*, I, 104, et *Pythiques*, I, 48.

— 4. Βουλαὶ δὲ πρεσβύτεραι... ἐπαινεῖν παρέχοντι. Pindare vient de vanter la bravoure qui a illustré la jeunesse d'Hiéron ; il veut célébrer aussi sa sagesse ; mais, au lieu de dire simplement : Tu es aussi sage dans l'âge mûr que tu fus brave dans la jeunesse, il dit : Tu as été brave dans ta jeunesse, et la sagesse de ton âge mûr me permet de te louer sans crainte sous tous les rapports. — Χαῖρε, qui suit, n'est pas précisément *salve*, ni *vale*; il vaudrait mieux y voir l'idée du latin : *macte virtute*.

— 5. Κατὰ Φοίνισσαν ἐμπολάν, *ad modum* ou *instar Phœniciæ mercis*.

Page 40.—1. Τὸ Καστόρειον... ἀντόμενος. Τὸ Καστόρειον, détermine μέλος, *carmen Castoreum*. L'hymne en l'honneur de Castor sur le mode dorien et le rhythme anapestique était chanté au son de la flûte par les Spartiates. — Ἀντόμενος, en venant assister à l'assemblée où l'on chantera cet hymne. Pindare engage Hiéron à cultiver la musique ; voyez *Pythiques*, I, 13.

— 2. Γένοι' οἷος ἐσσὶ μαθών · καλός τοι... αἰεὶ καλός. Ce passage a fort embarrassé les commentateurs, et a donné lieu à des sens bien différents. Celui de Bœckh nous semble de beaucoup le plus sage. Bœckh, pour arriver au sens véritable, laissant de côté pour un instant les mots, s'est attaché uniquement à retrouver l'enchaînement des idées. Pindare vient de vanter les qualités d'Hiéron, et immédiatement après le vers que nous expliquons, il lui recommande de suivre l'exemple de Rhadamanthe, et de ne pas prêter l'oreille aux flatteurs. Le vers γένοι' οἷος ἐσσί, κ. τ. λ. ne peut donc pas être autre chose qu'une transition qui tient à la fois à l'idée qui précède et à celle qui suit. On le comprendra, avec une traduction un peu développée : « Tu es brave, tu es libéral, tu es sage ; demeure tel que tu es, souviens-toi (μαθών) de ce que la nature t'a fait ; garde-toi de te laisser corrompre par les louanges des courtisans ; fusses-tu le plus vil des hommes, ils vanteront toujours tes vertus : est-il rien de plus laid que le singe? et pourtant, dans leur flatterie dérisoire, les enfants l'appellent beau. » C'était sans doute en Grèce une habitude des enfants de crier καλός, καλός, quand ils voyaient un singe; de là vient aussi que le singe était quelquefois appelé à Athènes et à Sparte Καλλίας. On peut remarquer dans cette ode, comme dans la précédente, quelle est la liberté et la noblesse des conseils adressés par Pindare au roi de Sicile. Comparez les conseils d'Artaban à Xerxès, Hérodote, VII, 10, et ceux de Pline à Trajan, *Panégyrique de Trajan*, 62.

— 3. Rhadamanthe, fils de Jupiter et d'Europe, régna en Crète. Jupiter l'établit juge aux Enfers. Voy. *Olympiques*, II, 75.

— 4. Φρενῶν καρπὸν ἀμώμητον, *consilia proba*. Comparez Eschyle, *Les Sept contre Thèbes*, 593 :

Βαθεῖαν ἄλοκα διὰ φρενὸς καρπούμενος,
ἀφ' ἧς τὰ κεδνὰ βλαστάνει βουλεύματα.

— 5. Ἀμφοτέροις, c'est-à-dire, pour celui qui est calomnié et pour celui qui se laisse prendre à la calomnie.

— 6. Ἄτε γάρ... ἅλμας. Cette comparaison se retrouve à peu près dans Eschyle, *Choéphores*, 505 :

Παῖδες γὰρ ἀνδρὶ κληδόνες σωτήριοι
θανόντι· φελλοὶ δ' ὣς ἄγουσι δίκτυον,
τὸν ἐκ βυθοῦ κλωστῆρα σώζοντες λίνου.

— Εἰνάλιον πόνον, la pêche. — Joignez ἀβάπτιστος ἅλμας.

Page 42. — 1. Ἔπος ἐκβαλεῖν, se dit ordinairement en parlant d'un homme qui dit des choses méchantes ou sottes, et quelquefois aussi d'un homme qui se plaint. Homère, *Iliade*, XVIII, 324 : Ἦ ῥ' ἅλιον ἔπος ἔκβαλον. Hérodote, VI, 69 : Ὡς ἀγνοίῃ τὸ ἔπος ἐκβάλοι τοῦτο.

— 2. Ἐν πάντα νόμον, *ad quodvis genus et formam civilium institutorum*. Comparez, *Pythiques*, X, 70.

Page 44. — 1. Στάθμας ἑλκόμενοι περισσᾶς. On a voulu établir ici divers sens, en supposant que ces mots étaient une métaphore tirée de la balance; mais il est plus sûr et plus satisfaisant de s'en tenir à l'interprétation du scholiaste, et d'expliquer avec Bœckh : *magna, quam ducunt, linea largum quasi fundum sibi demetientes*, c'est-à-dire, *magna consilia concipientes, et ex iis, quæ conantur, præclarum ad se fructum rediturum exspectantes*.

Page 46. — 1. Chiron était fils de Saturne et de la Nymphe Philyre. Nous avons déjà vu (*Pythiques*, I) que la santé d'Hiéron était fort languissante; c'est là ce qui fait souhaiter au poëte que Chiron pût être rappelé à la vie ; ce sage héros formerait encore quelque habile médecin qui apporterait du soulagement aux souffrances du roi de Syracuse.

— 2. Κοινὸν ἔπος, est entendu par quelques commentateurs *vœu commun, vœu ordinaire*, c'est-à-dire que tous les mortels font dans leurs maux ; il vaut mieux, selon nous, entendre *vœu commun*, c'est-à-dire *public :* « S'il faut que je sois l'interprète du vœu que forment tous les sujets d'Hiéron. »

— 3. Le Pélion, montagne de la Thessalie, dans la Magnésie.

— 4. Θρέψεν... Ἀσκλήπιον. Voyez *Néméennes*, III, 52 et suivants.

— 5. Coronis était fille de Phlégyas, fils de Mars et de Chrysé; Phlégyas régna dans un canton de la Béotie, qui prit de lui le nom de Phlégyade. — Au vers suivant, τελέσσαι a le sens de *conduire à terme, enfanter, mettre au jour*.

Page 48. — 1. Δαμεῖσα τόξοισιν ὑπ' Ἀρτέμιδος. D'autres prétendent que ce fut Apollon qui la tua par jalousie. On dit aussi qu'elle accoucha heureusement et exposa son fils près d'Épidaure, afin de cacher sa faiblesse à son père. Ici, dans Pindare, les flèches de Diane indiquent sans doute une peste. Voy. plus bas, v. 35. — Au vers suivant, Ἐν θαλάμῳ, c'est-à-dire qu'elle mourut dans son lit.

— 2. Ἁ δ' ἀποφλαυρίξαισά νιν, κ. τ. λ. On est très-incertain sur l'intention qui a porté Pindare à introduire dans son ode cet épisode de Coronis. Les uns regardent ce morceau comme une simple digression poétique ; d'autres, et Bœckh est du nombre, supposent que Pindare voulait détourner Hiéron de l'idée qu'il aurait eue de transporter sa capitale de Syracuse à la ville nouvellement fondée d'Etna. « *Quum autem in Coronide etiam hoc interpositis sententiis extulerit, quod patriis rebus spretis peregrina appetiverit... in eam conjecturam incidi.* » Bœckh. L'histoire ne nous donne à ce sujet aucun document ; il est donc difficile de se prononcer sur cette conjecture, qui est au moins fort ingénieuse.

— 3. Καθαρόν, c'est-à-dire, comme explique fort bien le scholiaste, ἀνεπίμικτον θνητοῦ σποράς.

— 4. Οὐδ' ἐμεῖν' ἐλθεῖν τράπεζαν. Entendez : ἕως ἔλθοι ἡ τράπεζα, et non ἐλθεῖν (εἰς) τράπεζαν.

Page 50. — 1. Λῆμα Κορωνίδος, *mens cum notione audaciæ et arrogantiæ*. De même Sophocle, *Électre*, 1423 : Μητρῷον λῆμα.

— 2. Cet étranger était Ischys, fils d'Élatos.

— 3. Σκοπόν. Apollon. — Γνώμᾳ πιθών. Selon Pindare, Apollon a été informé de la perfidie de Coronis par son esprit même, *son confident le plus sûr*, et non, comme d'autres mythologues le rapportent, par la dénonciation d'un corbeau.

— 4. Lacérie, ville de Magnésie. — Bœbias ou Bœbéis, lac de Magnésie, au sud-ouest de Larisse. Apollonios de Rhodes, IV, 616, place Lacérie sur les bords de la petite rivière d'Amyre :

Τὸν ἐν λιπαρῇ Λακερείᾳ
δῖα Κορωνὶς ἔτικτεν ἐπὶ προχοῇς Ἀμύροιο

— 5. Δαίμων ἕτερος, une divinité autre que la bonne, c. à d. contraire, funeste, κακοδαίμων.

Page 52. — 1. Après ἐπαῦρον, il faut sous-entendre αὐτῆς, et non pas τοῦ κακοῦ. De même Homère, *Iliade*, I, 410 :

Ἵνα πάντες ἐπαύρωνται βασιλῆος.

— 2. Πολλὰν δ' ὄρει.... ἄιστωσεν ὕλαν. Comparaison qui n'est pas indiquée par les particules qui la précèdent ordinairement. Le sens est : De même que l'on voit une étincelle de feu suffire à embraser une forêt, ainsi la faute d'une jeune fille causa le malheur d'un peuple entier. — Pour σπέρμα, voyez *Olympiques*, VII, 48, et notre note.— Au vers suivant, τεῖχος ξύλινον, le bûcher.

— 3. Διέφανε πυρά. Le verbe διαφαίνειν a ici un sens plus étendu qu'à l'ordinaire ; il signifie *se diviser, s'écarter en brillant*.

Page 54. — 1. Ἔτραπεν καὶ κεῖνον... ἤδη ἁλωκότα. Pindare le premier supposa qu'Esculape s'était laissé corrompre à prix d'argent pour rappeler à la vie un homme déjà mort. Platon, au livre III de *la République*, lui fait un reproche de cette calomnie. Horace a supposé aussi que Prométhée avait essayé de séduire Caron par l'appât de l'or ; il dit, *Odes*, livre II, XVIII, 34 :

Nec satelles Orci
Callidum Promethea
Revexit auro captus.

— Ἤδη ἁλωκότα. Sous-entendez ὑπὸ τοῦ θανάτου. Platon dit : θανάσιμον ἤδη ὄντα.

— 2. Δι' ἀμφοῖν. Esculape et le mort qu'il venait de ressusciter.

Page 56. — 1. Χρὴ τὰ ἐοικότα κ. τ. λ. Comparez, pour la pensée, *Pythiques*, II, 34.

— 2. Τὰν ἔμπρακτον ἄντλει μαχανάν, *molire opus, quod effici queat.* — Les vers suivants peuvent assez bien se comparer au plus beau passage de l'ode de Rousseau au comte du Luc.

— 3. Ἢ τινα Λατοΐδα κεκλημένον, ἢ πατέρος, c'est-à-dire, un Esculape ou un Apollon. Ὁ κεκλημένος τινός signifie le fils de quelqu'un. Ainsi Euripide, *Rhésos*, 298 :

Τίς ὁ στρατηγὸς καὶ τίνος κεκλημένος ;

Sophocle a la même expression, mais complète et sans ellipse, *Électre*, 358 :

Πατρὸς πάντων ἀρίστου παῖδα κεκλῆσθαι.

Ainsi, Λατοΐδα τις κεκλημένος, veut dire un fils d'Apollon, comme Esculape ; πατέρος τοῦ Λατοΐδα κεκλημένος τις, est un fils de Jupiter, comme Apollon lui-même.

— 4. Ἰονίαν τέμνων θάλασσαν. Le trajet le plus direct de Thèbes à Syracuse était par le golfe de Corinthe et la mer Ionienne. — Deux vers plus bas, à Συρακόσσαισι, suppléez ἐν.

Page 58. — 1. Φερένικος, cheval qui appartenait à Hiéron, et qui avait remporté des victoires aux jeux. — Cirrha, ville de la Phocide, sur le golfe de Corinthe, près du Parnasse.

— 2. Φαμί..... ἐξικόμαν κε. Il faut entre ces deux verbes sous-entendre ὅτι, ou mieux encore considérer φαμί comme placé entre deux virgules ; s'il y a ellipse de ὅτι, la tournure grecque répondra au latin : *vellem venires*, et à l'anglais : *I would I be*. Construisez alors : Φαμὶ (ὅτι) ἐξικόμαν κε (ὧν) κείνῳ φάος, τηλαυγέστερον ἀστέρος οὐρανίου.

— 3. Μανθάνων οἶσθα προτέρων. On ne sait pas de quel moraliste est tirée la sentence qui suit. — Bœckh pense, mais ce n'est là qu'une conjecture, que la fin de l'ode est une consolation adressée à Hiéron, qui venait de perdre un de ses enfants.

— 4. Τὰ καλὰ τρέψαντες ἔξω, ne laissant voir que le beau côté, m à m. tournant en dehors le beau côté, comme on fait des vêtements. Aristide, t. II, p. 403 : Ἀλλὰ τί κωλύει καὶ τοὺς πτωχοὺς τοὺς τὰ ῥάκια ἀμπεχομένους οἴκοι μὲν αὐτοῖς ἕτερ' εἶναι φάσκειν πάνυ γενναῖα ἱμάτια, πρὸς δὲ τοὺς ἔξω σχηματίζεσθαι; οὐκοῦν ὅ γε αὐτὸς ποιητής (Pindare), οὗ μικρῷ πρόσθεν ἐμνήσθην, ἔφη τὰ καλὰ τρέπειν ἔξω τοὺς ἀγαθούς.

Page 60. — 1. Ὁπόθ' Ἁρμονίαν. Sous-entendez ὁ μέν, correspondant à ὁ δέ. — Harmonie ou Hermione, fille de Mars et de Vénus.

— 2. Καὶ θεοὶ δαίσαντο... ἕδνα τε δέξαντο. Voyez *Néméennes*, IV, 66-68.

— 3. Διὸς δὲ χάριν... μεταμειψάμενοι. Il faut joindre μεταμειψάμενοι χάριν Διός. — Pour les aventures de Pélée, voyez *Néméennes*, III, IV, et nos notes. — Cadmos avait été banni aussi par son père, qui l'envoya à la recherche de sa sœur Europe, et lui enjoignit de ne point rentrer sans elle dans sa patrie.

Page 62. — 1. Τὸν μὲν ὀξείαισι... αἱ τρεῖς. Les malheurs de trois des filles de Cadmos lui firent perdre une partie de sa félicité. Ces trois filles sont Ino, Agavé, Autonoé. La quatrième, Thyoné ou Sémélé, donna Bacchus à Jupiter. Voyez à chacun de ces noms, Bouillet, *Dictionnaire de l'Antiquité.*

— 2. Τοῦ δὲ παῖς. Achille, fils de Thétis et de Pélée.

— 3. Ὑψιπετᾶν ἀνέμων. Ὑψιπετᾶν est ici le génitif de ὑψιπέτης, *qui vole haut*, et non de ὑψιπετής, *qui tombe de haut.*

— 4. Ὄλβος..... ἔπηται. Euripide, *Oreste*, 340 :

Ὁ μέγας ὄλβος οὐ μόνιμος ἐν βροτοῖς.

Ἐπιβρίσαις ἔπηται n'a guère plus de valeur que le simple ἐπιβρίσῃ.

Page 64. — 1. Σμικρὸς ἐν σμικροῖς... ἔσσομαι. Le poëte adresse Hiéron à la fin de son ode quelques conseils de résignation et de sagesse : il faut se conformer à son sort ; mais pour que ses conseils soient moins désagréables au roi, il paraît d'abord se les appliquer à lui-même. On peut remarquer le même artifice, *Néméennes*, I, 31, et dans d'autres passages assez nombreux.

— 2. Ἀσκήσω θεραπεύσων, pour ἀσκήσω καὶ θεραπεύσω, *colam, utar.* — Κατ' ἐμὰν μαχανάν, *pro meo modulo, pro facultate mea.* — Τὸν δαίμον' ἀμφέποντα, c. à d. παρόντα μοι.

— 3. Ἀνθρώπων φάτις. Φάτις, accusatif pluriel dorien. *Fabulas hominum*, c. à d. *celebratos (heroas) ore hominum.*

— 4. Τέκτονες σοφοί, s. ent. ἐπέων, c. à d. les poëtes. Euripide, *Andromaque*, 477 : Τεκτόνοιν δ' ὕμνου συνεργάταιν δυοῖν. Au contraire, *Néméennes*, III, 4, ce sont les chanteurs que Pindare appelle μελιγαρύων τέκτονες ὕμνων.

— 5. Πράξασθαι εὐμαρές, il est facile à peu d'hommes d'obtenir, d'acquérir cette immortalité.

Page 66. — 1. Cyrène, ville d'Afrique, capitale de la Pentapole, près de la côte, sur une hauteur que Justin appelle Cyra, et qui est peu éloignée de la mer. Elle fut fondée par une colonie venue de Théra, et fut la patrie d'Aristippe, d'Ératosthène, de Callimaque et de Carnéade. — Εὐίππου Κυράνας, et au vers 7, εὐάρματον πόλιν, et au vers 17, ἀντὶ δελφίνων, etc. Strabon, XVII : Καὶ γὰρ ἱπποτρόφος ἐστὶν ἀρίστη καὶ καλλίκαρπος.

— 2. Nous donnons ici la généalogie d'Arcésilas, qui sera nécessaire pour l'intelligence parfaite de l'ode :

Neptune.

Euphémos Ier, de Ténare et de la race des Minyens (Thessaliens) ; il s'unit à Malaché, à Lemnos, pendant le séjour que les Argonautes firent dans cette île au retour de leur expédition.

Leucophanès, fils d'Euphémos Ier et de Malaché.

Euphémos II.

Sésamos ou Samos, quatrième descendant d'Euphémos Ier, accompagna Théras, qui fonda une colonie à Théra.

Aristotèle ou Battos Ier, dix-septième descendant d'Euphémos Ier et fils de Polymneste, fonda Cyrène l'an 631 avant notre ère.

Arcésilas Ier.

Battos II.

Arcésilas II.

Battos III.

Arcésilas III.

Battos IV.

Arcésilas IV, à qui cette ode est adressée.

— 3. Αὔξῃς, *excites et excitatum augeas*. Οὖρον ὕμνων, métaphore fréquente dans Pindare.

— 4. Οὐκ ἀποδάμου Ἀπόλλωνος τυχόντος, Apollon ne se trouvant pas absent, c. à d. étant présent, inspirant la prêtresse. — Χρῆσεν Βάττον ὡς κτίσσειεν, tournure attique bien connue, pour χρῆσεν ὡς Βάττος κτίσσειεν. — Sur Battos, voyez Hérodote, IV, 155.

Page 68. — 1. Ἀγκομίσαιτο, qu'il rappellerait (en l'accomplissant) la prophétie de Médée. — Ἔπος Θήραιον, la prophétie prononcée par Médée à Théra. Théra ou Calliste était une des îles les plus méridionales de l'Archipel.

— 2. Αἰήτα παῖς. Médée était fille d'Éétès, roi de Colchide. A proprement parler, bien que Pindare l'appelle δέσποινα Κόλχων, elle ne régna jamais sur sa patrie. Voyez Bouillet, *Dictionnaire de l'Antiquité.*—Ἀθανάτου στόματος ne veut pas dire que Médée fût immortelle; l'épithète ἀθάνατος s'applique plutôt à la vérité de ses prophéties.

— 3. La Nymphe Libye était fille d'Épaphos, fondateur de Memphis. — Φυτεύσεσθαι a tout à fait le sens moyen, *fera pousser pour elle.* — Ἀστέων ῥίζαν. Cyrène fut en effet la métropole des quatre autres villes qui composèrent avec elle la Pentapole ou Cyrénaïque. Ces autres villes étaient Apollonie, Hespéride ou Bérénice, Teuchira ou Arsinoé, et Barca ou Ptolémaïs. — Μελησίμβροτον, c. à d. διὰ φροντίδος οὖσαν τοῖς βροτοῖς.

— 4. Ἀντὶ δελφίνων... ἀελλόποδας. C'est-à-dire que les colons venus de Théra changeront de genre de vie : renfermés dans une île, ils s'adonnaient à la navigation et à la pêche ; ils donneront désormais leurs soins à des chevaux et à des chars.

Page 70. — 1. Κεῖνος ὄρνις... Θήραν γενέσθαι. Ὄρνις a ici le sens de présage. Ce présage est la motte de terre donnée par le dieu à Euphémos, sur les bords du lac Tritonide. — Pour ôter à ce qui suit l'obscurité qui pourrait résulter des différences qu'on trouve chez les mythologues au sujet de l'itinéraire des Argonautes, il est bon de résumer en peu de mots le récit que Pindare fera bientôt, et auquel se lie intimement la prophétie de Médée. Les Minyens, partis de Thessalie, traversent le Bosphore pour entrer dans le Pont-Euxin, et de là remontent le Phase. Au retour, ils naviguent sur le Phase du côté de l'Orient, entrent dans l'Océan, et de l'Océan passent dans la mer Rouge ; mais pour passer de la mer Rouge à la Méditerranée, ils démontent leur vaisseau d'après l'ordre de Médée, et pendant douze jours en transportent les pièces à travers les déserts de la Libye. Ils recommencent à naviguer sur le lac Tritonide, et s'arrêtent à l'embouchure, où le dieu du lac, revêtu de la forme mortelle d'Eurypyle, donne à Euphémos une motte de terre, gage de la domination que Ténare exercera un jour sur la Libye, si Euphémos rapporte soigneusement cette motte dans sa patrie. Mais les serviteurs chargés de garder un don si précieux laissent endormir leur vigilance, malgré les recommandations de Médée, et la glèbe tombe dans la mer près de l'île de Théra ; c'est donc de Théra, et non de Ténare, que sortira le dominateur de la Libye, et c'est là, à Théra, que Médée prononce cette prophétie. En effet, les Argonautes vont de Théra à Lemnos, où ils s'unissent aux femmes lemniennes ; les enfants d'Euphémos et des femmes de Lemnos viennent à Lacédémone (v. 257 et suiv.), d'où ils partent ensuite pour habiter Théra. De cette race sort Battos, qui emmène une colonie de Théra en Libye, où il fonde Cyrène, et de Battos descend Arcésilas.

— 2. Θεῷ ἀνέρι εἰδομένῳ.... δέξατο. Remarquez le verbe δέχεσθαι avec le régime indirect au datif, construction qui se retrouve dans Homère. — Joignez à θεῷ les mots γαῖαν διδόντι.

— 3. Κρημνάντων (s. ent. αὐτῶν), est un génitif absolu, et ne dépend pas de ἐπέτοσσε.

— 4. Πρόςοψιν θηκάμενος. Θηκάμενος pour ἐπιθηκάμενος, s'étant imposé, ayant pris l'aspect, la forme.

Page 72. — 1. Δούρατος ἐναλίου, la poutre marine, c'est-à-dire le vaisseau. — Σπομέναν, ayant suivi la mer, ayant été emporté par elle.

— 2. Λυσιπόνοις, les serviteurs qui délivrent leurs maîtres de leurs travaux, en s'en chargeant eux-mêmes.

Page 74. — 1. Il ne faut pas confondre cette Europe, fille de Tityos, avec Europe, fille d'Agénor, qui fut aimée de Jupiter. — Κηφισοῦ. Le Céphise, fleuve qui prenait sa source au pied de l'OEta, en Phocide, et traversait la Béotie.

— 2. Σὺν Δαναοῖς. Il faut entendre ici par Δαναοί, non pas les Doriens, mais les Achéens du Péloponèse, que les Doriens avaient chassés de leur patrie.

— 3. Τότε γάρ, c. à d. sous Sésamos, descendant d'Euphémos, qui vint à Théra avec le héros Théras; celui-ci, comme nous l'avons déjà dit plus haut, donna son nom à l'île appelée auparavant Calliste, vers le temps du retour des Héraclides.

— 4. Νῦν γε μέν, *sed in hac rerum conditione, quum ad Theram dissoluta gleba sit.* Νῦν γε n'est donc pas opposé à τότε, mais à εἰ γὰρ οἴκοι νιν.

— 5. Εὑρήσει. Sous-entendez Εὔφαμος. Pour l'union des femmes de Lemnos avec les Argonautes, voyez *Olympiques*, IV, 19 et suivants. — Au vers suivant, remarquez le relatif οἵ après un nom neutre, γένος, mais collectif.

Page 76. — 1. Τάνδε νᾶσον, l'île de Théra, que Médée désigne ainsi, parce qu'elle s'y trouve au moment où elle parle.

— 2. Νείλοιο Κρονίδα, Jupiter Nilos. Les Égyptiens donnaient en effet au Nil les noms de Jupiter et d'Osiris. Le Nil est dit ici pour l'Égypte, qui elle-même, par une licence poétique, est désignée au lieu de la Libye.

— 3. Ἐν τούτῳ λόγῳ, *convenienter huic Medeæ vaticinio.* — Ὄρθωσεν, *erexit, insignem reddidit.* Voyez *Néméennes*, I, 15, et *Isthmiques*, V, 61.

— 4. Μελίσσας, abeille, nom mystique que l'on donnait assez souvent aux prêtresses. Voyez *Olympiques*, VI, 47, et notre note. — Αὐτομάτῳ κελάδῳ, parce que la Pythie ordonna *spontanément* à Battos d'aller en Libye, alors qu'il la consultait pour guérir son bégayement. Voici la réponse de l'oracle, telle qu'elle nous est transmise par Hérodote, IV, 155.

Βάττ', ἐπὶ φωνὴν ἦλθες· ἄναξ δέ σε Φοῖβος Ἀπόλλων
ἐς Λιβύην πέμπει μηλοτρόφον οἰκιστῆρα.

— 5. Ποινά, *liberatio.*

Page 78. — 1. Μετά est ici adverbe pour μετὰ ταῦτα.

— 2. Ὄγδοον μέρος παισὶ τούτοις, huitième génération de cette race.

— 3. Ἀπὸ δ' αὐτὸν ἐγὼ Μοίσαισι δώσω. Réunissez la tmèse ἀποδώσω, *tradam cum Musis (canendum)*.

— 4. Τίς γὰρ ἀρχὰ δέξατο ναυτιλίας. Début épique, qui rappelle celui de l'Iliade : Τίς τ' ἄρ σφωε θεῶν, etc. — Δέξατο, comme ἐξεδέξατο. On dit de même en latin : *Casus me excipit*. — On a demandé souvent de quel intérêt pouvait être pour Arcésilas ce long épisode de l'expédition des Argonautes, et surtout les vers nombreux que le poëte consacre aux démêlés de Jason et de Pélias. Il suffit qu'Arcésilas descende de l'un des Argonautes pour qu'on n'ait pas besoin d'excuser Pindare de rappeler avec quelque ampleur l'une des plus belles traditions de l'ancienne Grèce, cette expédition fameuse dont un des ancêtres du roi de Cyrène avait été l'un des héros. Cependant Bœckh a voulu voir plus loin, et sans doute avec raison : il pense que les démêlés de Pélias et de Jason renferment une leçon adressée à Arcésilas ; c'est là en effet la partie développée du poëme, car Pindare termine assez brusquement le récit de l'expédition ; et si l'on songe que Pindare voulait faire rappeler Démophile, que le roi de Cyrène, son parent, avait banni, on comprendra qu'Arcésilas pouvait fort bien trouver dans le récit du poëte une allégorie transparente, et dans les belles paroles que Pindare met dans la bouche de Jason de salutaires conseils. Cette dernière explication n'exclut pas la première ; en les adoptant toutes deux, loin d'avoir un reproche à adresser à Pindare, on devra au contraire admirer dans cette ode non-seulement les hautes qualités épiques qui en font un véritable chef-d'œuvre, mais encore, dans la requête adressée au roi en faveur de l'exilé, un heureux mélange de fermeté et de délicatesse

— 5. Τίς δὲ κίνδυνος... δῆσεν ἅλοις. Quel danger les a enchaînés de ses clous, c'est-à-dire de ses liens de fer ? quel danger auraient-ils couru s'ils n'avaient pas entrepris cette expédition ? La vie de Jason eût en effet été en péril, s'il n'avait pas accepté la proposition de Pélias.

Page 80. — 1. Ἐν φυλακᾷ σχεθέμεν μεγάλᾳ, ne veut pas dire ici *garder avec soin*, mais *se tenir en garde contre*, *se méfier de*.

— 2. Iolcos était située au fond du golfe Pélasgique, en Magnésie.

— 3. Ξεῖνος αἴτ' ὢν ἀστός. Jason était l'un et l'autre.

— 4. Ἀμφότερον, *de deux manières*. Il portait en effet le costume du pays, et en même temps celui des chasseurs de la montagne, une robe magnésienne et une peau de léopard.

— 5. Φρίσσοντας ὄμβρους, les pluies qui font frissonner ; de même dans Ovide *hiems horrida*. — A στέγετο, sous-entendez πρός.

— 6. Πληθοντος ὄχλου n'est pas un génitif absolu, comme on pourrait le croire, mais dépend de ἀγορᾷ, *assemblée*.

Page 82. — 1. Malgré l'autorité de Bœckh, nous pensons qu'il ne faut pas entendre ὀπιζομένων dans le sens général d'*hommes pieux*, mais sous-entendre αὐτόν, et expliquer, *quelqu'un (chacun) des assistants le contemplant avec admiration*.

— 2. Οὔτι που, est une formule de négation, mais avec une nuance interrogative. De même dans Platon, *République*, II : Οὔτι που οἴει, ὦ Σώκρατες, ἱκανῶς εἰρῆσθαι περὶ τοῦ λόγου.

— 3. Χαλκάρματος πόσις Ἀφροδίτας. Mars.

— 4. Otos et Ephialte, fils d'Iphimédée, plus connus sous le nom patronymique d'Aloïdes, tentèrent d'escalader le ciel. Ils furent tués par Apollon dans l'île de Naxos, où on leur rendit les honneurs divins.

— 5. Καὶ μὰν Τιτυὸν... ἐπιψαύειν ἔρατα. Tityos avait voulu jouir de vive force des faveurs de Diane. Il avait un autel en Eubée. — Φιλτάτων ἐπιψαύειν, comparez *Olympiques*, VI, 35, et pour la pensée, voyez *Pythiques*, II, 34. Ἔρατα est pour ἔρηται : *ut alii, ejus exemplo admoniti, ab illegitimo amore abstineant*.

Page 84. — 1. Ποίαν γαῖαν... εἰπὲ γένναν. Les paroles de Pélias sont pleines de mépris ; ainsi l'épithète χαμαιγενέων, qui s'applique bien en effet à toutes les mortelles, mais qu'avec moins de morgue il eût sans doute remplacée par quelque autre plus honorifique, et cette recommandation brutale qu'il adresse à Jason, de ne point souiller ses lèvres par le mensonge. — Ἄνθρωπος est féminin. — Πολιὰς a embarrassé les interprètes : on ne peut voir ici avec Heyne une épithète banale comme λευκὴ σάρξ, λευκὸν σῶμα ; le scholiaste l'explique par τιμίας, mais sans donner aucune raison ; Schmid a une autre opinion : *Solet gravidarum et jam partui vicinarum venter propter extensionem canum colorem ostendere*. Enfin Hermann traduit : *senilem uterum*. Pindare donne vraisemblablement cette épithète à γαστήρ, parce que les parties du corps constamment cachées sous les vêtements conservent une blancheur plus éclatante. — Γένναν dépend à la fois d'εἰπὲ et de καταμιάναις.

— 2. Φαμὶ διδασκαλίαν Χείρωνος οἴσειν. Dès les premiers mots, Jason repousse tout soupçon de mensonge ; il a reçu, il apporte avec lui les préceptes de Chiron, cet ami de la vérité. On pourrait voir, avec Bœckh, dans οἴσειν un infinitif ayant une forme de futur et le sens du présent, d'où l'impératif οἶσε; de même ὄρσεο, λέξεο, βήσεο, etc.

— 3. Chariclès était femme de Chiron; il avait Philyre pour mère et Saturne pour père; ses filles étaient Ocyroé et Endéis.

— 4. Οὔτε ἔργον οὔτ' ἔπος.... εἰπών. Il ne faut pas entendre avec Heyne : *je suis parti sans leur dire adieu;* car alors ἔργον est sans explication; il faut d'ailleurs après ἔργον sous-entendre un verbe qui le régisse comme εἰπών régit ἔπος. Jason veut dire que toujours sa conduite a été sage et pleine de réserve auprès du Centaure et de ses filles, ou seulement auprès des filles du Centaure, si l'on veut voir dans κείνοισιν, ce qui est plus douteux, un pluriel masculin désignant cependant des femmes, selon l'habitude des tragiques.

Page 86. — 1. Λευκαῖς πιθήσαντα φρασίν. On est encore fort embarrassé sur le sens de λευκός. Heyne en a donné l'explication qui paraît la plus plausible, θυμώδεις, *commotæ, acres, turbidæ,* et compare *splendida bilis,* d'Horace, et *vitrea bilis,* de Perse. Voyez, pour plus de détails, le commentaire de Heyne.

— 2. Νυκτὶ κοινάσαντες ὁδόν, *nocti committentes viam.*

— 3. Λευκίππων δόμους πατέρων. Λεύκιππος est souvent une simple épithète d'ornement, comme on peut le voir, *Pythiques,* IX, 86; souvent aussi il désigne la richesse ou la noblesse (Voyez *Pythiques,* I, 66); c'est dans ce dernier sens qu'il faut le prendre ici. Les chevaux blancs, étant les plus beaux, étaient réservés aux grands et aux riches.

Page 88. — 1. Hypérie, fontaine célèbre de Thessalie, près de Phères et non loin d'Iolcos.

— 2. Messène, capitale de la Messénie, contrée du sud-ouest du Péloponèse.

— 3. Ἀνεψιόν. Pélias et Nélée étaient fils de Tyro et de Neptune; Éson, Amythaon et Phérès, fils de Tyro et de Créthée.

— 4. Ἐν δαιτὸς μοίρᾳ, c. à d. ἐν μέρει δαιτός, *participes eos reddendo convivii, excipiens eos epulis.*

— 5. Πᾶσαν ἐντάνυεν εὐφροσύναν, *iis intendit et protendit summam hilaritatem, hoc est, effecit et auxit.* — Trois vers plus loin, θέμενος pour προθέμενος.

Page 90. — 1. Ἐπέσποντο ne veut pas dire *le suivirent,* ce qui est exprimé dans le vers suivant par σὺν κείνοισι, mais bien *l'approuvèrent.* — Κλισιᾶν *cum Schneidero intellige de sellis quibus propter mensas insederant.*

— 2. Πραΰν δ' Ἰάσων... σοφῶν ἐπέων. Βάλλετο κρηπῖδα, jeta le fondement, c'est-à-dire le commencement, commença, *exorsus est.* — Un traducteur remarque l'harmonie de cette phrase, qui exprime si bien la modération et la douceur de Jason, et compare ce vers d'Homère, *Iliade*, I, 249 :

$$\text{Τοῦ καὶ ἀπὸ γλώσσης μέλιτος γλυκίων ῥέεν αὐδή,}$$

et cet autre vers de Théocrite :

$$\text{Ἐκ στομάτων δὲ}$$
$$\text{Ἐρρεέ μοι φωνὰ γλυκερωτέρα ἢ μελικήρω.}$$

— 3. Les Thessaliens avaient donné à Neptune le surnom de Pétréen, parce qu'ils croyaient que ce dieu avait entr'ouvert les rochers pour donner au Pénée un libre cours.

— 4. Τρηχεῖαν ἐπίβδαν, le malheur qui vient après un gain illégitime, métaphore empruntée au lendemain d'une fête, etc.

Page 92. — 1. Θεμισσαμένους ὀργάς, *moribus ad justitiæ normam castigatis.* — Ὑφαίνειν λοιπὸν ὄλβον, nous tisser, c'est-à-dire, nous préparer du bonheur pour le reste de nos jours.

— 2. Μία βοῦς. Βοῦς désigne une femme, comme souvent ταῦρος se dit d'un homme. Bœckh et Schmid pensent avec raison qu'il y a ici quelque allusion à un proverbe, comme dans τρηχεῖαν ἐπίβδαν; autrement, l'expression serait trop peu révérencieuse. Eschyle, *Agamemnon*, 1117 : Ἄπεχε τῆς βοὸς τὸν ταῦρον.

— 3. Μοῖραι δ' ἀφίσταντ'... αἰδῶ καλύψαι. Nous ne faisons pas dépendre, avec la plupart des traducteurs, αἰδῶ καλύψαι de μοῖραι ἀφίστανται. Cette idée de divinités qui se détournent pour cacher leur honte à la vue de dissensions dans les familles, ne paraît guère convenir à l'antiquité. Nous suivrons donc Heyne, qui explique, d'après le scholiaste : *Parcæ (custodes recti et justi) aversantur, ortis inter cognatos odiis, quibus* (nous rendons ainsi ὥστε sous-entendu) *pietas mutua inter eos velatur, h. e. tollitur, exstinguitur.*

Page 94. — 1. Ἔσομαι τοῖος, je serai tel, c'est-à-dire, *je ferai ainsi, j'exécuterai ce que tu demandes.*

— 2. Κέλεται γάρ... ἀθέων βελέων. Phrixos, fils d'Athamas, roi de Thèbes, et de Néphélé, persécuté par sa belle-mère Ino, qui voulait le faire périr, se sauva avec sa sœur Hellé, et, monté sur un bélier d'or que Neptune avait donné à son père Athamas, se réfugia en Colchide. Là il immola le bélier, dont il consacra la toison. Éétès, roi de Colchide, quelques années après avoir donné une de ses filles en mariage à Phrixos, le fit assassiner. Pélias feint que l'ombre de Phrixos lui a ordonné de venir s'emparer de la toison d'or et faire à ses mânes des sacrifices expiatoires. Tel est évidemment le sens de κομίξαι, surtout si l'on voit Apollonios de Rhodes, II, 1196 :

> Ἐπεὶ Φρίξοιο θυηλὰς
> στέλλομαι ἀμπλήσων, Ζηνὸς χόλον Αἰολίδῃσιν.

C'est à tort, selon nous, que Bœckh compare *Néméennes*, VIII, 44.

Page 96. — 1. Μεταλλᾶν n'est pas seulement *quærere*, mais *comperire*. Εἰ μετάλλατόν τι veut donc dire : *An possem resciscere aliquid, sitne viso obtemperandum.*

— 2. Ὀτρύνει a pour sujet ὁ θεὸς μαντευόμενος, dont l'idée se trouve dans μεμάντευμαι.

— 3. Μοναρχεῖν καὶ βασιλευέμεν. Le premier s'applique au pouvoir, le second à la dignité royale.

— 4. Κρονίδαο Ζηνὸς υἱοί... Λήδας τε. Hercule et les Dioscures, Castor et Pollux. Voyez du reste, pour tous ces noms de héros, Bouillet, *Dictionnaire de l'Antiquité.*

— 5. Αἰδεσθέντες ἀλκάν, sous-entendez Ἰάσωνος, bien qu'on puisse aussi, mais moins bien selon nous, entendre ces mots de leur propre courage, en donnant à αἰδεσθέντες un sens passif.

Page 98. — 1. Ἐξ Ἀπόλλωνος, fils d'Apollon.

— 2. Κεχλάδοντας, pour κεχλαδότας, de χλάζω, et non de κλάζω.

— 3. Ναιετάοντες, quoique placé là avec une signification indéfinie, se rapporte à Zétès et à Calaïs; καὶ γὰρ l'indique suffisamment.

— 4. Μή τινα. Sous-entendez ὥστε. — Pour πέσσοντα, *consumere*, comparez *Olympiques*, I, 83, ἕψοι. — Pour la faveur accordée par Junon aux Argonautes, voyez Homère, *Odyssée*, XII, 72.

Page 100. — 1. Ἐπὶ θανάτῳ, *au prix de la mort*. — Φάρμακον ἑᾶς ἀρετᾶς. Comparez, *Néméennes*, III, 16 : καματωδέων πλαγᾶν ἄκος, et, *Olympiques*, XIII, 7 : μόχθων ἀμπνοά. Ἀρετή est moins ici *la valeur* que *la peine* que prend l'homme courageux.

— 2. Ἐν πρύμνᾳ. C'était sur la poupe qu'on dressait la tente du général ou du commandant du vaisseau. Pour l'expression, comparez Virgile, *Énéide*, v. 775 :

> Stans procul in prora pateram tenet.

Page 102. — 1. Bœckh pense qu'il faut construire ἀκτῖνες ἀπορηγνύμεναι στεροπᾶς, et non ἀκτῖνες στεροπᾶς ἀπορηγν.

— 2. Ἀμπνοὰν ἔστασαν, que le scholiaste explique ἀνέπνευσαν, ἀναπνοὴν ἐποιήσαντο, *respiraverunt, recreati sunt*. Bœckh compare μῆνιν στῆσαι (Sophocle), στῆσαι ἰαχήν, ἐλπίδα στῆσαι (Euripide). On peut aussi rapprocher, comme à peu près équivalent, ἕστασαν ὀρθὰν καρδίαν, *Pythiques*, III, 96.

— 3. Ἐνίπτων pour ἐνέπων.

— 4. Ἀξείνου. Le Pont-Euxin, appelé ordinairement par antiphrase Εὔξεινος, est appelé ici par Pindare d'un nom plus convenable, ἄξεινος, inhospitalier. De même dans Euripide, *Iphigénie en Tauride*.

— 5. Ἔνθ' ἁγνόν... βωμοῖο θέναρ. Le lieu où les Argonautes élevèrent une enceinte sacrée à Neptune se nommait Hiéron; il y avait là une statue de Jupiter et un temple des douze grands dieux. — Λίθων, comme λίθινον. — Βωμοῖο θέναρ est proprement la partie creuse de l'autel où l'on plaçait les victimes.

— 6. Δεσπόταν ναῶν, le maître des vaisseaux, Neptune.

— 7. Συνδρόμων πετρᾶν, les Symplégades ou Cyanées, dont Euripide parle aussi dans son *Iphigénie en Tauride*, et qu'il appelle πέτρας συνδρομάδας. Simonide les appelle συνορμάδας.

Page 104. — 1. Δίδυμαι γάρ... πλόος ἄγαγεν. Denys Périég. 144 : Πίνδαρος δὲ διὰ τὴν μυθικὴν κίνησιν καὶ ζῆν ταύτας τὰς πέτρας τολμᾷ λέγειν, καὶ ἐπιμένων τῇ σκληρᾷ ταύτῃ τροπῇ τεθνάναι φησὶν αὐτάς, ὁπηνίκα διεξέδυ αὐτῶν ἡ Ἀργώ.

— 2. Βίαν μῖξαι, *combattre*, dans le même sens que μῖξαι χεῖρας, *Néméennes*, III, 60. Heyne propose d'expliquer comme s'il y avait ἐμίχθησαν, παρεγένοντο, c'est-à-dire, s'abouchèrent avec. Mais l'interprétation de Bœckh est bien préférable, quoique Apollonios de Rhodes, Apollodore et les Orphiques ne fassent pas mention de ce combat.

— 3. Πότνια ὀξυτάτων βελέων. Pindare appelle Vénus *maîtresse de traits fort aigus*, de même qu'Homère, *Iliade*, XXI, 470, appelle Diane Πότνια θηρῶν.

— 4. Ἴυγγα. La bergerette était chez les anciens un emblème des agitations inquiètes de l'amour. On s'en servait dans les charmes pour se faire aimer. — Τετράκναμον, qui se rapporte grammaticalement à ἴυγγα, doit se traduire comme s'il y avait τετρακνάμῳ... κύκλῳ.

— 5. Αἰδῶ et Μηδείας, régimes direct et indirect de ἀφέλοιτο, *pour qu'il enlevât à Médée le respect de ses parents*.

— 6. Μάστιγι Πειθοῦς. Horace, *Odes*, III, 26, dit de même en parlant à Vénus :

Sublimi flagello
Tange Chloen semel arrogantem.

— 7. Πείρατ' ἀέθλων, *viam et rationem, qua Jason exantlare labores possit*.

Page 106. — 1. Ἀνὰ ὀρόγυιαν, en enfonçant le soc de la charrue jusqu'à la profondeur d'une brasse.

— 2. Θύσανον veut dire ici *villos, lanam*. Apollonios de Rhodes III, 1146 :

Τοῖον ἀπὸ χρυσέων θυσάνων ἀμαρύσσετο φέγγος.

Page 108. — 1. Παμφαρμάκου ξείνας. Médée.

— 2. Ἴϋξεν... ἀγασθείς, *in muto quamvis dolore tamen præ miratione in exclamationem erupit*. Bœckh.

Page 110. — 1. Ὅς πάχει... σιδάρου, c'est-à-dire que le dragon, en longueur et en largeur, surpassait le navire Argo.

— 2. Μακρά μοι, il est long, c'est-à-dire, trop long, comme en latin *longum est* veut souvent dire *nimis longum*. Comparez, *Isthmiques*, V, 56 :

.... Ἐμοὶ δὲ μακρὸν πάσας ἀναγήσασθ' ἀρετάς.

Pindare ne veut pas suivre la route des chars, il veut prendre la route de traverse, c'est-à-dire, terminer brièvement le récit de l'expédition.

— 3. Ὥρα συνάπτει, *le temps que je dois employer touche à sa fin*; Polybe dit dans le même sens : συναπτούσης ou συγκλειούσης τῆς ὥρας, *la fin de la saison approchant*.

— 4. Οἶμον ἴσαμι βραχύν, *je connais un sentier court*, c'est-à-dire, je sais l'art des transitions rapides.

— 5. Σοφίας est encore cette habileté de resserrer son sujet dans d'étroites limites, que le poëte vante, *Pythiques*, IX, 80.

— 6. Κτεῖνε. Le sujet est Jason. — Voyez, pour les détails, Ovide, *Métamorphoses*, VII.

— 7. Σὺν αὐτᾷ, τὰν Πελίαο φόνον. Σὺν αὐτᾷ est parfaitement bien expliqué par le scholiaste, ἑκοῦσαν, et par Hermann, *juvante ipsa*; Jason enleva Médée, qui consentit à le suivre. La valeur de σύν, *avec l'aide de*, est la même que dans ce vers d'Homère, *Iliade*, III, 439 :

Νῦν μὲν γὰρ Μενέλαος ἐνίκησεν σὺν Ἀθήνῃ.

— Τὰν Πελίαο φόνον a embarrassé quelques interprètes, qui ont voulu introduire des leçons nouvelles; mais Bœckh, dans ses notes critiques, défend victorieusement cet emploi de l'article féminin avec un substantif masculin (celle qui fut le meurtre, c'est-à-dire, la meurtrière de Pélias). Il cite les exemples suivants, qui nous semblent tout à fait concluants : Aristophane, *Thesm.* 541 : Ταύτην ἐῶσαι τὴν φθόρον τοιαῦτα περιυβρίζειν; Euripide, *Iphigénie à Aulis*, 794, appelle Hélène τὰν κύκνου δολιχαύχενος γόνον; Sophocle, *Trachiniennes*, 1125, dit de la mère d'Hyllos ἡ πατροφόντης. De même, en latin, Cicéron : *Illa furia qui*. Térence, *Andrienne*, 846 : *Scelus quemnam hic laudat?* Enfin, Pindare lui-même, *Néméennes*, V, 43, dans une syntaxe un peu différente : Ὁμόσπορον ἔθνος μεταξαντα. Les exemples, tant en grec qu'en latin, pourraient se prolonger à l'infini.

— 8. Ἐν Ὠκεανοῦ πελάγεσσι μίγεν. Μίγεν a ici le sens de *s'approcher de*, *pénétrer dans*. De même, Homère, *Iliade*, XV, 409 : Μιγήμεναι κλισίαις Δαναῶν, et Callimaque, *Épigr.* XIX, 5 : Θαλάττῃ συμμίσγεν ; enfin Hérodote, II, 104 : Ἐπιμίσγεσθαι Αἰγύπτῳ, Ἑλλάδι. — Voyez plus haut l'itinéraire des Argonautes.

— 9. Les femmes de Lemnos, voulant se venger de leurs maris, qui les abandonnaient pour des femmes Thraces, les avaient égorgés tous en une seule nuit. Voy. *Dictionnaire de l'Antiquité*, à l'article LEMNIADES.

— 10. Ἐσθάτος ἀμφίς. Un vêtement était le prix du combat, comme l'atteste aussi Simonide, d'après le scholiaste. Voyez *Olympiques*, IX, 102 et suivants. — Κρίσις, le jugement, c'est-à-dire, la lutte qui le précède.

Page 112. — 1. Ἆμαρ ἢ νύκτες, redoublement habituel aux Grecs, alors que nous indiquerions seulement le jour ou la nuit. Comparez *Néméennes*, VI, 6, et VII, 3. — Construisez : Ἆμαρ μοιρίδιον δέξατο σπέρμα ὑμετέρας ἀκτῖνος ὄλβου, ἢ νύκτες (μοιρίδιαι δέξαντο) κ. τ. λ.

— 2. Φυτευθὲν τὸ λοιπὸν τέλλετο, pour ἐφυτεύθη εἰς τὸ λοιπόν, *ut perennet*. Τέλλετο, métaphore empruntée au lever des astres. — Au vers suivant, ἤθεσι doit se traduire par *sedibus*.

— 3. Τὰν Καλλίσταν νᾶσον. Calliste était l'ancien nom de Théra. Callimaque :

Καλλίστη τὸ πάροιθε, τὸ δ' ὕστερον οὔνομα Θήρη.

— 4. Σὺν θεῶν τιμαῖς, *avec la faveur des dieux*, comme σὺν τύχᾳ. Voyez notre note 5 de la page 28, et 5 de la page 42 des *Néméennes*.

— 5. Cyrène, Nymphe qui donna son nom à la ville de Cyrène ; elle fut la mère d'Aristée.

— 6. Γνῶθι νῦν τὰν Οἰδιπόδα σοφίαν. Ici commence la seconde partie de l'ode, où Pindare sollicite le rappel de Démophile exilé. Le poëte commence par donner des conseils à Arcésilas : il doit réparer les maux que les dernières séditions ont causés à son peuple. Il faut en effet ménager le peuple, qui est toujours tout-puissant. C'est là ce que Pindare veut signifier par cette énigme, qu'il annonce par les mots : Γνῶθι νῦν... Pindare ne pouvait proclamer cette puissance populaire sans déplaire à un prince qui venait d'avoir à réprimer une révolte, et qui pouvait craindre que le peuple, éclairé par le poëte sur sa force, ne se soulevât de nouveau. Aie maintenant, lui dit-il, la pénétration d'OEdipe, c'est-à-dire, je vais te proposer une énigme, sache la deviner. Les documents que nous avons sur l'histoire de Cyrène à l'époque d'Arcésilas IV sont trop incomplets pour que l'on puisse, en s'appuyant sur des faits, justifier jusqu'au bout la comparaison du chêne avec le peuple ; on peut voir à ce sujet le commentaire de Bœckh, qui s'appuie en grande partie sur des suppositions historiques ou des rapprochements forcés. Il nous suffit de constater par les vers suivants (270-276) que cette comparaison est bien la pensée du poëte.

Page 114. — 1. Παιάν τέ σοι τιμᾷ φάος. Il faut se garder de voir avec Heyne un substantif dans τιμᾷ ; c'est ici la 3ᵉ personne de τιμάω. — Φάος, *la lumière* pour dire *la vie.*—Παιάν, Péan, Apollon médecin.

— 2. Χάριτες τούτων, la gloire de cette action, l'honneur de guérir les plaies de Cyrène.

— 3. Εὐδαίμονος ἀμφὶ Κυράνας, ne veut pas dire consacrer tous tes soins à l'heureuse Cyrène, mais à Cyrène de manière à ce qu'elle soit heureuse, au bonheur de Cyrène.

Page 116. — 1. Ἄγγελον ἐσλόν... φέρειν. Voici le vers d'Homère :

Ἐσθλὸν γὰρ τὸ τέτυκται ὅτ' ἄγγελος αἴσιμα εἰδῇ.

Le sens est qu'un noble messager honore une cause, c'est-à-dire que le choix du messager est très-important pour la réussite d'une affaire.

— 2. Τὸ κλεεννότατον μέγαρον Βάττου. Démophile était du sang royal.

— 3. Ἐν δὲ βουλαῖς πρέσβυς, veut dire qu'à le juger seulement d'après son expérience dans les conseils, on pourrait le prendre pour un vieillard qui aurait vécu cent années.

— 4. Ὀρφανίζει... ὀπός. Il prive la calomnie de sa voix éclatante, c'est-à-dire qu'il lui impose silence, ne lui laisse aucune prise.

— 5. Οὐδὲ μακύνων τέλος οὐδέν, ne couvant point de longs projets. Cet éloge, qui semble d'abord peu amené, est cependant, avec les derniers vers, le trait le plus habile de cette partie de l'ode : Arcésilas peut rappeler sans crainte Démophile, qui a entièrement renoncé aux projets qui l'ont fait bannir ; il sait que l'occasion n'a qu'une courte durée ; cette occasion, il l'a manquée, il se tiendra désormais en repos. Ainsi le poëte, après avoir énuméré les qualités de Démophile, et fait voir par-là à Arcésilas quel parti il peut tirer d'un pareil serviteur, cherche à dissiper les dernières craintes qui pourraient arrêter sa clémence.

— 6. Θεράπων δέ οἱ, οὐ δράστας ὀπαδεῖ. Cette phrase a fort exercé les interprètes et les traducteurs. Le sujet est-il Démophile ou l'occasion? Est-ce Démophile qui suit l'occasion, ou l'occasion qui suit Démophile? Cette première question ne saurait être douteuse. Si l'occasion était pour Démophile une si fidèle compagne, il ne serait pas réduit à implorer son rappel par la voix de Pindare. Et d'ailleurs, présenter le suppliant comme un homme favorisé d'une si puissante déesse, qui peut d'un jour à l'autre lui offrir un moment propice pour une nouvelle révolte, serait pour le poëte un mauvais moyen d'intéresser à sa cause. C'est donc, sans objection possible, Démophile qui suit l'occasion. Mais alors que signifient les mots θεράπων et δράστας, et y a-t-il entre eux une opposition qui puisse se justifier? Ὀπαδεῖ θεράπων, *il la suit en serviteur*, s'entend à merveille; mais si δράστας a sa signification habituelle, *esclave fugitif*, l'idée renfermée dans ce mot repousse celle qui est comprise dans le verbe ὀπαδεῖν. Peut-être pourrait-on faire fléchir le sens de δράστας, et entendre, non pas précisément un esclave déjà en fuite, mais un esclave qui veut fuir, qui épie l'occasion de fuir. Même en interprétant ainsi, il n'y a pas opposition suffisante entre θεράπων et δράστας. Bœckh est seul dans le vrai, lorsqu'il fait remarquer que θεράπων a toujours un sens noble, et que δράστας désigne la plus vile espèce d'esclaves. Θεράπων est le serviteur employé par le maître à des soins qui exigent une certaine intelligence; δράστας est l'esclave réservé aux plus vils travaux. Il faut donc entendre par ces deux mots: *serviteur intelligent* et *vil esclave*. Ainsi, la liaison des vers précédents avec celui-ci subsistera; l'intelligence de Démophile, qui ne saisira pas à la hâte la première occasion de troubles, est une garantie de plus offerte à Arcésilas.

— 7. Φαντὶ δ' ἔμμεν... ἐκτὸς ἔχειν πόδα. Comparez Eschyle, *Prométhée*, 263: Ὅςτις πημάτων ἔξω πόδα ἔχει, et Sophocle, *Philoctète*, 1260: Ἴσως ἂν ἐκτὸς κλαυμάτων ἔχοις πόδα. Pindare veut intéresser maintenant Arcésilas aux malheurs de Démophile. Quoi de plus dur que de connaître le séjour du bonheur et d'en être éloigné? Démophile, comme un autre Atlas, lutte loin de sa patrie contre le poids du ciel; mais Jupiter a pardonné aux Titans; Arcésilas sera-t-il plus inexorable? Les anciens, au rapport du scholiaste, n'approuvaient point ces vers; il faudrait en effet, pour que la comparaison eût toute sa valeur, que Jupiter eût pardonné à Atlas; la réponse d'Arcésilas était rendue facile: *Atlas* il est, *Atlas* il restera. Toutefois la maladresse, s'il y en a, est un peu corrigée par l'expression générale Τιτᾶνας, qui désigne à la fois Atlas et ses frères.

Page 118. — 1. Μεταβολαὶ ἱστίων, sous-entendez γίγνονται. C'est encore une comparaison dont un terme seul est exprimé. De même que le navigateur change la disposition de ses voiles quand le vent est tombé, de même, les circonstances ayant changé, Arcésilas peut faire succéder la clémence à la sévérité.

— 2. Οὐλομέναν νοῦσον. Cette maladie, c'est l'exil.

— 3. Hérodote (IV, 58) fait mention de la fontaine d'Apollon à Cyrène. — Au vers suivant, ἥβα n'est pas *la jeunesse*, mais *la joie, le plaisir*. On comprend d'ailleurs facilement la dérivation d'un sens à l'autre.

— 4. Ἀσυχία. Démophile n'aspire plus qu'à goûter le repos et à se livrer au charme de la musique, loin de songer à troubler encore Cyrène.

— 5. Καί κε μυθήσαιτο... ξενωθείς. C'est là, assurément, le motif le plus adroitement présenté par Pindare pour obtenir le rappel de Démophile. Le poëte met en jeu la reconnaissance même du roi de Cyrène; car il semble que ses beaux vers en l'honneur d'Arcésilas lui aient été inspirés par l'exilé lui-même.

Page 120. — 1. Πότμου παραδόντος, *quand le destin la donne*, c'est-à-dire, quand on la reçoit en naissant, comme toi, Arcésilas. — Αὐτὸν ἀνάγῃ, *comitem secum adducat et producat*. Comparez *Pythiques*, VI, 47 : Νόῳ δὲ πλοῦτον ἄγει.—Pour cet éloge de la richesse, qui se trouve assez fréquemment dans Pindare, voyez notre introduction en tête des Olympiques.

— 2. Σύ τοί νιν.... μετανίσσεαι. Ἀπ' ἀκρᾶν βαθμίδων αἰῶνος, depuis les degrés extrêmes, c'est-à-dire, dès le commencement de ta vie.— Μετανίσσεσθαι ne veut pas dire ici *poursuivre*, mais *posséder*; ce verbe, comme le remarque fort bien Heyne, ne signifie pas seulement *persequi*, mais encore *assequi ac tenere*, μετειληφέναι.

— 3. Castor était particulièrement honoré à Cyrène.

— 4. Εὐδίαν ὅς... ἑστίαν. Allusion aux troubles qui avaient récemment agité Cyrène, et qui avaient causé l'exil de Démophile. Voyez à la fin de l'ode IV et les arguments. — On est embarrassé pour la construction de cette petite phrase; celle d'Hermann est à peu près satisfaisante : καταιθύσσει τεὰν ἑστίαν (κατ') εὐδίαν, c'est-à-dire, μετ' εὐδίας. On avait songé aussi à faire de εὐδίαν un adjectif féminin pour εὔδιον, mais cette conjecture ne repose sur aucun exemple. Enfin Heyne, dont nous partageons l'opinion, décompose : ὃς αἰθύσσει εὐδίαν κατὰ τεὰν ἑστίαν.

— 5. Σοφοὶ δέ τοι.... δύναμιν. Il ne faut pas oublier que cette ode fut composée en même temps que la précédente, et pour la même victoire. On retrouve donc ici les mêmes conseils de modération et de clémence que le poëte adresse déjà à Arcésilas vers la la fin de l'ode IV.

Page 122.—1 et 2. Τὸ μὲν ὅτι... μιγνύμενον φρενί. Ce passage a été fort tourmenté par les éditeurs ; mais avec le texte de Schneidewin, que nous suivons ici, le sens nous paraît assez clair. Pindare loue Arcésilas de son bonheur, et il lui semble que son héros mérite le nom d'heureux à un double titre : il est roi, bonheur qu'il doit à sa naissance ; il a été vainqueur aux jeux pythiques, bonheur qu'il doit à ses qualités propres. Ὀφθαλμός, on le sait fort bien, a quelquefois chez les poëtes le sens d'*éclat*, de *gloire* ; mais l'éloge ne serait pas assez complet, si si le poëte disait seulement : *d'abord parce que tu es roi, car cette auguste majesté est un éclat que tu dois à ta naissance* ; il ajoute donc τεᾷ τοῦτο μιγνύμενον φρενί, *cette majesté s'allie en toi à la sagesse*, pour faire entendre que non-seulement Arcésilas a eu le bonheur de naître roi, mais que ses qualités naturelles le rendent digne de ce bonheur. — Μάκαρ δὲ καὶ νῦν. Sous-entendez ἐσσί. La rigueur grammaticale exigerait τὸ δὲ μάκαρ (ἐσσί) pour correspondre à τὸ μέν, au vers 15 ; ici, c'est καὶ νῦν, qui répond à τὸ μέν. — Au vers 23, τῷ, *itaque*. — Au vers 24 : Κᾶπον Ἀφροδίτας, voyez notre note 5 de la page 172.

— 3. Παντὶ μὲν θεὸν αἴτιον ὑπερτιθέμεν, reporter tout à ce dieu, littéralement, *omni rei deum auctorem superponere*. Θεόν désigne Apollon, nommé deux vers plus haut. — Ἀειδόμενον, à la fin du vers précédent, se rapporte à σέ.

— 4. Carrhotos, fils d'Alexibios et frère de la reine, avait conduit le char d'Arcésilas.

— 5. Οὐ τὰν Ἐπιμαθέος... Πρόφασιν. Épiméthée, fils de Japet, ouvrit la boîte de Pandore, et s'aperçut trop tard de son imprudence. Pindare lui donne pour fille l'Excuse.

— 6. Ὕδατι Κασταλίας ξενωθείς. Sous-entendez παρά. Reçu en hôte près des eaux de Castalie, c'est-à-dire, à Delphes. —Γέρας, l'honneur, la récompense, c. à d., la couronne.

Page 124. — 1. Ἀκηράτοις ἀνίαις... τέμενος. Ποδαρκέων n'est pas ici un participe, mais le génitif pluriel de l'adjectif ποδαρκής, se rapportant à δρόμος. Il faut donc construire : ἂν (ἀνὰ) τέμενος δώδεκα δρόμων ποδαρκέων. Voyez le commentaire de Bœckh. — Ἀκηράτοις ἀνίαις, *sans rompre les rênes*.

— 2. Ἐντέων, les diverses parties du char.

— 3. Ἀλλὰ κρέμαται... τὸν μονόδροπον φυτόν. La colline de Crisa est à peu de distance de Cirrha ; du reste, Pindare et Pausanias ne distinguent pas les deux villes de Crisa et de Cirrha. Cirrha, qui était l'arsenal maritime de Delphes (Voyez Pausanias, X, 37), était à soixante stades de cette ville ; c'est là que se trouvait l'hippodrome où l'on célébrait les jeux. Après sa victoire, Carrhotos consacra son char à Apollon, dans le temple de bois de cyprès destiné à recevoir les offrandes. Il y avait, dans toutes les villes où se célébraient des jeux, des édifices semblables, que l'on appelait *trésors*. On ne comprend pas très-bien à quel propos vient la mention de cette statue, faite d'un seul tronc d'arbre, et offerte par les Crétois à Apollon. Bœckh pense que les descendants de Battos étaient alliés aux premières familles de la Crète ; mais rien ne vient confirmer cette supposition. — Ἐν pour ἐς ou εἰς — Τό pour διό.

— 4. Μέγαν κάματον, les fatigues de cette lutte, où Carrhotos avait disputé le prix à quarante conducteurs de chars. — Καί, *etsi* : *Etsi magnus is labor fuit, felix tamen es, quod nunc caneris*.

— 5. Λόγων μναμεῖα, *un monument de vers*, c'est-à-dire, un hymne destiné à perpétuer le souvenir de ta victoire.

Page 126. — 1. Πόνων δ' οὔ τις... ἔσεται. La transition est très-intelligible. De même que Carrhotos n'a pas vaincu sans fatigue, de même aucun mortel (même le plus heureux) n'est exempt de peines.

— 2. Τὰ καὶ τά, *hæc atque illa prospera*. En effet, quoique cette locution exprime ordinairement des alternatives de bien et de mal, il est impossible cependant, à cause des mots παλαιὸς ὄλβος, de l'entendre ici dans ce sens.

— 3. Ὄμμα τε φαεννότατον ξένοισι. Allusion au commerce de Cyrène, qui était très-étendu Voyez une intention semblable, *Néméennes*, VII.

— 4. Hérodote, IV, 155, et Pausanias, X, 15, 7, s'accordent sur ce fait, que la vue d'un lion délia la langue de Battos ; Pindare ne fait qu'une légère allusion à cette circonstance, si l'on veut considérer comme une allusion à la guérison de ce prince l'expulsion des lions hors du territoire de Cyrène. En peuplant la Cyrénaïque, Battos en chassa les bêtes fauves ; mais il paraît que la terreur que lui inspira la première fois la vue d'un lion fut assez puissante pour lui délier la langue ; Pindare au contraire dit que les lions tremblèrent devant Battos ; il ne pouvait dire le contraire en faisant l'éloge du héros. Voici le passage de Pausanias : Ἐπεὶ δὲ ᾤκισε Βάττος τὴν Κυρήνην, λέγεται καὶ τῆς φωνῆς γενέσθαι οἱ τοιόνδε ἴαμα· ἐπιὼν τῶν Κυρηναίων τὴν χώραν ἐν τοῖς ἐσχάτοις αὐτῆς ἐρήμοις ἔτι οὖσι, θεᾶται λέοντα, καὶ αὐτὸν τὸ δεῖμα τὸ ἐκ τῆς θέας βοῆσαι σαφὲς καὶ μέγα ἠνάγκασεν.

— 5. Γλῶσσαν ἐπεί... ὑπερποντίαν, *quand il leur apporta des paroles apprises au delà des mers.* Il ne s'agit pas ici de la réponse de l'oracle à Battos, mais, comme le dit Aristarque, de paroles magiques que lui avait enseignées Apollon. Aussi Apollon était-il honoré à Cyrène d'un culte tout particulier.

— 6. Μαντεύμασιν, l'oracle qui avait ordonné à Battos de transporter une colonie en Libye. Apollon est appelé plus haut ἀρχαγέτας, parce que c'est lui en quelque sorte qui a été chef de l'émigration de Battos, et même, comme on le verra plus bas, de presque toutes les émigrations doriennes.

Page 128. — 1. Εὐνομία ne veut pas dire ici la *sagesse des lois* de l'État, mais bien l'amour des lois, de la concorde et de la paix, qui doit être dans le cœur de tous les citoyens. Il faut encore voir ici une allusion aux derniers troubles de Cyrène ; c'est Apollon qui a ramené dans la cité l'amour de la tranquillité et des lois.

— 2. Τῷ, c. à d., ἐν ᾧ μαντείῳ. Par un oracle rendu dans ce sanctuaire, Apollon envoya habiter à Lacédémone les fils, etc.

— 3. Λακεδαίμονι... Αἰγιμιοῦ τε. Pour obéir aux oracles d'Apollon, les Héraclides Proclos et Eurysthène, fils d'Aristodème, s'établirent dans la Laconie ; Téménos, dans Argos ; Cresphonte, dans Pylos ou Messène, avec Dimas et Pamphile, fils d'Égimios.

— 4. Τὸ δ' ἐμὸν γαρύοντ'... οὐ θεῶν ἄτερ. Pindare ne veut pas dire qu'il est originaire de Sparte, mais que par sa famille il se rattache aux Égéides, tribu thébaine qui alla fonder Sparte. Cette gloire, qui est aussi la sienne, il la tire de Sparte par les Égéides, qui passèrent de Sparte à Théra, et de Théra à Cyrène. Pindare ne descendait pas des Égéides qui avaient été à Sparte, mais de ceux qui étaient restés à Thèbes ; il se glorifie seulement d'appartenir à cette noble tribu.— Ὅθεν, c. à d., Σπάρτηθεν.

— 5. Ἀλλὰ μοῖρά τις... ἀγακτιμεναν πόλιν. Ce passage est fort controversé, et il est bien loin encore d'être clair, malgré toutes les explications que l'on a essayé d'en donner. Disons d'abord ce qu'étaient les fêtes Carnéennes. Elles étaient ainsi nommées de Carnos, fils de Jupiter et d'Europe, et favori d'Apollon. Elles se célébraient à Sparte, à Théra, à Cyrène, et dans la Doride. Mais il paraît que c'est à Sparte qu'elles se célébrèrent d'abord, comme nous l'apprend ce vers de Callimaque, dans son hymne à Apollon :

Σπάρτη τοι, Καρνεῖε, τόδε πρώτιστον ἔδεθλον.

D'après le témoignage d'Athénée, on les célébrait pendant neuf jours : Καὶ γίνεται ἡ τῶν Καρνείων ἑορτὴ ἐπὶ ἡμέρας ἐννέα. Enfin, Casaubon observe que cette fête avait quelque rapport avec celle des tabernacles chez les Juifs. En effet, les Grecs élevaient neuf autels couverts, semblables à des tentes, où les convives étaient admis neuf par neuf, et, nous venons de le dire, pendant neuf jours. Pindare appelle le banquet Carnéen ἔρανον, sans doute parce que chacun apportait avec soi sa victime. — Ἀλλὰ μοῖρά τις ἄγεν πολύθυτον ἔρανον. Le régime de ἄγεν ne saurait être douteux, il est d'ailleurs indiqué par ἔνθεν, qui vient ensuite ; car il est impossible de rapporter ἔνθεν aux Égéides, comme on a essayé de le faire. Il faut donc sous-entendre εἰς Θήραν, *le destin a transporté de Sparte à Théra les fêtes Carnéennes.* A ἔνθεν commence la véritable difficulté. Quel sera le régime de ἀναδεξάμενοι ? sera-ce τεὰ Καρνεῖα ou Κυράνας πόλιν? Ἀναδεξάμενοι Καρνεῖα pour εἰς Καρνεῖα est bien dur ; c'est pourtant la construction que préfère Bœckh ; il supprime la virgule après Καρνεῖα, et aussi celle après σεβίζομεν, que nous supprimons avec lui, mais pour d'autres raisons, et il explique : *nous avons admis aux fêtes Carnéennes et nous y honorons la ville de Cyrène ;* Cyrène est admise, est reçue dans ces fêtes par les éloges qu'on lui donne. Mais que devient ἔνθεν? comment est-ce de Théra que les Thébains ont reçu Cyrène pour l'admettre aux fêtes Carnéennes ? Parce que, dit Bœckh, Théra nous représente en quelque sorte Cyrène, dont elle est la métropole. Sans doute le texte, ainsi tourmenté, offrira un sens raisonnable ; mais il sera plus satisfaisant de l'expliquer suivant la signification et la construction la plus naturelle des mots, si la principale objection de Bœckh disparaît. Il semble en effet très-simple au premier abord de faire dépendre de ἀναδεξάμενοι, αὐτόν sous-entendu, et représentant ἔρανον. Bœckh objecte que les Thébains ne peuvent avoir reçu des Égéides des fêtes que ceux-ci avaient sans doute transportées de Thèbes à Sparte. Mais rien ne prouve qu'Apollon Carnéen ait été honoré à Thèbes ; les Égéides ont fort bien pu (les exemples d'assimilations semblables ne manquent pas chez les peuples conquérants), adopter une fête déjà établie dans la Laconie, dont ils adoptèrent sans doute aussi en partie les usages ; c'est ce que pourrait jusqu'à un certain point prouver le vers de Callimaque. Que ces fêtes passent de Sparte à Théra, de Théra à Cyrène, que les Égéides les introduisent à Thèbes, rien ne s'y oppose, et les Thébains, en célébrant les fêtes Carnéennes, chanteront d'abord Cyrène par piété, pour glorifier Apollon du culte qui lui est ainsi rendu en Grèce et en Afrique, grâce aux Égéides, et ensuite par orgueil national, pour célébrer une noble tribu dont l'éclat rejaillit sur eux. D'après cette supposition, qui se présente la seconde, nous ponctuerons ainsi : Ἔνθεν ἀναδεξάμενοι (ἔρανον), Ἄπολλον, τεὰ Καρνεῖα ἐν δαιτί σεβίζομεν, Κυράνας ἀγακτιμέναν πόλιν. Mais ici encore nous sommes choqués de l'ellipse de ἔρανον, dans une phrase où il faut déjà tant suppléer, de l'expression σεβίζομεν τεὰ Καρνεῖα, enfin de l'absence d'une conjonction qui devrait rattacher Καρνεῖα et πόλιν. Un léger changement va rendre la phrase bien plus claire et la construction plus satisfaisante. Transportons près Καρνεῖα la virgule qui se trouve après σεβίζομεν; Καρνεῖα se trouve alors régi par ἀναδεξάμενοι et πόλιν par σεβίζομεν, et nous expliquerons : Le destin a conduit à Théra le festin aux nombreuses victimes ; de là, Apollon, nous avons reçu tes fêtes Carnéennes, et dans le banquet (de ces fêtes) nous célébrons la belle ville de Cyrène. Cette explication nous semble à peu près admissible. On a proposé aussi de rapporter σεβίζομεν au chœur des Cyrénéens et au poëte qui s'associe à ce chœur ; sans doute on ferait disparaître ainsi la plupart des difficultés que nous avons discutées plus haut, mais le sens général du passage, depuis τὸ δ' ἐμόν, s'y oppose complétement.

— 6. Ἔχοντι τάν... Ἀντανορίδαι. Il ne faut pas se méprendre sur le vrai sens de ἔχοντι. Les Anténorides n'habitaient la Cyrénaïque que comme héros protecteurs. Ils y étaient venus à la suite d'Hélène et de Ménélas, après la guerre de Troie. Il y avait dans la Cyrénaïque (Hérodote, IV, 169) un port appelé Μενελάϊος λιμήν. Voy. aussi Homère, *Odyssée*, III.

Page 130. — 1. Τὸ ἐλάσιππον ἔθνος, à l'accusatif, désigne les Anténorides.

— 2. Ἀριστοτέλης, Battos.

— 3. L'un des scholiastes de Pindare voudrait entendre par ἀλεξίμβροτος, *dont s'occupent les hommes*, et faire venir ce mot de ἀλέγω ; mais cette conjecture ne repose sur rien : ἀλεξίμβροτος est évidemment composé de ἀλέξω, *qui secourt, qui protége les mortels*.

— 4. Κώμων χεύματα, comme *Néméennes*, VII, 12 : Ῥοαὶ ὕμνων.— Pour ῥανθεισᾶν, comparez *Pythiques*, VIII, 60 : Ῥαίνω δὲ καὶ ὕμνῳ. Voyez aussi, *Néméennes*, VII, 62, et *Isthmiques*, V, 59.

— 5. Χθονίᾳ φρενί, comme s'il y avait simplement χθόνιοι.

Page 132. — 1. Υἱῷ désigne déjà Arcésilas.

— 2. Τὸν ἐν ἀοιδᾷ... ἀπύειν. Il est juste qu'Arcésilas, vainqueur à Pytho, unisse sa voix au chœur des jeunes chanteurs, pour célébrer Apollon. — Au vers 106, δαπανᾶν désigne les dépenses qu'Arcésilas avait faites pour paraître dans les jeux ; mais peut-être vaut-il mieux entendre au figuré ses *efforts*.

— 3. Λεγόμενον ἐρέω. Le poëte va répéter les éloges que les sages donnent à Arcésilas.

— 4. Θάρσος nous semble à tort interprété par Bœckh comme παῤῥησία, *franchise*. Il a bien certainement ici le sens de *valeur*. Que signifie la franchise de l'aigle au milieu des oiseaux ?

— 5. Ἀγωνίας δ', ἕρκος οἷον, σθένος. Sous-entendez ἐστί, et joignez σθένος à ἀγωνίας, comme s'il y avait ἐν ἀγωνίᾳ.

— 6. Ἔν τε Μοίσαισι.... ἀπὸ ματρὸς φίλας. Ἐν Μοίσαισι, dans la musique, qui était fort cultivée à Cyrène. — Ποτανός, que le scholiaste explique οὐ νεοσσός, *ailé*, c'est-à-dire, *distingué, supérieur*. — Ἀπὸ ματρὸς φίλας, *dès sa mère, au sortir même du sein de sa mère*, c'est-à-dire qu'il apporta en naissant d'heureuses dispositions pour la musique.

— 7. Ἐπιχωρίων καλῶν ἔξοδοι, *toutes les gloires auxquelles on peut arriver dans sa patrie, à Cyrène*, et spécialement les jeux de Cyrène.

Page 134. — 1. Ἔχειν, sous-entendez δύνασιν. — Au vers 121, χρόνον, *vitam*.

— 2. Εὔχομαί νιν... Βάττου γένει. Réunissez la tmèse ἐπιδόμεν. — Arcesilas fut en effet vainqueur aux jeux Olympiques, *Olympiade* LXXX.

Page 136. — 1. La seconde Isthmique est aussi adressée au même Xénocrate, fils d'Énésidème, frère de Théron, père de Thrasybule et beau-père d'Hiéron.

— 2. Ἡ γὰρ ἑλικώπιδος.... ἐς νάϊον προσοιχόμενοι. Ce champ de Vénus ou des Grâces, c'est la poésie. Comparez *Olympiques*, IX, 27 ; *Néméennes*, VI, 33, et X, 26. — Ὀμφαλὸν νάϊον χθονός, *le centre néen de la terre*. On adorait à Delphes Ζεὺς νάϊος. Voy. le *Thesaurus græcæ linguæ*, à l'article Νάϊος.

— 3. Les Emménides descendaient d'Emménide, fils de Télémachos.

— 4. Ποταμίᾳ Ἀκράγαντι. Agrigente était bâtie sur le bord de l'Acragas. Voyez *Olympiques*, II, 9, et *Pythiques*, XII, 2.

— 5. Ἑτοῖμος ὕμνων θησαυρός. Métaphore empruntée à ces petits édifices que l'on nommait *trésors*. Voyez plus haut notre note 7 de la page 124.

Page 138. — 1. Φάει δέ... ἀπαγγελεῖ. Le sujet du verbe ἀπαγγελεῖ est toujours θησαυρὸς ὕμνων, pour ὕμνος seul ; quant aux mots φάει πρόσωπον ἐν καθαρῷ, ils sont d'une explication assez difficile ; il faut entendre en effet : (ὕμνος ἔχων) πρόσωπον ἐν φάει καθαρῷ, ou (ὕμνος ὢν κατὰ τὸ) πρόσωπον ἐν φάει καθαρῷ. De ces deux explications, la seconde nous paraît préférable, car εἶναι se sous-entend plus volontiers que ἔχει. Le sujet sera toujours θησαυρὸς ὕμνων. Mais d'ailleurs, comme dit fort bien Heyne : *Omnino conjectore indiget, non interprete*. Pour le reste de la phrase, construisez : ἀπαγγελεῖ λόγοισι θνατῶν νίκαν εὔδοξον... κοινὰν πατρὶ τεῷ γενεᾷ τε, ou, ce qui serait également admissible, faites dépendre λόγοισι θνατῶν εὔδοξον, *celebrandam sermonibus hominum*. —Νίκαν ἅρματι, comme *Isthmiques*, II, 13, νίκαν ἵπποις.

— 2. Σύ τοι σχεθών νιν... ἐφημοσύναν. L'obscurité de ce passage est encore très-grande. On ne voit pas bien à quoi doit se rapporter νιν. Heyne propose θησαυρὸς ὕμνων, qui est inadmissible, ou νίκαν, qui n'est guère plus probable. D'autres le rapportent à ἐφημοσύναν, et expliquent : Oui, le tenant par la main, tu fais marcher à ta droite le précepte, etc. Mais il n'est pas besoin de s'appesantir sur ce qu'a de singulier ce précepte que Xénocrate tiendrait par la main. Si Bœckh n'a pas trouvé tout à fait la vérité, du moins donne-t-il un sens beaucoup plus raisonnable, en rapportant νιν à πατρὶ τεῷ. Σχεθὼν χειρός, *le tenant par la main*. Ἐπιδέξια, pris adverbialement, signifiera non pas seulement *à droite*, mais *marchant à droite*. La gauche, chez les anciens, était la place d'honneur. — Ὀρθὰν ἄγεις ἐφημοσύναν, c. à d. ἀνορθοῖς καὶ ἀνορθουμένην ἄγεις, *in te probas, effectum reddis*.

— 3. Τά, pluriel neutre ; on attendrait τάν pour ἥν, se rapportant à ἐφημοσύναν. Οἷα s'emploie souvent de la même manière.

— 4. Ὀρφανιζομένῳ, *séparé de ses parents*. Pélée et Thétis avaient confié à Chiron l'éducation du jeune Achille. — Voyez dans Hésiode un fragment d'un poëme perdu qu'on lui attribue, et qui était intitulé Χείρωνος ὑποθῆκαι, *Préceptes de Chiron*.

— 5. Réunissez μάλιστα θεῶν.

— 6. Ταύτας τιμάς, cet honneur que tu rends au dieux, rends-le aussi à tes parents.

Page 140.—1. Ἔγεντο καί... Μέμνονα. Ce que Pindare rapporte ici de Nestor et d'Antiloque, n'est pas conforme au récit d'Homère (*Iliade*, VIII, 80 et suiv.). Dans Homère, un des chevaux de Nestor est en effet blessé par un trait de Pâris, mais ce n'est point Memnon qui poursuit le vieillard, c'est Hector. Ce n'est pas non plus Antiloque qui secourt Nestor, c'est Diomède qui le fait monter avec lui sur son char. Antiloque ne meurt point; on le voit assister aux jeux funèbres dont les Grecs honorent la mémoire de Patrocle (*Iliade*, XXIII, 402 et suiv.). Ainsi Pindare n'a pas suivi la tradition d'Homère, mais plutôt celle des Éthiopiens. Homère cependant (*Odyssée*, IV, 188) dit qu'Antiloque tomba sous les coups de Memnon. Xénophon, *de Venatione*, I, 14 :

Ἀντίλοχος δὲ τοῦ πατρὸς ὑπεραποθανὼν τοσαύτης ἔτυχεν εὐκλείας, ὥςτε μόνος φιλοπάτωρ παρὰ τοῖς Ἕλλησιν ἀναγορευθῆναι.

— 2. Ὁ δέ, Memnon, bien que ὁ semble se rapporter à Pâris.

— 3. Τὰ μὲν παρίκει. *Sed hæc præterierunt, præterita sunt.* — Deux vers plus loin : Πατρῴαν πρὸς στάθμαν ἔβα, *direxit se ad normam patris.*

Page 142. — 1. Πάτρῳ. Théron, qui n'était pas encore tyran. — Ἀγλαΐαν ἔδειξε, il a montré l'éclat qui est en lui, c'est-à-dire, il a acquis de la gloire.

— 2. Νόῳ δὲ πλοῦτον ἄγει. Νόῳ, c. à d. σὺν νόῳ. Comparez *Pythiques*, V, au commencement.

— 3. Ἱππία ἔξοδος, *aditus ad equestria studia ludosque.* Comparez *Pythiques*, V, 116.

— 4. Γλυκεῖα δὲ φρὴν καὶ συμπόταισιν ὁμιλεῖν. Cet emploi de l'infinitif est bien connu. Expliquez comme ἐν ὁμιλίᾳ σὺν συμπόταισιν.

Page 144. — 1. Ἀλκμανιδᾶν εὐρυσθενεῖ γενεᾷ. Hérodote rapporte qu'Alcméon, qui donna son nom à la famille des Alcméonides, passa à la cour de Crésos, et obtint de lui la permission d'emporter ce qui lui plairait le plus. Alcméon prit de l'or, en remplit sa chaussure, ses vêtements, et s'en chargea au point qu'il pouvait à peine marcher. Crésos ne put s'empêcher de rire en le voyant ainsi appesanti sous ce fardeau ; il lui fit encore de magnifiques présents, qui accrurent la fortune et la puissance des Alcméonides dans Athènes. — Pour les détails historiques qui concernent cette ode, nous renverrons à la longue et intéressante dissertation de Bœckh. Nous nous contentons de lui emprunter une partie fort curieuse de la généalogie des Alcméonides :

Mégaclès (archonte, *Olymp.* XLV, 2).
|
Alcméon (ami de Crésos).
|
Mégaclès (qui épousa Agariste de Sicyone).

Clisthène (le législateur).	Hippocrate.	
Mégaclès (aïeul maternel d'Alcibiade).	Mégaclès.	Agariste (femme de Xanthippe).
Dinomaque (femme de Clinias, mère d'Alcibiade).	Euryptolème (père d'Isodice et beau-père de Cimon).	Périclès (le grand).

On voit par la simple lecture de ce tableau quelle devait être la puissance de la famille des Alcméonides, qui comptait des hommes comme Clisthène, Cimon, Périclès et Alcibiade parmi ses descendants directs ou ses alliés.

— 2. Ἵπποισι, *pour une victoire équestre.*

— 3. Ἐπιφανέστερον Ἑλλάδι πυθέσθαι, *celebriorem per Græciam auditu.* De même, Homère, *Odyssée,* XI, 76 :

Ἀνδρὸς δυστήνοιο καὶ ἐσσομένοισι πυθέσθαι.

— 4. Πάσαισι γὰρ πολίεσι... θαητὸν ἔτευξαν. Érechthée, ancien roi d'Athènes. Bien que cette appellation générale *citoyens d'Érechthée,* s'applique ordinairement à tous les Athéniens, et embrasse la cité entière, elle désigne ici non pas tous les Athéniens, mais la famille des Alcméonides en particulier. —Les Pisistratides avaient brûlé le temple de Delphes; les Alcméonides, alors exilés, firent vœu de le rebâtir s'ils chassaient les tyrans. Ils triomphèrent, et tinrent leur promesse; la reconstruction du temple leur coûta trois cents talents.

Page 146. — 1. Τὰ καὶ τά, *des biens et des maux.* Voyez plus haut, notre note 2 de la page 126. Le sens est donc : Car on dit que le bonheur même le plus constant n'est pas sans mélange.

Page 148. — Φιλόφρον Ἀσυχία... Ἀριστομένει δέκευ. A l'époque où Pindare écrivait cette ode, la liberté d'Égine était menacée par les Athéniens; ce qui explique cette invocation à la déesse Hésychie. Déjà une bataille navale avait été livrée, et les Éginètes étaient revenus vainqueurs; aussi le poëte vante-t-il un peu plus loin la force et la puissance d'Hésychie, quand cette déesse a résolu de punir le méchant et l'homme inique. Pindare attribue à Hésychie les clefs des conseils et en même temps celles de la guerre, sans doute parce que la Tranquillité même provoque au besoin la guerre pour combattre l'injustice. — Τιμὰν Ἀριστομένει, l'honneur rendu à Aristomène, c. à d. l'hymne composé en l'honneur d'Aristomène.

— 2. Τὸ μαλθακόν, *æqua, moderata.* — Καιρῷ σὺν ἀτρεκεῖ, *dans le temps vrai, commode, convenable,* c. à d., *lorsqu'il le faut.*

— 3. Τραχεῖα... ἐν ἄντλῳ. Κράτει n'est pas, comme le pense Heyne, pour σὺν κράτει; il est régime de ὑπαντιάξαισα, et régit à son tour δυσμενέων. — L'expression même τιθεῖς ὕβριν ἐν ἄντλῳ, métaphore empruntée à un vaisseau que l'on submerge, semble venir à l'appui de ce que nous disions plus haut, que cette ode a été composée entre la victoire navale des Éginètes et la soumission d'Égine.

Page 150. — 1. Τάν... ἐξερεθίζων. Porphyrion provoqua Hésychie, lorsqu'il s'unit aux autres Géants pour assiéger le ciel. Le participe est ici pour l'infinitif: Οὐκ ἔμαθεν αὐτὸν αὐτὴν ἐξερεθίζειν. De même nous avons vu, *Olympiques*, VI, 8 : ἴστω ἔχων, pour ἴστω αὐτὸν ἔχειν. — Παρ' αἶσαν, *infeliciter*, dit Heyne, *ut παρὰ δίκην, injuste*. Nous pensons que c'est avec raison.

— 2. Κέρδος φίλτατον .. ἐκ δόμων φέροι. Il n'est pas question ici, quoi qu'en dise le scholiaste, des bœufs enlevés à Hercule par Porphyrion. Cette sentence, prise dans son sens le plus général, revient à ceci : Pour obtenir quelque chose, mieux vaut la douceur que la violence. C'est là ce que veut dire le poëte par ces mots : Le gain le plus agréable est celui que l'on emporte d'une maison qui le donne.

— 3. Βία δέ... οὐ μιν ἄλυξεν. Heyne entend βία comme s'il y avait βία Ἀσυχίας, et quelques traducteurs l'ont suivi. Ce qui a causé cette erreur, c'est le sens des mots οὐ μιν ἄλυξεν, que l'on a expliqués : *il ne put échapper à la force de la déesse*, tandis qu'il fallait entendre : *il ne put échapper à la juste peine de son audace*. C'est avec ce sens très-étendu du verbe ἀλύσκειν, que Sophocle dit, *Électre*, 622 : Θράσους τοῦδ' οὐκ ἀλύξεις, et, *Antigone*, 486 : Οὐκ ἀλύξετον μόρου κακίστου. Le sens est donc : La violence renverse le superbe qui l'emploie ; Typhon ne put échapper à ce sort, à ce prix de son audace. C'est comme s'il y avait : Ἣν βίαν Τυφὼς οὐκ ἄλυξε, *pro qua violentia pœnas dedit*. Horace, *Odes*, III, 4, 65 :

Vis consili expers mole ruit sua.

— Voyez, sur Typhon, le commencement de la première Pythique.

— 4. Ce roi des Géants est Porphyrion. On a songé à tort à Éphialte.

— 5. Ἔπεσε δ' οὐ Χαρίτων ἑκάς. Égine n'est pas tombée loin des Grâces, c'est-à-dire que les Grâces ne la méprisent point, la favorisent, et qu'elle a obtenu, par les Éacides, la renommée et la gloire que dispensent les Grâces. — Remarquez le régime de θίγοισα, au datif, comme *Pythiques*, IV, 296. — Voyez, pour les louanges d'Égine, *Néméennes*, ode III.

— 6. Πολλοῖσι est pour ὑπὸ πολλῶν, et ne doit pas se rapporter à ἀέθλοις. Dans les vers suivants, il y a opposition entre ἥρωας et ἀνδράσιν, *héros* et *citoyens*. Τὰ δὲ répond au μέν placé après πολλοῖσι.

Page 152. — 1. Εἰμὶ δ' ἄσχολος... μὴ κόρος ἐλθὼν κνίσῃ. De même, *Isthmiques*, V, 56 :

Ἐμοὶ δὲ μακρὸν πάσας ἀναγήσασθ' ἀρετάς.

— 2. Τὸ δ' ἐν ποσί μοι... ἀμφὶ μαχανᾷ. Τὸ ἐν ποσί, *quod nunc præsto est;* comparez *Néméennes*, VI, 55-59. Τεὸν χρέος, *tuum debitum*, laus tibi debita. Ἴτω τράχον, *procedat, expediatur*. Νεώτατον καλῶν, *novissimum tuorum præclare gestorum*. Ἐμὰ ποτανὸν ἀμφὶ μαχανᾷ, *mea arte* (laus tua) *quasi alis levata (currat).*

— 3. Pour le sens de κατελέγχειν, *déshonorer*, voyez *Olympiques*, VIII, 19; *Néméennes*, III, 15; *Isthmiques*, III, 14, VII, 65. —Théognète d'Égine avait été vainqueur à la lutte aux jeux Olympiques, voir Pausanias, VI, 9, 1.

— 4. Λόγον φέρεις a à peu près le même sens que, VI, 19, ὀρθὰν ἄγεις ἐφημοσύναν; tu réalises, tu accomplis les paroles.

— 5. Le fils d'Œclée, Amphiaraos. Voyez *Néméennes*, ode IX.

— 6. Παρμένοντας αἰχμᾷ ne veut pas dire, comme on l'a traduit, *debout avec leurs lances*, mais bien *attendant de pied ferme le combat*. Ce sens de αἰχμή est assez familier, surtout dans les tragiques.

Page 154. — 1. Μαρναμένων, génitif absolu, *tandis qu'ils combattent*.

— 2. Alcméon, fils d'Amphiaraos et d'Ériphyle, portait sur son bouclier l'image d'un dragon.

— 3. Adraste, roi d'Argos, survécut seul des sept héros qui avaient pris part à la première expédition contre Thèbes; il se joignit encore aux Épigones. Voir les *Suppliantes* d'Euripide.

— 4. Τὸ δ' οἴκοθεν ἀντία πράξει, *du côté de sa famille, il éprouvera des revers*. En effet, le fils d'Adraste, Égialée, fut tué à ce second siége de Thèbes. Bœckh pense que l'intention de Pindare est de comparer Alcméon à Aristomène, et que la mort du fils d'Adraste fait allusion à quelque événement douloureux arrivé dans la famille des Midylides. C'est ainsi qu'il explique la tristesse qui règne dans la fin de l'ode. Il faut bien avouer que, si une allusion semblable n'avait pas été dans l'intention du poëte, ces réflexions amères ne seraient guère à leur place dans un chant de victoire. Malheureusement nous manquons à ce sujet de renseignements authentiques.

— 5. Abas, treizième roi d'Argos, fils de Bélos, ou, selon d'autres, de Lyncée et d'Hypermnestre.

Page 156. — 1. Χαίρων δὲ καὶ αὐτός... συγγόνοισι τέχναις. Ce passage est fort obscur. Pourquoi Pindare loue-t-il Alcméon? Comment Alcméon est-il son voisin? Comment garde-t-il les biens de Pindare? Où et comment s'est-il présenté au poëte? Quelle prophétie lui a-t-il faite? A toutes ces questions, on ne peut répondre que par des conjectures. Voici en peu de mots quelles sont celles de Bœckh; on pourra recourir à sa dissertation: Alcméon avait probablement, sur la route de Thèbes à Delphes, et non loin de Thèbes, un tombeau, un temple ou une chapelle, où l'on rendait des oracles ; de là γείτων. Tous les ancêtres d'Alcméon, Mélampos, Mantios, OEclée, Amphiaraos, étaient prophètes ; d'Alcméon lui-même naquit Clytios, chef d'une famille de prophètes célèbres en Élide ; de là μαντευμάτων ἐφάψατο συγγόνοισι τέχναις. Seconde supposition : Pindare avait probablement déposé une partie de sa fortune dans un temple ou dans un bois sacré, voisin de celui d'Alcméon, ou dans le temple d'Alcméon lui-même ; de là κτεάνων φύλαξ. Enfin, en se rendant de Thèbes à Delphes pour assister aux jeux, Pindare passe devant le temple d'Alcméon, et, se souvenant de la prophétie d'Amphiaraos, il consulte l'oracle d'Alcméon, pour savoir si Aristomène continuera les succès de ses ancêtres, et s'il méritera par là les éloges qu'Amphiaraos donnait aux Épigones. La réponse d'Alcméon est affirmative ; le succès confirme cette réponse ; de là l'éloge d'Alcméon. Sans doute ces suppositions ne sont pas invraisemblables, et, à défaut d'indications plus précises, permettent cependant de donner un sens au passage ; mais ce sens ne reposera toujours que sur des probabilités fort douteuses. — Construisez : Ἐφάψατο τέχναις μαντευμάτων.

— 2. Ὤπασας. Sous-entendez Ἀριστομένει.

— 3. Ἁρπαλέαν δόσιν.... ἐπάγαγες. Bœckh : Ἁρπαλέα δόσις *est donum quod cito rapitur et conditur, non longum per tempus et diuturno labore acquiritur : quoniam tamen, quod cito rapitur, cupide arripitur,* cupide arrepti *et* grati notio simul comprehenditur. Idem vocis usus est, Pyth.*, X, 62. — Ἐπάγαγες, sous-entendez πρὸς αὐτόν, tu as amené vers lui, tu lui as donné. Δόσις πενταθλίου, le don du pentathle, c. à d. la victoire au pentathle. — Σὺν ἑορταῖς ὑμαῖς, les fêtes d'Apollon et de Diane que l'on célébrait dans l'île d'Egine.

— 4. Τὶν ἁρμονίαν, c. à d. σοῦ ἁρμονίαν. Ἁρμονία est ici non pas ton harmonie, mais *ton hymne,* c'est-à-dire, *l'hymne en ton honneur.*

— Au vers suivant, νέομαι a le sens d'ἐπέρχομαι, *aborder, effleurer.*

Page 158. — 1. A παρίσχει, sous-entendez ταῦτα. — Ὕπερθε βάλλων, comme ἀνέχων.—Καταβαίνει a un sens transitif.—Comparez Xénophon, *Anabase,* III, 2, 10 : Οἵπερ (οἱ θεοί) ἱκανοί εἰσι καὶ τοὺς μεγάλους ταχὺ μικροὺς ποιεῖν, καὶ τοὺς μικρούς, κἂν ἐν δεινοῖς ὦσι, σώζειν εὐπετῶς. Voyez aussi *Pythiques,* II, 89.

— 2. Pour les jeux de Mégare et de Marathon, voyez nos notes, *Olympiques,* VII et IX.

— 3. Les jeux en l'honneur de Junon se célébraient d'abord à Argos ; dans la suite, les citoyens d'Egine, colonie d'Argos, les empruntèrent à la métropole. — Ἔργῳ, c. à d. ἀγῶνι.

— 4. Τέτρασι δ' ἔμπετες... Comparez Quintos de Smyrne, IV, 253 :

Τὸν δ' Αἴας κατύπερθεν ἐπεσσύμενος ποτὶ γαῖαν
ἐξ ὤμων ἐτίνασσε.....

Et *Olympiques*, VIII, 67 :

Ὅς τύχᾳ μὲν δαίμονος, ἀνορέας δ' οὐκ ἀμπλακὼν
ἐν τέτρασιν παίδων ἀπεθήκατο γυίοις
νόστον ἔχθιστον....

Quant au sens, on voit qu'Aristomène a lutté en qualité d'éphèdre, c'est-à-dire que les lutteurs s'étant trouvés au nombre de neuf, on en avait formé quatre couples, et que le neuvième était destiné à combattre successivement contre les vainqueurs de chaque couple. Aux *Néméennes*, note 6 de la page 40, nous donnerons un passage de Lucien (Hermot.) qui explique la manière dont on appariait les athlètes. Voici la suite de ce morceau, pour ce qui concerne les éphèdres : Οὕτω μὲν γάρ, ἢν ἄρτιοι ὦσιν οἱ ἀγωνισταί, οἷον ὀκτὼ ἢ τέσσαρες ἢ δώδεκα. Ἢν δὲ περιττοί, πέντε, ἑπτά, ἐννέα, γράμμα τι περιττὸν ἑνὶ κλήρῳ ἐγγράφεν συμβάλλεται αὐτοῖς ἀντίγραφον ἄλλο οὐκ ἔχον· ὃς δ' ἂν τοῦτο ἀνασπάσῃ, ἐφεδρεύει περιμένων ἔςτ' ἂν ἐκεῖνοι ἀγωνίσωνται· οὐ γὰρ ἔχει τὸ ἀντίγραμμα· καὶ ἔστι τοῦτο οὐ μικρὰ εὐτυχία τοῦ ἀθλητοῦ, τὸ μέλλειν ἀκμῆτα τοῖς κεκμηκόσι συμπεσεῖσθαι. Eschyle, *Choéphores*, 866, rend aussi témoignage de cette coutume, lorsqu'il dit :

Τοιάνδε πάλην μόνος ὢν ἔφεδρος
δισσοῖς μέλλει θεῖος Ὀρέστης
ἅψειν.

— Au vers suivant, ὅμως, *ut tibi*.

Page 160. — 1. Νέον καλόν, une gloire ou une victoire récente. — Ἀβρότατος ἔπι μεγάλας, bien expliqué par Heyne : *magnam propter voluptatem*.

— 2. Ἔχων κρέσσονα πλούτου μέριμναν. De même, *Néméennes*, IX, 32 : Κτεάνων ψυχὰς ἔχοντες κρέσσονας ἄνδρες. Et *Pythiques*, IX, 32 : Μόχθου καθύπερθε νεᾶνις ἦτορ ἔχοισα.

— 3. Ἀποτρόπῳ γνώμᾳ. Ἀπότροπος est ici synonyme de ἐχθρός. Les Latins emploient de même *aversus*. Cette volonté ennemie, c'est celle de la divinité ou du destin.

— 4. Ἀ ἐπάμεροι, sous-entendez ἐσμέν ou εἰσὶν ἄνθρωποι

NOTES. 261

— 5. Σκιᾶς ὄναρ ἄνθρωπος. Sophocle, *Ajax*, 126, dit à peu près de même :

Ὁρῶ γὰρ ἡμᾶς οὐδὲν ὄντας ἄλλο πλὴν
εἴδωλ', ὅσοιπερ ζῶμεν, ἢ κούφην σκιάν.

Voyez aussi, pour des images semblables sur la faiblesse humaine, Chrysostome, au commencement de l'*Homélie sur l'eunuque Eutrope*.

Page 162. — 1. Αἴγινα... ἐλευθέρῳ στόλῳ πόλιν τάνδε κόμιζε. Αἴγινα est ici la déesse Égine. — Ἐλευθέρῳ... *Deduc et serva Æginetas cursu libero, cursum civitatis liberum porro iis præsta*. Ainsi le poëte termine son ode par une nouvelle allusion aux dangers dont la liberté d'Égine était menacée.

Page 164. — 1. Pindare donne à Télésicrate l'épithète de χαλκάσπιδα, parce que, pour obtenir le prix dans la lutte où Télésicrate avait vaincu, il fallait parcourir deux fois le stade, allant et revenant avec la pesante armure des anciens. C'est ce que l'on appelait ὁπλιτοδρόμος.

— 2. Σὺν Χαρίτεσσι, *avec la faveur* ou *l'aide des Grâces*. Nous avons plusieurs fois déjà fait remarquer cette locution.

— 3. Cyrène était fille d'Hypsée, roi de Thessalie, comme Pindare lui-même le dit plus bas ; d'autres prétendent qu'elle était fille du Pénée.

— 4. Παρθένον ἀγροτέραν, *vierge chasseresse*. Pausanias, I, 46, donne la même épithète à Diane. — Avant τόθι, sous-entendez ἐκεῖσε, dépendant de ἔνεικε.

— 5. Devant οἰκεῖν, sous-entendez ὥστε. — Nous ne pensons pas qu'il faille entendre avec Bœckh par τρίταν ἀπείρου ῥίζαν la troisième partie du monde, mais bien la Libye, troisième partie du continent africain. — Les deux épithètes εὐήρατον et θάλλοισαν se rapportent à ῥίζαν.

Page 166. — 1. Δάλιον ξεῖνον, l'hôte de Délos, Apollon. — Ἐφαπτομένα ὀχέων, touchant le char, c. à d., arrêtant le char.

— 2. Joignez ἐπί et βάλεν, elle ajouta, elle associa.

Page 168. — 1. Οἰκοριᾶν μεθ' ἑταιρᾶν. Οἰκοριᾶν, sédentaires, qui demeuraient à la maison, tandis que Cyrène parcourait les forêts.

— 2. Τὸν δὲ σύγκοιτον... ῥέποντα πρὸς ἀῶ. Malgré l'embarras de la phrase, nous ne pouvons entendre avec quelques précédents traducteurs que Cyrène laissait seulement le sommeil se glisser un moment vers l'aurore sur ses paupières. Il est bien plus naturel, en effet, de supposer que la jeune chasseresse se repose la nuit des fatigues du jour, et se lève dès l'aurore pour retourner aux forêts. Il faut donc construire avec Bœckh : ἀναλίσκοισα δὲ παῦρον ἐπὶ γλεφάροις τὸν ὕπνον ῥέποντα πρὸς ἀῶ, σύγκοιτον γλυκύν, *somnum vero ad matutinum tempus vergentem, qui solet dulcis concubitor esse, rarum nec multum impendens palpebris*, c'est-à-dire, *somnum non in auroram extrahens.*

— 3. Ἐκ μεγάρων.... φωνᾷ. Bœckh pense que c'est de Delphes qu'Apollon adresse la parole à Chiron, et que Chiron lui répond du Pélion. Il ne croit pas que l'expression ἐκ μεγάρων puisse désigner l'antre de Chiron. Toutefois, nous aimons mieux passer sur une irrégularité d'expression, et supposer que le dieu, au lieu d'engager une conversation à si longue distance, rencontre Cyrène sur le Pélion, et appelle Chiron hors de son antre, pour lui faire admirer la jeune fille. La vraisemblance sera ainsi mieux observée, et la langue n'en aura pas beaucoup à souffrir.

Page 170. — 1. Ἐκ λεχέων χεῖραι ποίαν, revient à δρέπειν καρπόν ou ἄνθος ἥβας, cueillir la fleur de la jeunesse, de la virginité. Voy. encore au vers 113.—Ἐκ λεχέων. Λέχος, de même qu'εὐνή, ne signifie pas seulement *couche, lit*, mais désigne aussi les *caresses*, les *plaisirs de l'amour.* — Il faut remarquer l'opposition entre χέρα προςενεγκεῖν et ἐκ λεχέων χεῖραι, etc. La première de ces deux expressions contient l'idée d'une violence; l'autre indique des moyens plus doux. Ce qui le prouve, c'est la réponse du Centaure, qui conseille la Persuasion à Apollon.

— 2. Κρυπταί.... φιλοτάτων. Les deux génitifs Πειθοῦς et φιλοτάτων peuvent se construire de plusieurs façons; nous préférons celle de Bœckh, qui analyse ainsi l'expression : Πειθὼ φιλοτάτων, *Suada amores consilians*; κλαῖδες Πειθοῦς, *claves Suadæ amores consiliantis* (*quas tenet Suada*). On voit qu'ainsi φιλοτάτων dépend de Πειθοῦς. La Persuasion et Vénus sont fréquemment associées; voyez *Pythiques*, IV, 219. Euripide, *Hippolyte*, 538, en parlant de l'Amour :

> Ἔρωτα δέ, τὸν τύραννον ἀνδρῶν,
> τὸν τᾶς Ἀφροδίτας
> φιλτάτων θαλάμων
> κλῃδοῦχον.

Horace, *Épîtres*, 1, 6, 38 : *Suadela Venusque*. Thésée (Pausanias, I, 22, 3) fit honorer à Athènes la Persuasion avec Vénus πάνδημος, et les deux statues de Vénus et de la Persuasion étaient voisines l'une de l'autre. Eschyle, *Les Suppliantes*, 1043 :

> Μετάκοινοι δὲ φίλᾳ ματρὶ (Vénus) πάρεισιν
> Πόθος, ᾇ τ' οὐδὲν ἄπαρνον τελέθει θέλκτορι Πειθοῖ.

— 3. Ἀμφαδόν, *palam et aliis consciis*.

Page 172. — 1. Ψεύδει θιγεῖν. Voyez notre note 5 de la page 150.

— 2. Παρφάμεν signifie ici *simulate loqui*. Voyez *Olympiques*, VII, 66. *Néméennes*, V, 32, et nos notes. — Μείλιχος ὀργά, *ton caractère enjoué*. Les expressions mêmes font assez voir que le reproche adressé au dieu par Chiron n'est pas sérieux.

— 3. Ὅσσα τε χθών... εὖ καθορᾷς. Hérodote, I, 47, rapporte le vers suivant extrait d'un oracle :

Οἶδα ἐγὼ ψάμμου τ' ἀριθμὸν καὶ μέτρα θαλάσσης.

— 4. Εἰ δὲ χρὴ καὶ πὰρ σοφὸν ἀντιφερίξαι. Α σοφόν, sous-entendez σέ, de même qu'il faut sous-entendre ἐμέ après χρή. Ἀντιφερίξαι πὰρ σοφόν doit s'entendre comme s'il y avait ἀντιφερίξαι σοι σοφίᾳ. — Ne traduisez pas εἰ χρή, *s'il faut*, mais *si je puis, si j'ose*. Cette nuance est bien connue.

— 5. Διὸς κᾶπον. Pindare appelle la Libye *jardin de Jupiter*, parce qu'elle était voisine de l'Égypte, où l'on honorait Jupiter Ammon. On peut penser aussi avec quelque raison que ce culte avait été emprunté à l'Égypte par la Libye. Plus haut, ode V, vers 24, nous voyons κᾶπον Ἀφροδίτας, mais dans un tout autre sens ; car dans ce passage, ces mots désignent sans doute un jardin public de Cyrène consacré à Vénus.

Page 174. — 1. Ὄχθον ἐς ἀμφίπεδον. Cyrène était bâtie en effet sur une colline environnée de plaines. Voy. *Pythiques*, IV, vers 1 et suivants.

— 2. Χθονὸς αἶσαν συντελέθειν ἔννομον δωρήσεται. Bœckh entend que la Libye donnera à Cyrène un lot de terre, *ut cum ipsa eam gubernet et augeat Cyrene legitimam, rite ei tributam*. Nous ne pensons pas qu'il faille voir tant de choses dans le verbe συντελέθειν, qui ne nous paraît pas ici exprimer une communauté de possession entre la Libye et Cyrène. La Libye donnera une terre en propre à Cyrène (δωρήσεται), pour que celle-ci, Cyrène, en vertu de ce don, en soit légitime propriétaire, c'est-à-dire, ὥστε τὴν χθόνα ταύτην συντελέθειν (εἶναι, ἔννομον Κυρήνῃ. C'est ainsi que l'explique Heyne.

— 3. Τόθι παῖδα τέξεται. Le sujet de τέξεται est évidemment Cyrène. Ce fils d'Apollon et de Cyrène est Aristée.

— 4. Ὥραισι καὶ Γαῖα. Mercure confiera Aristée à la Terre, parce que la Terre était la mère de Créuse, qui fut à son tour mère d'Hypsée, père de Cyrène. Il le confiera aussi aux Heures, parce qu'Aristée se rendit célèbre par une foule d'inventions utiles aux hommes, et que les Heures présidaient aux inventions.

— 5. Θήσονται... Ζῆνα καὶ Ἀπόλλωνα, elles feront de lui un immortel comme Jupiter et Apollon, c'est-à-dire, elles le rendront immortel comme Jupiter et Apollon, elles lui feront obtenir les honneurs divins, ou plutôt elles le feront invoquer sous les noms de Jupiter et d'Apollon.

— 6. Ἀνδράσι φίλοις χάρμα ἄγχιστον, *maxime praesens numen et bonum viris ab eo dilectis.* Ἀγρέα καὶ Νόμιον. Le premier de ces deux noms signifie *chasseur*, et l'autre *berger.* Schol. d'Apollonios de Rhodes, II, 494 : Καὶ κατακαλεσάμενος τοὺς ἐτησίας Ζεὺς Ἀρισταῖος ἐκλήθη καὶ Ἀπόλλων Ἀγρεὺς καὶ Νόμιος. Pausanias, I, 41, 4, parle d'Apollon Ἀγρεύς ; on retrouve aussi dans un assez grand nombre de passages le surnom de Νόμιος.

— 7. Τοῖς δ' Ἀρισταῖον καλεῖν. Ἀρισταῖος, par corruption de Ζεὺς Ἄριστος. Aristée était en effet honoré sous ce nom en Arcadie. Le culte d'Aristée avait été transporté de là à l'île de Céos, et à Cyrène par les Minyens. — Τοῖς δέ suppose τοῖς μέν, sous-entendu devant Ἀγρέα καὶ Νόμιον. — Καλεῖν. On s'attend plutôt à καλεῖσθαι ; le sens est absolument le même d'ailleurs que s'il y avait ὄνομα ou τὸ ὄνομα.

Page 176. — 1. Après ἔντυεν, sous-entendez αὐτόν, τὸν θεόν. Eschyle, *Agamemnon*, 745 :

Παρακλίνουσ' ἐπέκρανεν δὲ γάμου πικρὰς τελευτάς.

— 2. Ἐπειγομένων ἤδη θεῶν, *ubi jam festinant dii, quando jam eo est perventum, ut festinare incipiant.*

— 3. Construisez : Κεῖνο ἆμαρ διαίτασε κεῖνο, *id is dies perfecit,* c'est-à-dire, l'hymen se fit le jour même.

— 4. Κλεινὰν ἀέθλοις indique non-seulement les jeux qui se célébraient à Cyrène même, mais aussi les triomphes nombreux remportés par des citoyens de Cyrène dans les jeux étrangers.

— 5. Ἀρεταί... πολύμυθοι, bien traduit par Heyne : *Res magnae multa oratione indigent.* — Deux vers plus loin, ἀκοὰ σοφοῖς veut dire que, si de grandes actions demandent de grandes louanges, cependant de sobres louanges *sont entendues avec plaisir par les sages.*

Page 178. — 1. Ἔγνον ποτέ.... ἑπτάπυλοι Θῆβαι. Iolas, compagnon d'Hercule, voyait les enfants du héros poursuivis par l'implacable jalousie d'Eurysthée. Il demanda aux dieux une heure de son ancienne jeunesse, et en profita pour tuer Eurysthée. V. les *Héraclides* d'Euripide.

— 2. Amphitryon avait été exilé de Mycènes pour avoir tué son oncle Électryon, et s'était réfugié à Thèbes. — Les Spartes (σπαρτοί, de σπείρω) sont les anciens Thébains nés des dents du dragon *semées* par Cadmos.

— 3. Dircé, fontaine voisine de Thèbes, et consacrée aux Muses.

— 4. Τέλειον ἐπ' εὐχᾷ τι παθὼν ἐσθόν, *quoties bono aliquo ex voto afficior.* — Τέλειον ἐπ' εὐχᾷ, *ex voto perfectum et præstitum.*

Page 180. — 1. Αἰγίνᾳ τε γάρ... ἔργῳ Φυγών. Sur la colline de Nisos, c'est-à-dire, à Mégare. — Avant εὐκλεΐξαι ou après φαμί, sous-entendez Τελεσικράτη, et remarquez φυγών, là où l'on attend naturellement φυγόντα.

— 2. Λόγον βλάπτειν, faire tort à une parole ou à un précepte, l'outrager, ne pas s'y conformer. — Le vieillard des mers, c. à d. Nérée.

— 3. Εἶδον ἄφωνοί τε... εὔχοντο. Construisez : Εἶδον ἄφωνοί τε εὔχοντο σέ, ὡς ἑκάστα, παρθενικαὶ πόσιν, ἢ γυναῖκες υἱὸν εἶναι. — Ὡς ἑκάστα fait bien la part des deux classes de femmes, filles ou épouses ; le second terme n'est pas exprimé, mais est suffisamment indiqué par le mot υἱόν. — Ἄφωνοι, *nihil quidem dicentes, sed tacite optantes.* — Les fêtes désignées par les mots Τελεταῖς ὡρίαις Παλλάδος, sont les fêtes de Pallas à Cyrène, et non à Athènes, comme Heyne l'a fort bien établi. D'ailleurs, à Athènes, les femmes n'étaient pas admises aux jeux ; à Cyrène, au contraire, et à Sparte, d'où Cyrène tirait son origine, non-seulement les femmes étaient reçues comme spectatrices, mais encore elles prenaient part aux luttes, surtout à celles de la course.

Page 182. — 1. Ἐν Ὀλυμπίοισι... καὶ πᾶσιν ἐπιχωρίοις. Tout porte encore à croire que ces jeux en l'honneur de Jupiter et de la Terre appartenaient aussi à Cyrène, et le poëte semble les résumer tous dans les mots πᾶσιν ἐπιχωρίοις, *enfin dans tous les jeux de ta patrie.* Athènes avait des Olympiennes ; mais Cyrène, qui honorait Jupiter d'un culte particulier, pouvait fort bien en avoir aussi ; quant à la Terre, Cyrène descendait de cette déesse par son aïeule Créuse.

— 2. Ἐμὲ δ' ὦν τις ἀοιδᾶν.... δόξα τεῶν προγόνων. Construisez : Τίς δὲ ὦν δόξα καὶ παλαιὰ τεῶν προγόνων πράσσει ἐμὲ ἀκειόμενον δίψαν ἀοιδᾶν ἐγεῖραι αὖτις χρέος. Pindare veut rendre un dernier hommage à la famille de Télésicrate ; il va donc rechercher dans la vie de ses ancêtres un glorieux exploit ; c'est ce qu'indiquent les mots δόξα καὶ παλαιά, faisant opposition à la gloire récente dont s'est couvert Télésicrate. — Πράσσει, *exige, réclame,* qui s'explique fort bien par l'expression très-répandue πράσσειν χρέος ; mais cette expression est anoblie dans Pindare par l'addition de ἐγεῖραι, et le changement de construction, qui fait dépendre χρέος de ἐγεῖραι, et non de πράσσειν. —

Χρέος, *une dette*, pour désigner un chant dû, *carmen debitum*. Voyez *Olympiques*, III, 7, XI, 8. — Ἐγεῖραι αὖτις, *réveiller de nouveau*, parce qu'il s'agit d'un exploit qui, s'il n'est pas oublié, au moins n'a pas été chanté depuis longtemps, et n'a pas laissé de traces récentes dans les souvenirs. — Nous traduisons ἀκειόμενον δίψαν ἀοιδᾶν, *apaisant ma soif poétique*, contrairement à Bœckh, qui voudrait δίψαν Τελεσικράτους. Voyez Homère, *Iliade*, XXII, 2. — Le pluriel τεῶν προγόνων, et οἷοι, qui suit, désignent le seul Alexidame.

— 3. Irase, dans la Pentapole, entre Aziris et Cyrène.

— 4. La fille d'Antée, roi d'Irase, se nommait Barcé.

Page 184 — 1. Τεσσαράκοντα καὶ ὀκτὼ παρθένοισι, *ses quarante huit filles*. Elles étaient cinquante, mais il ne faut compter ni Hypermnestre, qui épousa Lyncée, ni Amymoné, qui fut aimée de Neptune. Voyez sur ce combat, établi par Danaos pour donner des époux à ses filles, Apollodore, II, 1, 4, et Pausanias, III, 12, 2. C'est aussi ce que fit Icare, père de Pénélope, au rapport de Pausanias. Enfin Strabon (livre XV) dit que les Indiens mariaient leurs filles à la suite d'un combat de pugilat dont elles étaient le prix. — Πρὶν μέσον ἆμαρ ἑλεῖν, *priusquam meridies supervenisset*.

— 2. Χόρον, toute la troupe de ses filles.

— 3. Γαμβροί désigne ici les prétendants, les gendres futurs, *tous ceux qui étaient venus pour être ses gendres*.

— 4. Le Libyen, c'est-à-dire, Antée.

— 5. Nous avons déjà dit que φεύγειν exprime quelquefois non pas une *fuite*, mais une *course rapide*.

Page 186. — 1. Joignez ἐπίδικον. — Clément d'Alexandrie, *Pædag*. II, 8 : Ἐν δὲ τοῖς ἀγῶσι πρῶτον ἡ τῶν ἄθλων δόσις ἦν, δεύτερον δὲ ὁ ἐπαγερμός, τρίτον ἡ φυλλοβολία, τελευταῖον ὁ στέφανος, ἐπίδοσιν λαβούσης εἰς τρυφὴν τῆς Ἑλλάδος μετὰ τὰ Μηδικά.

— 2. Πτερὰ δέξατο νικᾶν. Les couronnes sont quelquefois comparées à des ailes, parce que, dit Bœckh, *victorem velut alatum sublimem ferunt*. Voyez *Olympiques*, XIV, 24, et notre note.

Page 188. — 1. Πατρὸς δ' ἀμφοτέραις... βασιλεύει. Les Aleuades descendaient d'Hercule, selon Ulpien, *ad Demosth. Olynth*, I : Ἀλεύας ἀπόγονός τις τοῦ Ἡρακλέος Θετταλὸς ἐτυράννησε Θετταλῶν, εἶτα καὶ οἱ τούτου παῖδες. Du reste, les Aleuades ne régnaient pas sur toute la Thessalie, mais seulement sur quelques villes, dont Larisse était la principale. Voyez pour tous les éclaircissements historiques une dissertation assez longue placée par Bœckh en tête de son commentaire, et que nous regrettons de ne pouvoir reproduire. Thorax, dont il sera question plus loin, était l'un de ces Aleuades; c'est lui qui s'était chargé de demander à Pindare un hymne en l'honneur d'Hippoclès.

— 2. Τί κομπέω κατ' ἄκαιρον; Heyne : *Quid? temerene hæc loquor? Nullane de causa? Minime. Sed me poscit*, etc.— Pélinnée, ville de Thessalie, située sur une montagne si élevée, qu'au rapport même de Strabon, elle se voyait de Chio.

Page 190. — 1. Γλυκύ... αὔξεται. Le verbe αὔξεσθαι n'a pas ici d'autre valeur que γίγνεσθαι.

— 2. Τοῦτο, c'est-à-dire, ταύτην τὴν νίκην. Au vers suivant, τὸ συγγενές est le sujet, et après ἐμβέβακεν, pris dans le sens transitif, sous-entendez αὐτόν. *Insita autem natura, ut patris vestigiis ingrederetur, effecit.* Le père d'Hippoclès se nommait Phricias; il avait remporté deux fois le prix de la course armée, à Olympie.

— 3. Θῆκεν δέ.... Φρικίαν. Construisez : Ἀγὼν δὲ Κίρρας ὑπὸ πέτραν βαθυλείμωνα θῆκε καὶ Φρικίαν κρατησίποδα. — Πέτρα βαθυλείμων, c'est la colline de Cirrha.

— 4. Ἕσποιτο μοῖρα... σφίσιν. Après ἕσποιτο, sous-entendez αὐτοῖς, et ὥστε devant σφίσιν.

— 5. Ἀπήμων κέαρ, qui ne nuit pas de cœur, c'est-à-dire, qui a des sentiments bienveillants, favorables.

Page 192. — 1. Remarquez le régime de ἁπτόμεσθα, qui est ordinairement un génitif. — Βρότεον ἔθνος ἁπτόμεσθα, comme, *Néméennes*, III, 70, ἔχομεν βρότεον ἔθνος.

— 2. Περαίνει πρὸς ἔσχατον πλόον, *il va jusqu'à la navigation extrême*, c'est-à-dire, il atteint les dernières limites, il va dans toutes les gloires aussi loin qu'il est donné à l'homme d'aller.

— 3. Ἀγῶνα, comme ἀγοράν, mais surtout avec la nuance d'*assemblée où l'on célèbre des jeux*. On le trouve plusieurs fois ainsi employé dans Homère.

— 4. Bœckh fait bon nombre de suppositions pour rattacher naturellement au sujet de l'ode la fable de Persée; contentons-nous de cette raison, que d'ailleurs il indique, savoir que Pindare, dans une ode à la louange des Héraclides, a fort bien pu faire une digression en l'honneur d'un des ancêtres d'Hercule. Hercule aussi (voyez *Olympiques*, III) pénétra chez les Hyperboréens. —Simmias de Rhodes :

Τηλύγετον δ' ἀφνειὸν Ὑπερβορέων ἀνὰ δῆμον,
τοῖς δὴ καί ποτ' ἄναξ ἥρως παρεδαίσατο Περσεύς.

Page 194. — 1. Εὐφαμίαις, les éloges que chantent les Hyperboréens en l'honneur d'Apollon.

— 2. Ὕβριν ὀρθίαν. Bœckh : Ὕβρις ὀρθία *est de salacibus asinorum* (στυόντων) *gestibus, non de rudentibus asinis : in lascivia asinorum est quod rideas, non in ruditu.*

— 3. Φυγόντες ὑπέρδικον Νέμεσιν. Ces peuples de mœurs si pures n'ont point à redouter la vengeance des dieux. Ὑπέρδικος *non est maxime justa, sed* ὑπερδικαιοῦσα, *jus exercens quod supra homines est.*

Page 196. — 1 Ἤλυθε... θάνατον φέρων. Voyez *Pythiques,* XII, 12. — Θάνατον λίθινον, *une mort de pierre*, image hardie, pour dire que Persée, en leur montrant la tête de Méduse, pétrifia les habitants de Sériphe. L'histoire de Persée est assez connue pour nous dispenser d'entrer dans des détails que l'on trouvera d'ailleurs tout au long en ouvrant les dictionnaires de Mythologie.

— 2. Ὕμνων ἄωτος, *flos hymnorum*, c'est-à-dire, *floridus hymnus*.

— 3. Ἔλπομαι δ' Ἐφυραίων... παρθένοισι μέλημα. Joignez ἔλπομαι θησέμεν. — Ἔτι καὶ μᾶλλον, *magis etiam quam vel nunc est absque hoc carmine.* — Les Éphyréens, habitants d'Éphyra ou Cranon en Thessalie, qui formaient le chœur. — Le Pénée, fleuve de Thessalie.

Page 198. — 1. Τῶν δ' ἕκαστος ὀρούει... τὰν πὰρ ποδός. Τυχών κεν, pour ὅτ' ἂν τύχῃ. — Ἁρπαλέα φροντὶς ἡ πὰρ ποδός, *præsens cura vel studium* ou *id quod concupivit, quodque ei contigit cito raptum cupideque arreptum.* Voyez *Pythiques*, VIII, 65, et notre note.

— 2. Φιλέων φιλέοντα, ἄγων ἄγοντα προφρόνως. Il faut, après φιλέων et après ἄγων, sous-entendre ἐμέ. — Ἄγων ἄγοντα προφρόνως se dit fort bien de deux amis qui s'avancent en s'appuyant l'un sur l'autre.

— 3. Πειρῶντι δέ... νόος ὀρθός. Voyez *Néméennes*, IV, 82. Bacchylide a dit aussi : Λυδία μὲν γὰρ λίθος μανύει χρυσόν · ἀνδρῶν δ' ἀρετὰν σοφίαν τε παγκρατὴς ἐλέγχει ἀλάθεια.

— 4. Ces frères sont les Aleuades, Thorax, Eurypyle et Thrasydée.

— 5. Νόμον Θεσσαλῶν αὔξοντες. Bœckh : Νόμον Θεσσαλῶν *vocat rempublicam Thessalorum, quatenus ad certam quamdam formam et legem constituta est.*

— 6. Πατρώϊαι... κυβερνάσιες. Pindare met avec intention πατρώϊαι, pour bien faire voir que les Aleuades ne devaient pas leur puissance à l'usurpation, mais bien à une transmission légitime. — Remarquez κεῖται avec le pluriel κυβερνάσιες. C'est la construction qu'on appelle σχῆμα *Pindaricum*. Le sujet étant encore indéterminé, le verbe peut se trouver au singulier ; ce qui n'arriverait pas si, au lieu de précéder le sujet, le verbe se trouvait après lui.

Page 200. — 1. Κάδμου κόραι. Ino et Sémélé étaient filles de Cadmos et de l'Harmonie, voy. vers 7.—Sur Ino, que Neptune plaça au nombre des déesses de l'Océan sous le nom de Leucothée, voyez le dictionnaire de l'Antiquité.

— 2. Ὀλυμπιάδων ἀγυιᾶτις, habitante de la même rue voisine des Olympiennes, c'est-à-dire, admise au rang des déesses de l'Olympe.

— 3. Πὰρ Μελίαν. Mélia, nymphe aimée d'Apollon, qui eut d'elle Isménos et Ténéros, était honorée avec ce dieu dans le temple Isménien.

— 4. Χρυσέων ἐς ἄδυτον τριπόδων θησαυρόν. Ἄδυτον est ici un adjectif.— Les Thébains avaient consacré dans le temple Isménien un nombre considérable de trépieds d'or ; il renfermait aussi les offrandes des Daphnéphories. Ces fêtes se célébraient tous les neuf ans. Une branche de laurier ornée de plusieurs globes d'airain et de trois cent soixante-cinq couronnes qui représentaient les jours de l'année, était portée dans une procession solennelle au temple d'Apollon Isménios ou Galaxios par un jeune homme d'une grande beauté et d'une haute naissance, que l'on nommait Daphnéphore. Voyez le dictionnaire de l'Antiquité.

— 5. Le temple Isménien était situé, dit Pausanias, hors de Thèbes et près des portes Électrides. On y rendait des oracles. Sophocle, *Œdipe Roi*, 21 : Ἐπ' Ἰσμηνοῦ τε μαντείᾳ σποδῷ.

— 6. Ἐπίνομον est ici synonyme de σύννομον : les héroïnes Thébaines, qui sont égales, également heureuses ou puissantes. Il est probable que l'on célébrait aussi, à une certaine époque, dans le temple d'Apollon Isménien, une fête en l'honneur des héroïnes de Thèbes, que l'on croyait se réunir alors dans ce temple. Aujourd'hui Thrasydée va rendre hommage à Apollon pour sa victoire, et le dieu, dans cette grande solennité, convoque, pour honorer le héros, la troupe des héroïnes.

Page 202. — 1. Χάριν, apposition à κελαδήσετε.

— 2. Ἐν τῷ Θρασυδαῖος.... βαλών. Réunissez la tmèse ἐπιβαλών. La victoire de Thrasydée a rappelé au poëte l'ancienne gloire de sa famille ; un des ancêtres de Thrasydée, nous le verrons plus loin, avait vaincu à Olympie, et son père avait été couronné à Pytho.

— 3. Ἐν ἀρούραισι Πυλάδα. Delphes était située en Phocide. Pylade, fils de Strophios, roi de Phocide, et d'Anaxibie, sœur d'Agamemnon, fut élevé avec Oreste, qui plus tard lui donna en mariage sa sœur Électre. Oreste est appelé Laconien, parce qu'il fut fait roi de Sparte.
— On ne sait pas au juste quelle a été l'intention du poëte en amenant ici l'histoire d'Oreste, qui paraît aussi étrangère au héros de cette ode qu'à Thèbes sa patrie. Bœckh pense qu'il y a là une allusion à quel-

que événement arrivé dans la famille de Thrasydée avant la bataille de Platée, à cette époque où Thèbes était partagée entre deux factions, le parti de Xerxès et celui de la Grèce. Nous l'ignorons, et les vers 38-40 sembleraient indiquer que ce récit est une digression tout à fait hors de propos, d'autant plus que, dans les vers 40-43, Pindare rappelle à sa Muse qu'elle a reçu un salaire pour chanter non pas Oreste, mais Thrasydée et son père.

— 4. Arsinoé, qu'Eschyle appelle Cilisse, nourrice d'Oreste, abandonna son fils, du même âge qu'Oreste, pour dérober celui-ci à la fureur d'Égisthe et de Clytemnestre.

— 5. Δαρδανίδα se rapporte à κόραν, et non pas à Πριάμου.

Page 204. — 1. Πότερόν νιν... Ἰφιγένεια. Est-ce le ressentiment du sacrifice d'Iphigénie qui porta Clytemnestre à la vengeance? C'est en effet l'excuse que Clytemnestre elle-même donne au chœur dans l'*Électre* d'Euripide, et dans Eschyle, *Agamemnon*, 1415 :

"Ὃς οὐ προτιμῶν, ὡσπερεὶ βοτοῦ μόρον,
μήλων φλεόντων εὐπόκοις νομεύμασιν,
ἔθυσεν αὑτοῦ παῖδα, φιλτάτην ἐμοὶ
ὠδῖν', ἐπῳδὸν Θρῃκίων ἀημάτων.

— 2. Καλύψαι τ' ἀμάχανον ἀλλοτρίαισι γλώσσαις. Où Clytemnestre, sachant bien que la médisance rapporterait sa faute aux oreilles d'Agamemnon, a-t-elle voulu prévenir la vengeance de son époux?

— 3. Ἴσχει τε γὰρ ὄλβος... ἄφαντον βρέμει. Voici le sens de ces deux pensées. L'envie qui s'attache au bonheur est aussi grande que ce bonheur même; l'homme obscur (χαμηλὰ πνέων, *qui humilia spirat, et proinde humilis est*) médit dans l'ombre, *clam calumniatur, fremit, frendit, ut illius maledicentiæ occurri haud facile queat*. Ainsi, *Olympiques*, I, 47 :

Ἔννεπε κρυφᾶ τις αὐτίκα φθονερῶν γειτόνων.

— 4. Κλυταῖς ἐν Ἀμύκλαις. On pense généralement qu'Agamemnon et Cassandre furent tués à Argos. Toutefois plusieurs villes de Laconie, et entre autres Thalamis et Amyclée, prétendaient qu'ils avaient péri dans leurs murs. Au rapport de Pausanias, on voyait à Amyclée un tombeau, une statue et un temple de Cassandre, et aussi un tombeau d'Agamemnon.

Page 206. — 1. Τρώων ἔλυσε δόμους ἁβρότατος, il dépouilla les maisons des Troyens de leur bonheur, c'est-à-dire, il renversa les heureuses ou opulentes demeures des Troyens. Πυρωθέντων, qui devrait se rapporter à δόμους, est rapporté par le poëte à Τρώων.

— 2. Νέα κεφαλά, Oreste, encore enfant, opposé à γέροντα ξένον. — Au vers suivant, χρονίῳ σὺν Ἄρει, *sera cæde*.

— 3. Heyne : Θῆκεν ἐν φοναῖς, *vel pro* ἐν φονῇ, ἐν φόνῳ, *vel cum schol. ut* φοναί *sint* οἱ τόποι, εἰς οὓς φονεύονται, *quibus cæsi jacent; quo modo idem cum Eustath. accipit locum Iliad.* X, 521, ἐν ἀργαλῇσι φονῇσι; *quod tamen et ipsum esse potest* ἐν φονῇ, ἐν φόνῳ. Sophocl. Antigon. 696 : Ἐν φοναῖς πεπτῶτα.

— 4. Εἰ μισθῷ... ταρασσέμεν. Bœckh : *Hoc loco* φωνὴ ὑπάργυρος *dicitur vox mercede conducta, cui argentum quasi subsit, utpote causa quamobrem vox canat.* Ἄλλοτ' ἄλλᾳ ταρασσέμεν, *alias aliter, id est, alias aliud argumentum movere, neque in una re diutius consistere, ut nunc in Oreste, sed etiam transire ad victoris laudes.*

Page 208. — 1. Ἀγώνων θοὰν ἀκτῖνα, l'éclat prompt des luttes, c'est-à-dire, la gloire remportée dans les luttes par la vitesse.

— 2. Le stade où l'on courait nu, par opposition à la course armée. — Deux vers plus loin, ἐν ἁλικίᾳ, dans la fleur ou la force de l'âge ; moment où les hommes peuvent le mieux mener à fin leurs projets.

— 3. Τὰ μέσα... τεθαλότα. Horace, *Odes*, II, 10 :

> Auream quisquis mediocritatem
> diligit, tutus caret obsoleti
> sordibus tecti, caret invidenda
> sobrius aula.

Lucain, *Guerre civile*, I :

> In se magna ruunt : hunc lætis numina rebus
> Crescendi posuere modum.

— 4. Ἄται au lieu de ἄτᾳ, correction proposée par Hermann : *invidæ noxæ arcentur*.

— 5. Ἄκρον ἑλών. Ἄκρον désigne ces belles vertus ou ces gloires civiles (ξυναὶ ἀρεταί), telles que les victoires aux jeux, que le poëte préfère aux biens des tyrans.

Page 210. — 1. Διαφέρει, *divulgat et clarum reddit*.

— 2. Sur les Dioscures, voyez *Néméennes*, X, vers 55 et suivants, et aux notes. Homère, *Odyssée*, XI, 300 :

> Κάστορα θ' ἱππόδαμον καὶ πὺξ ἀγαθὸν Πολυδεύκεα·
> τοὺς ἄμφω ζωοὺς κατέχει φυσίζοος αἶα·
> οἳ καὶ νέρθεν γῆς τιμὴν πρὸς Ζηνὸς ἔχοντες
> ἄλλοτε μὲν ζώουσ' ἑτερήμεροι, ἄλλοτε δ' αὖτε
> τεθνᾶσιν· τιμὴν δὲ λελόγχασ' ἴσα θεοῖσιν.

Page 212. — 1. Ἵλαος... εὐδόξῳ Μίδᾳ. Construisez σὺν εὐμενίᾳ ἀθανάτων ἀνδρῶν τε, *avec la faveur des hommes et des dieux*. — Μίδα dépend de δέξαι, *reçois de Midas cette couronne qu'il rapporte de Pytho*.

— 2. Ἑλλάδα, la Grèce, c'est-à-dire, comme Heyne le fait remarquer avec raison, les rivaux accourus de toute la Grèce pour disputer le prix de la flûte. Comparez *Pythiques*, XI, 50 ; *Néméennes*, X, 25 ; *Isthmiques*, III, 48. — Au vers suivant, διαπλέξαισα, *artificiosis nexibus flexibusque componens*.

— 3. Παρθενίοις... κεφαλαῖς, comme s'il y avait παρθένων, correspondant à ὀφίων. La chevelure des Gorgones était formée de serpents.

Page 214. — 1. Τρίτον ἀνύσσεν κασιγνητᾶν μέρος, *il acheva la troisième partie des sœurs*, c'est-à-dire qu'il tua l'une des trois sœurs, Méduse.

— 2. Σερίφῳ... μοῖραν ἄγων. Voyez plus haut, *Pythiques*, X, 72 Σερίφῳ λαοῖσί τε, comme s'il y avait λαοῖσι Σερίφου.

— 3. Phorcos, un des dieux de la mer, qui eut les Gorgones de Céto, sa sœur.

— 4. Λυγρόν τ' ἔρανον Πολυδέκτᾳ θῆκε. Polydecte, roi de l'île de Sériphe, craignant l'humeur entreprenante de Persée, et voulant le faire périr, ordonna dans un festin à chaque convive de lui apporter un présent, et demanda à Persée la tête de Méduse.

— 5. Δουλοσύναν... λέχος. Polydecte avait fait esclave Danaé, mère de Persée, et, pendant l'absence de ce dernier, l'avait épousée de force. — Ἔμπεδος δουλοσύνη, *diuturna servitus*.

— 6. Les noms des trois Gorgones étaient Stheno, Euryale, Méduse. Les deux premières étaient immortelles.

— 7. Ἐκ καρπαλιμᾶν γενύων χριμφθέντα.... γόον. Bœckh explique avec raison, *planctus ex genis vehementer admotus auribus*.

Page 216. — 1. Εὑροῖσ' ἀνδράσι θνατοῖς ἔχειν, *l'ayant trouvé pour que les hommes l'eussent*, c. à d. qu'elle donna aux hommes son invention.

— 2. Κεφαλᾶν πολλᾶν νόμον. On ignore quelle est la raison qui a fait donner à ce nome le nom de *nome aux nombreuses têtes* ; peut-être pourrait-on penser, d'après ce que dit ici Pindare, que ce nom fait allusion aux serpents qui formaient la chevelure des Gorgones. Plutarque parle de ce nom, *De Musica*, 7 : Λέγεται γὰρ τὸν προειρημένον Ὄλυμπον αὐλητὴν ὄντα τῶν ἐκ Φρυγίας ποιῆσαι νόμον αὐλητικὸν εἰς Ἀπόλλωνα, τὸν καλούμενον Πολυκέφαλον. Εἶναι δὲ τὸν Ὄλυμπον τοῦτόν φασιν ἕνα τῶν ἀπὸ τοῦ πρώτου Ὀλύμπου τοῦ Μαρσύου, πεποιηκότος εἰς τοὺς θεοὺς τοὺς νόμους· οὗτος γὰρ παιδικὰ γενόμενος Μαρσύου καὶ τὴν αὔλησιν μαθὼν παρ' αὐτοῦ, τοὺς νόμους τοὺς ἁρμονικοὺς ἐξήνεγκεν εἰς τὴν Ἑλλάδα, οἷς νῦν χρῶνται οἱ Ἕλληνες ἐν ταῖς ἑορταῖς τῶν θεῶν. Ἄλλοι δὲ Κράτητος εἶναί φασι τὸν Πολυκέφαλον νόμον γενομένου μαθητοῦ Ὀλύμπου· ὁ δὲ Πρατίνας Ὀλύμπου φησὶν εἶναι τοῦ νεωτέρου τὸν νόμον τοῦτον.

— 3. Εὐκλεᾶ λαοσσόων μναστῆρ' ἀγώνων, fort bien expliqué par le scholiaste, qui dit : Ἔνδοξον ὑπόμνημα τὸ τῶν ἀγώνων τῶν τοὺς λαοὺς σοούντων καὶ παρορμώντων εἰς τὴν θέαν. Voyez aussi *Néméennes*, X, 23.

— 4. Χαλκοῦ καὶ δονάκων. La flûte des anciens avait à peu près la forme d'une clarinette, dont l'extrémité inférieure était un peu évasée. Le corps de l'instrument était d'airain, d'argent, de bois, d'ivoire ou autres matières sonores ; l'anche, de jonc ou de roseau.

— 5. La ville des Grâces, c'est-à-dire Orchomène, d'abord appelée Andréis, du nom de son fondateur, et qui possédait un temple des Grâces.

— 6. Le Céphise venait se jeter dans le lac Copaïs.

— 7. Νίν, c. à d. τὸν ὄλβον. — Réunissez la tmèse ἐκτελευτάσει. Le sens est : *Numine favente, citissime perficitur prosperitas*.

— 8. Ἀελπτίᾳ βαλών, *percutiens re inexspectata, non tamen opprimens*. La même pensée se trouve dans le dernier chœur de l'*Alceste* et de trois autres tragédies d'Euripide :

> Πολλαὶ μορφαὶ τῶν δαιμονίων,
> πολλὰ δ' ἀέλπτως κραίνουσι θεοί·
> καὶ τὰ δοκηθέντ' οὐκ ἐτελέσθη,
> τῶν δ' ἀδοκήτων πόρον εὗρεν θεός.

LIBRAIRIE HACHETTE & CIE
Boulevard Saint-Germain, n° 79, à Paris

NOUVELLE COLLECTION
DE CLASSIQUES
GRECS ET LATINS

A L'USAGE DES ÉLÈVES

Format petit in-16

Ces éditions se recommandent par la pureté du texte,
la concision des notes, la commodité du format
la solidité et l'élégance du cartonnage

LES NOMS DES ANNOTATEURS SONT INDIQUÉS ENTRE PARENTHÈSES

LANGUE GRECQUE

Aristophane : *Morceaux choisis* (Poyard, professeur de rhétorique au lycée Henri IV)................ 2 fr.

Aristote : *Morale à Nicomaque*, liv. 8ᵉ (Lucien Lévy) 1 fr.
— *Morale à Nicomaque*, livre 10ᵉ (Hannequin).... 1 fr. 50
— *Poétique* (Egger, membre de l'Institut)......... 1 fr.

Démosthène : *Discours de la couronne* ou pour Ctésiphon (Weil, membre de l'Institut).................. 1 fr. 25
— *Les quatre philippiques* (Weil)................ 1 fr.
— *Les trois olynthiennes* (Weil).................. 60 c.
— *Sept philippiques* (Weil) .... 1 fr. 50

Denys d'Halicarnasse : *Lettre à Ammée* (Weil).. 60 c.

Elien : *Morceaux choisis* (J. Lemaire)........ 1 fr. 10 c.

Épictète : *Manuel* (Thurot, membre de l'Institut). 1 fr.

Eschyle : *Morceaux choisis* (Weil) .... 1 fr. 60
— *Prométhée enchaîné* (Weil).................... 1 fr.
— *Les Perses* (Weil)............................ 1 fr.

Euripide : *Théâtre* (Weil) : *Alceste ; Electre; Hécube; Hippolyte; Iphigénie à Aulis; Iphigénie en Tauride.* Chaque tragédie séparée..................... 1 fr.
— *Morceaux choisis* (Weil)..................... 2 fr.

Hérodote : *Morceaux choisis* (Tournier, maître de conférences à l'École normale supérieure)............ 2 fr.

Homère : *Iliade* (A. Pierron) .... 3 fr. 50
— *Morceaux choisis de l'Iliade* (A. Pierron) .... 1 fr. 60

Lucien : *De la manière d'écrire l'histoire* (A. Lehugeur, professeur au lycée Louis-le-Grand)............ 75 c.
— *Dialogues des morts* (Tournier et Desrousseaux). 1 fr. 50
— *Morceaux choisis* (E. Talbot, prof. au lycée Fontanes). 2 fr.
— *Le songe ou le coq* (Desrousseaux)... .... 1 fr.

Platon : *Criton* (Ch. Waddington, professeur à la Faculté des lettres de Paris)........................ 50 c.
— *République*, vi[e] livre (Aubé, du lycée Condorcet). 1 fr. 50
— *République*, viie livre (Aubé) .... 1 fr. 50
— *République*, viiie livre (Aubé)... .... 1 fr. 50
— *Morceaux choisis* (Poyard)................ ...... 2 fr.

Plutarque : *Vie de Cicéron* (Graux).............. 1 fr.
— *Vie de Démosthène* (Graux) .... 1 fr.
— *Morceaux choisis des biographies* (Talbot), 2 vol. : 1° les Grecs illustres, 1 vol. 2 fr.; 2° les Romains, 1 vol. 2 fr.
— *Morceaux choisis des Œuvres morales* (V. Bétolaud). 2 fr.

Sophocle : *Théâtre* (Tournier) : *Ajax; Antigone; Électre; Œdipe-roi; Œdipe à Colone; Philoctète; Trachiniennes.* Chaque tragédie............................. 1 fr.
— *Morceaux choisis du théâtre* (Tournier).......... 2 fr.

Thucydide : *Morceaux choisis* (Croiset, maître de conférences à la Faculté des lettres de Paris) .... 2 fr.

Xénophon : *Economique* (Graux et Jacob)...... 1 fr. 50
— *Mémorables*, livre I (Lebègue)......... 1 fr.
— *Morceaux choisis* (de Parnajon, professeur au lycée Henri IV)............................... .... 2 fr.

LANGUE LATINE

Cicéron: *Extraits des principaux discours* (F. Ragon). 2 fr. 50
— *Extraits des ouvrages de rhétorique* (V. Cucheval, professeur de rhétorique au lycée Fontanes)..... ...... 2 fr.
— *Choix de lettres* (V. Cucheval).................. 2 fr.
— *De amicitia* (E. Charles, recteur de l'Ac. de Lyon). 50 c.
— *De finibus libri I et II* (E. Charles)........... 1 fr. 50
— *De legibus liber I* (Lucien Lévy) .... 75 c.
— *De natura Deorum*, liber II (Thiaucourt)....... 1 fr. 50
— *De re publica* (E. Charles).................. 1 fr. 50
— *De Suppliciis* (Thomas)..................... 1 fr. 50
— *De senectute* (E. Charles)..................... 40 c.
— *In M. Antonium philippica secunda* (Gantrelle).. 1 fr.
— *In Catilinam orationes quatuor* (A. Noël)...... 60 c.
— *Orator* (C. Aubert)........................ 1 fr.
— *Pro Archia poeta* (E. Thomas).............. 30 c.
— *Pro lege Manilia* (A. Noël)................. 30 c.
— *Pro Ligario* (A. Noël)..................... 30 c.
— *Pro Marcello* (A. Noël)..................... 30 c.
— *Pro Milone* (A. Noël)....................... 40 c.
— *Pro Murena* (A. Noël)....................... 40 c.
— *Somnium Scipionis* (V. Cucheval)............. 30 c.

Cornelius Nepos : (Monginot, prof. au lycée Fontanes). 90 c.

Heuzet : *Selectæ e profanis scriptoribus* (Lemaire).. 1 fr. 75

Jouvency : *Appendix de diis et heroibus* (Edeline). 70

Lhomond : *De viris illustribus Romæ* (Chaine)... 1 fr. 10
— *Epitome historiæ sacræ* (A. Pressard).......... 60 c.

Lucrèce : *De natura rerum*, liber v (Benoist, professeur à la Faculté des lettres de Paris, et Lantoine)....... 90 c.
— *Morceaux choisis* (Poyard).................. 1 fr. 50

Ovide : *Choix de Métamorphoses* (Armengaud)... 1 fr. 80

Pères de l'Église latine (Nourrisson)....... 2 fr. 25

Phèdre (E. Talbert).... .... 80 c.

Plaute : *La marmite* (*Aulularia*) (Benoist, professeur à la Faculté des lettres de Paris)................... 80 c.
— *Morceaux choisis* (Benoist) .... 2 fr.

Pline le Jeune : *Choix de lettres* (Waltz)..... 1 fr. 80

Quinte-Curce : (Dosson)................... 2 fr. 25

Quintilien : *De institutione oratoria*, liber X (Dosson).................................... 1 fr. 50

Salluste : (Lallier, pr. à la Fac. des lettres de Toulouse). 1 f. 80

Sénèque : *De vita beata* (Delaunay)............. 75 c.
— *Lettres à Lucilius*, I à XVI (Aubé)............. 75 c.

Tacite : *Annales* (E. Jacob, professeur de rhétorique au lycée Louis-le-Grand).................... 2 fr. 50
— *Histoires*, livres I et II (Gœzler),.............. » »
— *Vie d'Agricola* (E. Jacob) .... 75 c.

Térence : *Adelphes* (Psichari et Benoist) .... 80 c.

Tite-Live : *Livres XXI et XXII* (Riemann et Benoist). 2 fr.
— *Livres XXIII, XXIV et XXV*........ .... 2 fr. 25
— *Livres XXVI à XXX*........................ » »

Virgile : *Œuvres* (Benoist).................... 2 fr. 25

LANGUE FRANÇAISE

Boileau : *Œuvres poétiques* (E. Geruzez)....... 1 fr. 50
— *L'art poétique*, seul......................... 40 c.

Bossuet : *Connaissance de Dieu* (de Lens)..... 1 fr. 60
— *Sermons choisis* (Rébelliau).... .... 3 fr.

Buffon : *Discours sur le style*................... 30 c.
— *Morceaux choisis* (E. Dupré)............... 1 fr. 50

Condillac : *Traité des sensations*, liv. I (Charpentier). 1 fr. 50

Corneille : *Le Menteur* (Lavigne)................ 1 fr.
— *Cinna* (Petit de Julleville).................... » »
— *Horace* (Petit de Julleville)................... » »
— *Le Cid* (Petit de Julleville)................... » »
— *Nicomède* (Petit de Julleville)................ » »

Descartes : *Discours de la méthode*, première méditation (Charpentier, prof. au lycée Louis-le-Grand).. 1 fr. 50
— *Discours de la méthode* (Vapereau)............ 90 c.
— *Les principes de la philosophie*, livre I (Charpentier)... 1 fr. 50

Fénelon : *Fables* (Ad. Regnier, de l'Institut)....... 75 c.
— *Sermon pour la fête de l'Épiphanie* (G. Merlet). 60 c.
— *Télémaque* (A. Chassang).................... 1 fr. 80

Florian : *Fables* (E. Geruzez)..................... 75 c.

Joinville : *Histoire de saint Louis* (Natalis de Wailly, membre de l'Institut)........................ 2 fr.

La Fontaine : *Fables* (E. Geruzez)............. 1 fr. 60

Lamartine : *Morceaux choisis*................... 2 fr.

Leibniz : *Extraits de la Théodicée* (P. Janet)... 2 fr. 50
— *Monadologie* (H. Lachelier).................. 1 fr.
— *Nouveaux essais sur l'entendement humain*, avant-propos et livre I (Lachelier)........................ 1 fr. 75

Malebranche : *De la recherche de la vérité*, livre II (de l'Imagination), 2ᵉ partie (R. Thamin)........ 1 fr. 50

Molière : *L'Avare* (Lavigne)..................... 1 fr.
— *Le Tartuffe* (Lavigne)..................... 1 fr.
— *Le Misanthrope* (Lavigne)..................... 1 fr.
— *Les Femmes savantes* (Larroumet).............. » »

Montaigne. *Extraits* (Guillaume Guizot, professeur au Collège de France, et Manchon)................ » »

Pascal : *Opuscules* (C. Jourdain)................ 75 c.

Racine : *Andromaque* (Lavigne)................. 75 c.
— *Les Plaideurs* (Lavigne)..................... 75 c.
— *Iphigénie* (Lanson)........................ » »
— *Esther* (Lanson).......................... » »

Sévigné : *Lettres choisies* (Ad. Regnier)........ 1 fr. 80

Théâtre classique : (Ad. Regnier, de l'Institut).. 3 fr.

Voltaire : *Choix de lettres* (Brunel)............ 2 fr. 25

LANGUE ALLEMANDE

Auerbach : *Choix de récits villageois de la Forêt-Noire* (B. Lévy, inspecteur général de l'Université)....... 3 fr.

Benedix : *Le Procès*, comédie (Lange, maître de conférences à la Faculté des lettres de Paris)........ ...... 60 c.
— *L'entêtement* (Lange)....................... 60 c.

Chamisso : *Pierre Schlemihl* (Koell, professeur au lycée Louis-le-Grand)................................... 1 fr.

Contes et morceaux choisis de Schmid, Krummacher, Liebeskind, Lichtwer, Hebel, Herder et Campe (Scherdlin, prof. au lycée Charlemagne). 1 fr. 50

Contes populaires tirés de Grimm, Musæus, Andersen et des *Feuilles de palmier* **par Herder et Liebeskind** (Scherdlin.) .... 2 fr. 50

Gœthe : *Iphigénie en Tauride* (B. Lévy)... .... 1 fr. 50
— *Campagne de France* (B. Lévy) .... 1 fr. 50
— *Faust*, 1ʳᵉ partie (Büchner, professeur à la Faculté des lettres de Caen)............................... .. 2 fr.
— *Hermann et Dorothée* (B. Lévy)................ 1 fr.
— *Le Tasse* (B. Lévy)............ .... 1 fr. 80 c.
— *Morceaux choisis* (B. Lévy)........ .... 3 fr.

Lessing : *Laocoon* (B. Lévy).................... 2 fr.
— *Extraits des lettres sur la littérature moderne et des lettres archéologiques* (Cottler, prof. au lycée Charlemagne). 2 fr.
— *Extraits de la dramaturgie* (Cottler)......... 1 fr. 50

Niebuhr : *Histoires tirées des temps héroïques de la Grèce* (Koch, professeur au lycée Saint-Louis)........ 1 fr. 50

Schiller : *Guerre de Trente Ans* (Schmidt et Leclaire).2 fr. 50
— *Histoire de la révolte des Pays-Bas* (Lange).... 2 fr. 50
— *Fiancée de Messine* (Scherdlin)............... 1 fr. 50
— *Jeanne d'Arc* (Bailly)...... .... 2 fr. 50
— *Wallenstein*, poème dramatique en 3 parties (Cottler). 2 fr. 50
— *Oncle et neveu* (Briois, prof. au lycée de Rouen).. 1 fr.
— *Morceaux choisis* (B. Lévy).. .... 3 fr.

Schiller et Gœthe : *Correspondance* (B. Lévy).... 3 fr.

Schmid : *Les œufs de Pâques* (Scherdlin).. .... 1 fr. 25
— *Cent petits contes* (Scherdlin)................ 1 fr. 50

Hoffmann : *Le tonnelier de Nuremberg* (Baüer)... 2 fr.

Kleist (de) : *Michaël Kohlaas* (Koch)............ » »

Kotzebuë : *La petite ville allemande* (Bailly)... 1 fr. 50

LANGUE ANGLAISE

Byron : *Childe Harold* (E. Chasles, inspecteur général de l'instruction publique).......................... 2 fr.

Cook : *Extraits des voyages* (Angellier, maître de conférences à la Faculté des lettres de Douai).......... 2 fr.

Edgeworth : *Forester* (Al. Beljame, maître de conférences à la Faculté des lettres de Paris).,............ 1 fr. 50
— *Contes choisis* (Motheré, prof. au lycée Charlemagne). 2 fr.

Eliot (G.). *Silas Marner* (Malfroy, professeur au lycée de Nantes).. » »

Foë (Daniel de) : *Vie et aventures de Robinson Crusoé* (Al. Beljame)........................... 1 fr. 50

Goldsmith : *Le vicaire de Wakefield* (A. Beljame). 1 fr. 50
— *Essais choisis* (Mac Enery, prof. au lycée Fontanes) 1 fr. 50
— *Le voyageur ; le village abandonné* (Motheré)..... 75 c.

Irving (Washington) : *Extraits de la vie de Christophe Colomb* (E. Chasles, inspecteur général de l'Université). 2 fr.

Macaulay : *Morceaux choisis des essais* (Belme). 2 fr. 50
— *Morceaux choisis de l'histoire d'Angleterre* (Battier). 2 fr. 50

Milton : *Paradis perdu, livres I et II* (Beljame)... 90 c.

Pope : *Essai sur la critique* (Motheré)............ 75 c.

Shakespeare : *Jules César* (C. Fleming)...... 1 fr. 25
— *Henri VIII* (Morel, prof. au lycée Louis-le-Grand). 1 fr. 25
— *Othello* (Morel)................................ 1 fr. 80

Tennyson : *Enoch Arden* (Beljame)............ » »

Walter Scott : *Extraits des contes d'un grand-père* (Talandier, ancien professeur au lycée Henri IV)..... 1 fr. 50
— *Morceaux choisis* (Battier)..................... 3 fr.

12556. — Imprimerie A. Lahure, rue de Fleurus, 9, à Paris.

PARIS. — IMPRIMERIE A. LAHURE
9, rue de Fleurus, 9

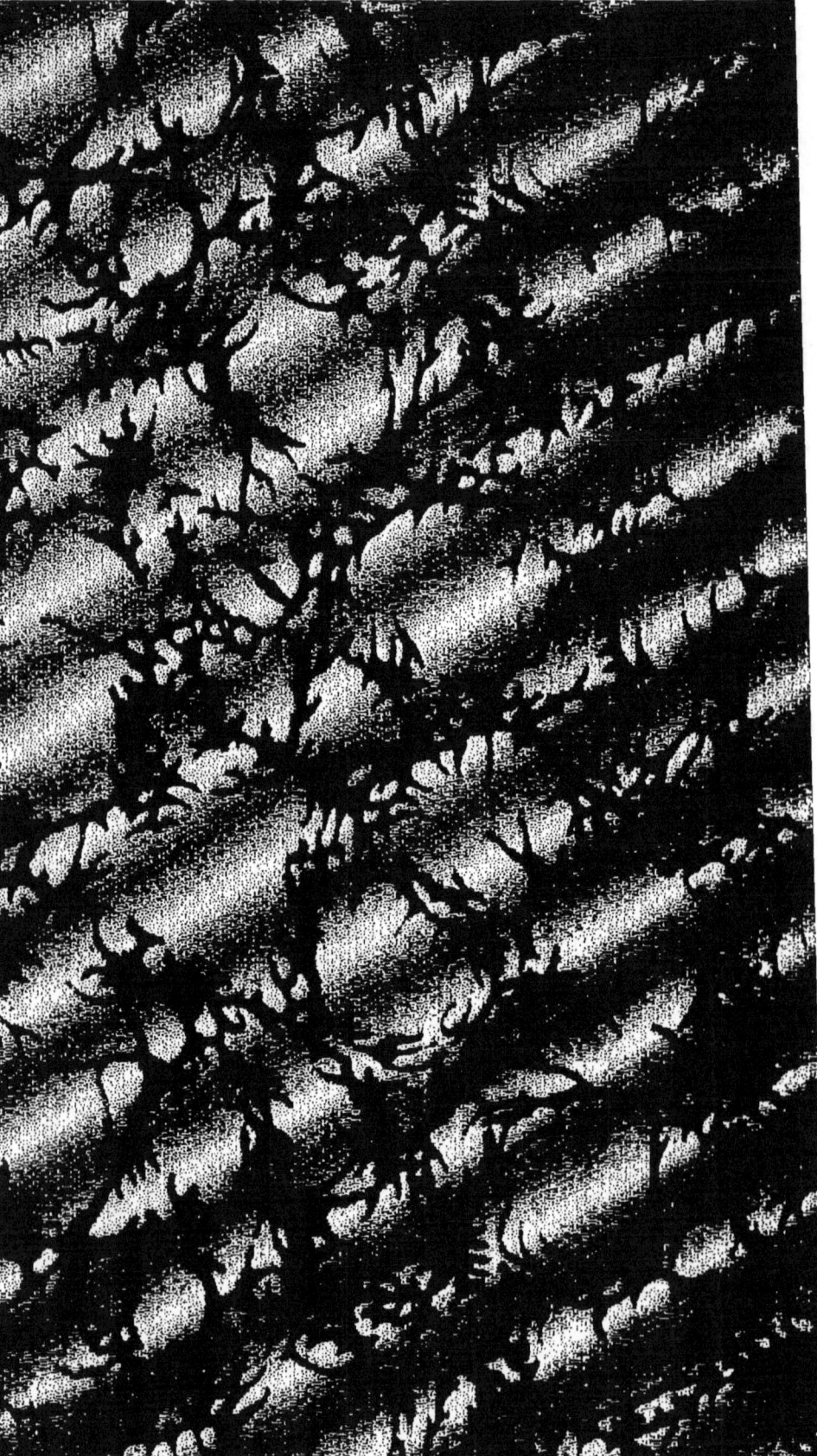

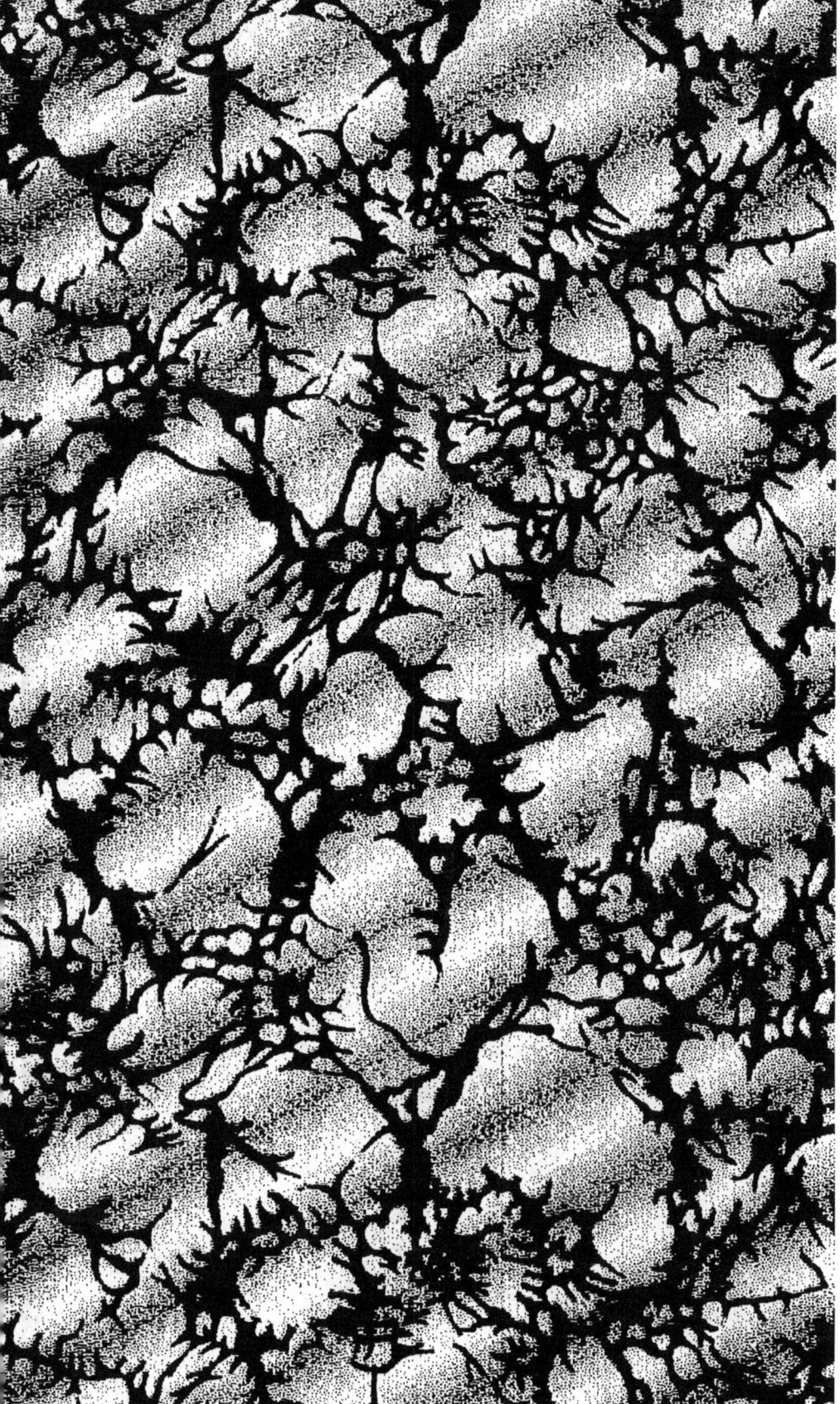

www.ingramcontent.com/pod-product-compliance
Lightning Source LLC
Chambersburg PA
CBHW071419150426
43191CB00008B/968